DUMONT

REISE-TASCHENBÜCHER

Djerba und Südtunesien

In der vorderen Umschlagklappe: Übersichtskarte Djerba

In der hinteren Umschlagklappe: Übersichtskarte Südtunesien

Hans-Joachim Aubert

Djerba

und Südtunesien

DUMONT

Umschlagvorderseite: Frauen im Bergland von Matmata
Umschlagklappe vorn: Ibaditenmoschee in Guellala
Umschlagklappe hinten: Teppichhändler in der Oase Tozeur
Vignette S. 1: Dromedar in Ksar El Hallouf
Abbildung S. 2/3: Ziehbrunnen und Moschee auf Djerba

Über den Autor: Hans-Joachim Aubert, geboren 1942, studierte Wirtschaftswissenschaften und promovierte mit einer wirtschaftsgeographischen Arbeit über Sri Lanka. Er ist seit über zehn Jahren als Sachbuchautor, Reisejournalist und Fotograf tätig und hat zahlreiche Bildbände und Reiseführer verfaßt. Bei DuMont sind bisher erschienen »Richtig Reisen: Nepal«, »Richtig Reisen: Nord-Indien« und »Richtig Reisen: Tunesien« sowie die Reise-Taschenbücher »Mallorca« und »Mexiko: Yucatán und Chiapas«

Fremde Kulturen kennenlernen und gastfreundlichen Menschen begegnen – wie sehr genießen wir das auf Reisen. Zu Hause bei uns jedoch wird mancher Ausländer von einer kleinen Minderheit beschimpft, bedroht und sogar mißhandelt. Alle, die in fremden Ländern Gastrecht genossen haben, tragen hier besondere Verantwortung. Deshalb: Lassen Sie es nicht zu, daß Ausländer diffamiert und angegriffen werden. Lassen Sie uns gemeinsam für die Würde des Menschen einstehen.

Verlagsleitung und Mitarbeiter des DuMont Buchverlages

6., aktualisierte Auflage 1997

Satz und Druck: Rasch, Bramsche
Buchbinderische Verarbeitung: Bramscher Buchbinder Betriebe

Printed in Germany ISBN 3-7701-2515-0

Inhalt

Land und Leute

Natur, Bevölkerung, Wirtschaft

Djerba 12
Geographie 12
Klima 13
›Steckbrief‹ Tunesien und Djerba 14
Vegetation und Tierwelt 15
Bevölkerung 16
Thema: Die Djerbi 17
Thema: Der ibaditische Glaube 20
Thema: Dar und Haouch – Wohnen auf Djerba 22
Wirtschaft 24
Thema: Menzel, Djnan und Frawa 25
Thema: Der Ölbaum, Djerbas wichtigste Kulturpflanze 26
Südtunesien 29
Geographie 29
›Steckbrief‹ Südtunesien 29
Thema: Der Schott el Djerid 30
Klima 32
Vegetation und Tierwelt 33
Bevölkerung 35
Wirtschaft 39
Markttage auf Djerba und in Südtunesien 40

Geschichte, Kunst und Kultur

Daten zur Geschichte 44
Thema: Odysseus und die Lotosesser 46
Thema: Dragut. Ein türkischer Pirat 50
Thema: Djerba in der Kolonialzeit 54
Staat und Verwaltung 57
Thema: Die Ära Bourguiba 60
Soziale Strukturen 62
Thema: Die Stellung der Frau im Islam 63
Die Religion 66

Thema: Mohammed, der Prophet Allahs 68
Koran und Sunna – die Grundpfeiler des Islam 73
Thema: Sunniten und Schiiten 74
Grundlagen der islamischen Kunst 76
Thema: Die Moschee 80
Das Handwerk 83

Unterwegs in der Region

Orte und Ausflüge auf Djerba

Die Hotelzonen 90
Sidi Mahrès 90
Thema: Tourismus auf Djerba 94
Séguia 102
Houmt Souk 104
Thema: Der Basar 106
Ausflüge auf der Insel 113
Midoun 113
Kap Tourgueness 114
Bordj Djillidj 114
Die Synagoge La Ghriba 114
Thema: Die jüdischen Gemeinden auf Djerba 116
El May 118
Guellala 118
Thema: Töpfer in Guellala 119
El Kantara 121
Kurzausflug zum Festland 123
Über Adjim nach Gightis 123
Gightis 124
Thema: Römisches Leben in Afrika 126
Zarsis 129
Die wichtigsten Sehenswürdigkeiten 133

Orte und Routen in Südtunesien

Die Küstenebene 136
Gabès 136
Reisemöglichkeiten im Süden 138
El Hamma du Gabès 143

Mareth 144
Medenine 144
Metameur 145
Tataouine 146
Zu den Ksour des Djebel Abiod 147
Thema: Wohnhöhlen und Speicherburgen im Bergland 148
Rundfahrt durch das Bergland von Dahar 151
Chenini 151
Douirat (Douiret) 154
Thema: Die Berber 155
Guermessa 156
Ghoumrassen 158
Von Ghoumrassen nach Medenine 158
Das Bergland von Matmata 160
Matmata 161
Thema: Die Wohnhöhlen der Troglodyten 162
Die Umgebung von Matmata 164
Weiterfahrt von Matmata 167
Die Nefzaoua-Oasen 168
Thema: Oasen im Wandel 169
Kebili 171
Thema: Palme und Kamel – Pfeiler der Oasenwirtschaft 172
Douz 175
Die Oasen von Zaafrane, Sabria und El Faouar 180
Fahrt nach Matmata und in den Erg Oriental 181
Fahrt über den Schott el Djerid 183
Thema: Kara ben Nemsis Ritt über den Schott 183
Die Djerid-Oasen 185
Tozeur 185
Nefta 190
Thema: Der Transsaharahandel 191
Thema: Sufis und Marabouts, die Heiligen im Islam 195
Die Bergoasen 198
Chebika, Tamerza und Midès 198
Gafsa 201

Tips und Adressen

Inhaltsverzeichnis 205
Register 232

Land und Leute

»Er wird – wie immer – sie mitnehmen in das Dorf im Süden. Er wird sie jeden Tag in der Morgendämmerung aufwecken, damit sie sieht, wie die Sonne über den Oasen aufgeht. Sie hatte immer gesagt: ›Bei euch hat der Himmel in der Dämmerung die Farbe des Honigs.‹ «

Hassouna Mosbahi

Im Bergland von Matmata

4411-HS

Natur, Bevölkerung, Wirtschaft

Djerba – von der natürlichen Festung zum Badeparadies

Unbeugsame Djerbi

Sandwüsten, Salzseen und Oasen in Südtunesien

Die letzten tunesischen Nomaden

Fischer im Hafen von Houmt Souk

Djerba

Geographie

Die mit 514 km^2 größte Insel Nordafrikas, deren Fläche etwa der von Westberlin entspricht, liegt unmittelbar vor der südtunesischen Küste im Golf von Gabès, der seit der Antike auch Kleine Syrte heißt. Vom nahen Festland, zu erreichen über eine Dammstraße, wird Djerba durch den seichten Lagunensee Bou Grara getrennt – und das, historisch gesehen, erst seit kurzem: Noch zu römischen Zeiten lag nämlich der Meeresspiegel etwa 1,5 m unter dem heutigen Niveau. Aufgebaut ist die flache, etwa 30 × 30 km messende Insel aus tertiären Ablagerungen, die sich im Südwesten zu einem bis auf 54 m ansteigenden Hügelrücken aufwölben. Teilweise sind die Ablagerungen von einer Kalkschicht bedeckt, die gute Voraussetzungen für die Landwirtschaft bietet. Insgesamt wirkt die Landschaft eintönig, weder Täler noch Flußläufe verleihen dem Relief Abwechslung. Djerbas Reiz für sonnenhungrige Fremde besteht vor allem darin, daß weite Teile der Küste, insbesondere im Nord- und Südosten, von feinem Sandstrand gesäumt sind, der sacht ins Meer abfällt. Zuweilen gibt es dort auch felsige Abschnitte, und an verschiedenen Stellen haben sich Lagunen gebildet, die allmählich zu Salztonebenen *(Sebkhas)* austrocknen. Bemerkenswert ist, daß Djerba und das benachbarte Zarsis einen Tidenhub von 1–1,5 m aufweisen, die Gezeiten also stärker ausgeprägt sind als sonst am Mittelmeer. Die geringen Niederschläge von durchschnittlich 200 mm pro Jahr und das Fehlen von natürlichen Gewässern machten die Wasserversorgung stets zum vorrangigen Problem. Nur ein ausgeklügeltes System der Bevorratung in Verbindung mit Baumkulturen und Trockenfeldbau ermöglichte die ungewöhnlich hohe Bevölkerungskonzentration von über 150 Einwohnern pro km^2.

Ursprünglich trug Djerba den Namen Meninx, wobei nicht klar ist, ob damit nur die Insel oder zugleich deren wichtigste Ortschaft gemeint war. Während Plinius die Niederlassungen Meninx und Gerra erwähnt, finden sich in der römischen Straßenkarte aus der Sammlung des Augsburgers Konrad Peutinger (1465–1547), der berühmten ›Peutingerschen Tafel‹, nur die vier Orte Girba, Tipasa, Haribus und Uchium, wobei letzterer mit der römischen Ruinenstadt Meninx bei El Kantara identisch sein dürfte. Im zweiten nachchristlichen Jahrhundert wurde die Insel in Girba umbenannt, woraus sich das heutige ›Djerba‹ entwickelte. Noch immer wird allerdings eine alte Legende verbreitet, die den Namen von einer Gottheit ableitet, deren Figur in einer längst zerstörten Kirche bei El Kantara verehrt worden sein soll.

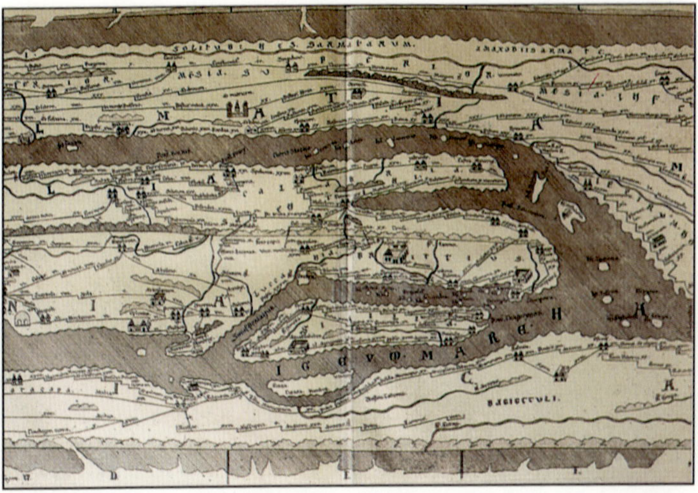

Djerba, darüber Sizilien und Süditalien, Detail aus der ›Peutingerschen Tafel‹; Nachstich von 1824

Bis heute wird Djerba verwaltungsmäßig in 13 sogenannte Scheichtümer *(Cheikhats)* gegliedert, die früher von den Oberhäuptern angesehener Familien regiert wurden. Hauptstadt ist das im Cheikhat Taourit gelegene Houmt Souk, die mit etwa 17 000 Einwohnern größte Siedlung der Insel. Die übrigen Ortschaften sind erheblich kleiner und kaum als Städte zu charakterisieren.

Klima

Aufgrund der Lage Tunesiens im Grenzbereich zwischen mediterranem und saharischem Klima gestaltet sich das hiesige Wettergeschehen außerordentlich kompliziert; zuverlässige Voraussagen sind kaum möglich. Besonders gilt dies für die Küstenbereiche des Südens und die Insel Djerba.

Im Gegensatz zum überwiegend wüstenhaften Südtunesien lassen sich Djerba und das benachbarte Zarsis noch der semiariden Küstenzone zuordnen, zu der u. a. auch das weiter nördlich gelegene Feriengebiet um Sousse/Monastir gehört (auch wenn dort schon spürbar mehr Regen fällt). Temperaturen und Niederschläge hängen im wesentlichen davon ab, ob die nördliche, auch das Wetter Mitteleuropas bestimmende Polarfront

›Steckbrief‹ Tunesien

Lage: zwischen 37°20 und 30°10′ N sowie 7°30′ und 11° O. Nord-Süd-Ausdehnung etwa 800 km, Ost-West-Ausdehnung zwischen 200 und 300 km
Größe: 164 150 km²; damit knapp halb so groß wie die Bundesrepublik Deutschland
Einwohner: etwa 8,7 Millionen, 56 % davon in Städten lebend
Die wichtigsten Städte (Einwohnerzahlen): Tunis (ca. 600 000, mit Vororten 1,8 Millionen), Sfax (ca. 250 000), Bizerte (ca. 96 000), Gabès (ca. 90 000), Kairouan (ca. 74 000), Gafsa (ca. 65 000)
Bevölkerungswachstum: 2,1 % (Säuglingssterblichkeit 4,2 %)
Religion: Islam ist Staatsreligion (überwiegend Sunniten), christliche und jüdische Minderheiten
Wirtschaftsdaten: Bruttosozialprodukt 15 332 Millionen US-$ = 1762 US-$ pro Kopf; jährliches Wachstum (1980–1993) real 3,7 %. Erwerbspersonen: 32 % in der Landwirtschaft, 28 % in der Industrie; Inflationsrate: ca. 8,2 %; Ausfuhr: Erdöl, Phosphat, Bekleidung, Olivenöl, Früchte, Wein; wichtigste Handelspartner: Frankreich, Italien, BRD

›Steckbrief‹ Djerba

Lage: 5 km vor der Küste Südtunesiens im Golf von Gabès auf 11°10′ O und 33°49′ N
Größe: 514 km²
Einwohner: ca. 80 000
Bevölkerungsdichte: über 150 Ew./km²
Hauptstadt: Houmt Souk (ca. 17 000 Ew.)

bis zur Küste vordringen kann oder ob die im Süden vorherrschende Tropikfront die Oberhand gewinnt.

Im Winter wird das Wetter Djerbas – wie das der Mittelmeerregion überhaupt – von der Polarfront bestimmt, im Sommer unterliegt es tropisch-kontinentalen Einflüssen. Daraus lassen sich die beträchtlichen Schwankungen der Durchschnittstemperaturen im Jahresablauf erklären: Während das Thermometer im Januar durchschnittlich nur 12 °C erreicht, klettert es im August auf fast 28 °C. Wie ein Vergleich mit dem ariden

Klimatabelle Djerba
(Durchschnittswerte z. T. nach Mensching)

Monat	*Luft-temperatur °C*	*Wasser-temperatur °C*	*Nieder-schlag mm/Monat*	*Regentage/ Monat*	*Sonnen-stunden/ Tag*
Januar	12,1	13	26	5	7
Februar	13,6	13	19	5	7
März	16,0	14	20	4	8
April	18,5	15	13	3	8
Mai	21,0	17	8	2	10
Juni	24,2	20	1	1	12
Juli	26,6	23	0	0	12
August	27,7	24	1	1	11
September	26,3	23	14	4	9
Oktober	23,0	21	38	5	7
November	18,2	15	42	5	6
Dezember	13,1	14	26	5	6

Wüstenort Tozeur zeigt (vgl. S. 32), mildert aber das Meer die Gegensätze zwischen Winter- und Sommertemperaturen beträchtlich.

Die Niederschläge fallen auf Djerba vor allem im Winterhalbjahr zwischen November und Februar, wenn man pro Monat mit durchschnittlich fünf Regentagen zu rechnen hat. Kaum vorhersehbar ist das Wetter dagegen im Frühjahr und Herbst, wenn sich die Verlagerung der Klimafronten vollzieht. Nicht selten stoßen dann die kalten Luftmassen der Polarfront mit den warmen der Tropikfront zusammen, was Niederschläge auslöst, vor allem dann, wenn der feuchte Ostwind *Chergui* weht. Selbst wenn es nicht regnet, kann der Himmel tagelang bedeckt sein. Djerba ist von diesen Regenfällen der Übergangszeit allerdings weniger betroffen als die nordtunesischen Badeorte Sousse und Hammamet. Der ›Kampf‹ der Luftmassen kann in der Übergangszeit auch zu beträchtlichen kurzfristigen Temperaturschwankungen führen. Setzt sich die Tropikfront mit Südwind, dem berüchtigen *Chehili*, durch, steigen die Temperaturen innerhalb weniger Stunden selbst im April weit über 30 °C!

Vegetation und Tierwelt

Djerba ist seit langem außerordentlich dicht besiedelt, ursprüngliche

Flora und Fauna gibt es deshalb kaum noch. Überwiegend bestimmen Kulturpflanzen – insbesondere Dattelpalmen, Öl- und Obstbäume – das Bild der Landschaft, die in weiten Teilen einem großen, kultivierten Garten gleicht. Eine überaus reiche Meeresfauna findet sich jedoch in den umliegenden seichten, warmen Gewässern (vgl. S. 24).

Bevölkerung

Djerba zählt heute etwa 80000 Einwohner und weist damit eine außerordentlich hohe Bevölkerungsdichte von über 150 Menschen pro km^2 auf – und das, obwohl städtische Ballungszentren fehlen. Die Frage, woher die ersten Bewohner stammten, gab Anlaß zu manchen Spekulationen (vgl. S. 155ff.). Als sicher darf aber gelten, daß bereits im zweiten vorchristlichen Jahrhundert aus Jerusalem geflohene jüdische Gemeinden hier Zuflucht suchten und sich dauerhaft etablierten, wenngleich sie sich später, unter islamischer Herrschaft, zu einem Leben in den städtischen Ghettos bescheiden mußten (vgl. S. 116ff.).

Ihren wichtigsten Impuls erhielt die Insel durch die Kharidjiten (Charidschiten), vom orthodoxen Islam abgefallene ›Häretiker‹, die von ihren traditionalistischen Glaubensbrüdern unerbittlich verfolgt wurden und auf Djerba ein Refugium fanden (wie auch im algerischen M'zab und im Oman). Ob sie von der bereits ansässigen Bevölkerung mit offenen Armen aufgenommen wurden, ist nicht überliefert. Orthodoxe islamische Quellen berichten von heftigen Kämpfen und der Ermordung des sunnitischen Scheichs durch die Ibaditen, wie die Abkömmlinge der Kharidjiten auf Djerba heißen (vgl. S. 20f.). So kam es zu einer deutlichen Trennung der Siedlungsgebiete. Die Angehörigen der sunnitischen Glaubensgemeinschaft leben bis heute vorwiegend im zentralen und östlichen Teil der Insel, während die Ibaditen im weniger fruchtbaren Westen dominieren. Es ist allerdings durchaus möglich, daß diese Siedlungsstruktur erst infolge der zwangsweisen Öffnung der Insel im 17. Jahrhundert entstand, als sich der Bey von Tunis die politische Vormachtstellung sicherte und eine malekitische Besiedlung in die Wege leitete. Dies würde auch das höhere Alter der ibaditischen Moscheen gegenüber den malekitischen erklären. Ergänzt wurde das demographische Bild der Insel durch schwarze Sklaven, die mit dem Karawanenhandel ins Land gelangten und sich vor allem um Midoun niederließen, wo sie Ende des 19. Jahrhunderts sogar einen eigenen Markt abhalten durften.

Im Laufe der Jahrhunderte wuchs die Bevölkerung Djerbas in geradezu erstaunlichem Maße. Sie paßte sich in bewundernswerter Weise den schwierigen Lebensbe-

Die Djerbi

Aus geographischen, historischen und religiösen Gründen nehmen die Inselbewohner, die Djerbi, seit jeher eine Ausnahmestellung innerhalb der tunesischen Gesellschaft ein. Obwohl sie eine Minderheit bilden, kommt ihnen eine weit über die Region hinausgehende wirtschaftliche Bedeutung zu, gepaart mit einem politischen und religiösen Selbstbewußtsein, das sie der Zentralregierung bis in unsere Tage hinein ›verdächtig‹ erscheinen läßt. Wie die Geschichte zeigt, gehört es zur Tradition der Inselbewohner, sich der Bevormundung durch übergeordnete Staatsorgane zu widersetzen. »Die Djerbi sind immer zur Revolte bereit, sie verweigern den Gehorsam gegen jedermann. Wenige menschliche Gruppen auf der ganzen Welt zeigen eine solche Aus-

dingungen an, auch wenn dieser Prozeß immer wieder durch kriegerische Ereignisse, Seuchen und Hungersnöte unterbrochen wurde. Um 1560, als die Spanier ihre Niederlagen vor Houmt Souk erlitten, sollen etwa 35 000 Menschen auf Djerba gelebt haben. Damit war wohl die natürliche Belastungsgrenze der Insel erreicht, denn bis 1906 änderte sich diese Zahl nur unwesentlich. Wenn die Insel heu-

dauer im Widerstand gegen die Unterdrückung, eine solche Leidenschaft, um ihren Rechten und ihren Freiheiten Respekt zu verschaffen« – so charakterisierte der Chronist Salah ed Din Tlatli 1940 seine unbequemen Landsleute. Wiederholt vertrieben sie die Sizilianer und Spanier, boten sie den Deys und Beys von Tunis die Stirn, und nicht von ungefähr hatte die Neo-Destour-Partei in ihrem Kampf gegen die Franzosen auf Djerba eine Hochburg. Auch Salah ben Youssef, ehrgeiziger Organisator der oppositionellen Kräfte und später erbitterter Widersacher Bourguibas, war Djerbi. 1955 stand er an der Spitze eines Aufstandes und mußte ins Exil fliehen; 1961 wurde er in Frankfurt ermordet. Die Regierung Tunesiens lebt noch immer in der Angst, die Insel könnte erneut einen Youssef hervorbringen.

Die Herkunft der freiheitsliebenden Insulaner liegt im dunkeln. Wahrscheinlich erfolgte eine erste Zuwanderung von Berbern bereits in prähistorischen Zeiten (vgl. S. 44 und 155ff.). Die Rätsel über den Ursprung der Djerbi, die sich durch ihren gedrungenen Körperbau deutlich von den Festlandsbewohnern unterscheiden, gaben zu manch kühner Spekulation Anlaß. So glaubte etwa der Ethnologe Louis Bértholon, der zu Beginn unseres Jahrhunderts die Völker Nordafrikas erforschte, anhand eines alten Papyrus' beweisen zu können, daß die Sprache der ›Lotophagen‹ (vgl. S. 46f.) die Wurzel sowohl des Griechischen als auch des Berberischen sei und die Urbewohner folglich aus Europa oder Kleinasien stammten.

Trotz der geringen Entfernung vom Festland bot sich Djerba stets als Zufluchtsort vor den aus Süden und Osten herandrängenden Wüstenvölkern an, die ja keine Schiffe besaßen und sich nur selten die Mühe machten, auf ihrem Weg nach Norden auch auf die Insel überzusetzen. Aus wirtschaftlichen Gründen haben die Menschen die wasserlose, im Grunde unfruchtbare Insel wohl kaum besiedelt. Die wichtigste Ursache für den Individualismus und Partikularismus dürfte der ibaditische Glaube sein (vgl. S. 20f.), den es immer wieder gegen die sunnitische Mehrheit auf dem Festland zu verteidigen galt. Bis ins 17.

te so vielen Menschen eine Existenz bietet, so nur deshalb, weil sich neue, nicht landwirtschaftliche Erwerbsquellen aufgetan haben, von denen der Tourismus mit Abstand am wichtigsten ist. Der rapide Bevölkerungszuwachs der letzten Jahrzehnte macht sich vor allem in den städtischen Siedlungen und in den früher weitgehend unbewohnten Hotelzonen bemerkbar. Im Cheikhat von Taourit, das

Jahrhundert war ›Djerbi‹ ein Synonym für strenggläubige und fanatische Puritaner, die sich bewußt von den übrigen islamischen Gemeinschaften fernhielten.

Da Djerba aufgrund seiner Insellage bereits eine natürliche Festung darstellte, konnten die Bewohner eine ihrem Individualismus entsprechende Siedlungsweise wählen: das ›Sippengehöft‹ inmitten des eigenen Gartens (vgl. S. 25). Die winzigen Ortschaften hatten in erster Linie eine Hafenfunktion, wie Adjim und Houmt Souk, oder sie dienten als zentrale Umschlagplätze für den Handel, wie Midoun, Mahboubine und El May (wöchentliche Märkte finden dort noch immer statt). Ganz typisch für die Siedlungsform auf Djerba sind auch die zahlreichen winzigen Moscheen, die ganz im Gegensatz zur Gewohnheit der Araber stehen, mit ihren riesigen Freitagsmoscheen einen religiösen und politischen Versammlungsplatz für alle Gemeindemitglieder zu schaffen.

Interessant ist, daß sich die skizzierte Lebensweise kaum änderte, als sich zunehmend Sunniten der malekitischen Rechtsschule auf Djerba niederließen: Diese siedelten zwar von den Ibaditen getrennt, übernahmen aber die inseltypischen Gehöftformen. Lediglich im Baustil ihrer Moscheen lassen sich äußerliche Unterschiede feststellen. Die einzig verfügbare Statistik, die eine Unterteilung der Bevölkerung nach Religionszugehörigkeit vornimmt, wurde 1942 von dem Kolonialbeamten René Stablo angefertigt. Malekiten und Ibaditen hielten sich damals annähernd die Waage, wobei die Cheikhats von Taourit (mit Houmt Souk) und Midoun eine fast 100%ige malekitische Bevölkerung aufwiesen, während Guellala und Adjim fast ausschließlich von Ibaditen bewohnt waren.

Offensichtlich hat das Bekenntnis zur ibaditischen Lehre seine ursprüngliche Funktion als wesentliches Merkmal der Djerbi verloren und ist durch eine Art Lokalpatriotismus ersetzt worden, zumal auch der Berberdialekt, wichtigstes Kennzeichen zur Abgrenzung dieser Bevölkerungsgruppe, stark zurückgeht.

auch die Hauptstadt Houmt Souk umfaßt, erreicht die Bevölkerungsdichte fast 800 Einwohner pro km^2, im südlichen Bezirk von Beni Maaguel liegt sie hingegen unter 100. Mittlerweile hat sich das einst heterogene Bild der Inselbevölkerung nivelliert. Die Juden, die noch 1936 etwa 10 % der Bewohner stellten, sind fast alle nach Israel ausgewandert (vgl. S. 118). Auch die meisten Europäer, repräsentiert

Der ibaditische Glaube

Die Ibaditen sind eine Untergruppe der Kharidjiten, der neben Sunniten und Schiiten (vgl. S. 74f.) dritten großen Richtung des frühen Islam. Sie entstand durch den Kampf um die rechtmäßige Nachfolge des Propheten und wird von den beiden anderen Richtungen als häretisch betrachtet. Unmittelbarer Anlaß für die Abspaltung war die Einwilligung von Mohammeds Schwiegersohn Ali und seiner schiitischen Anhänger, sich einem von seinem Widersacher Mu'awiya während der Schlacht bei Siffin (657) geforderten Schiedsspruch durch zwei unabhängige Richter zu unterwerfen, um die Frage der Mitschuld Alis am Tode des dritten Kalifen Othman zu klären. Einige Anhänger Alis mißbilligten diese Regelung als nicht mit der Religion vereinbar, trennten sich von ihrem Führer und nannten sich fortan Kharidjiten (›die Ausziehenden‹), was in abweichenden Schreibweisen auch mit Charidschiten oder Harigiten wiedergegeben wird.

Nach Überzeugung der Kharidjiten haben nicht nur die ersten drei Kalifen (vgl. S. 74) ihr Amt unrechtmäßig ausgeübt, sondern auch deren Nachfolger Ali, da er sich durch die Annahme des Schiedsspruchs als unwürdig erwies. Als Legitimation für das Kalifat, die ›Stellvertreterschaft‹ für den Propheten, gilt nach ihrer Auffassung allein die Befähigung zum Amt, so daß jeder Gläubige dieses Ziel erreichen kann, »und sei er ein abessinischer Sklave« – ein Umstand, der den großen Zulauf von seiten der Berberbevölkerung erklärt. Einzig das vorschriftsmäßige Handeln nach dem Koran dient den Kharidjiten als Maßstab, dem sich auch ihr Führer, der *Imam,* unterwerfen muß. Anders als bei den Sunniten und Schiiten liegen dessen Wahl und Absetzung in Händen der Glaubensgemeinschaft, wodurch dynastische Kämpfe vermieden wurden. Großer Wert wird auf die Verknüpfung von Tat und Glaube, moralische Strenge, Bescheidenheit und Näch-

vor allem durch Malteser (vgl. S. 107f.), haben Djerba verlassen, und die Schwarzen fallen zahlenmäßig kaum noch ins Gewicht.

Seit dem 17. Jahrhundert, als sich die Insel unter Zwang öffnete, spielt die Arbeitsemigration eine bedeutende Rolle. Vom Dey mit Garantien für ihre Sicherheit versehen, wanderten viele Djerbi nach Tunis ab, um sich dort als Händler zu betätigen. Schon bald konnten sie sich ein Monopol im Stoff- und Spezereienhandel sichern. Wäh-

stenliebe gelegt. Das Anhäufen und Zurschaustellen von Reichtum sowie weltliche Zerstreuungen wie Musik und Tanz galten lange als ebenso verdammenswerte Sünden wie Müßiggang und der Genuß von Rauschmitteln.

Erster Führer der Kharidjiten wurde Abdallah ben Wahb, der seine Anhänger zu kompromißloser Verfolgung der andersdenkenden Moslems aufrief und zahlreiche Anschläge verüben ließ. Er wurde schließlich zwar von Ali geschlagen, die ›Abweichler‹ waren damit aber noch nicht vernichtet. 661 fiel Ali dem Mordanschlag eines Kharidjiten zum Opfer. Die rebellische Religionsgemeinschaft schürte immer wieder Aufstände gegen die sunnitische Führung des Kalifats, zerfiel aber bald in zahlreiche Splittergruppen, von denen nur die gemäßigte Gruppierung der Ibaditen und die von ihnen abgespaltenen Mozabiten (s. u.) überlebt haben. Die Bezeichnung *Ibaditen* stammt von Abdallah ibn Abad, der die Sekte im späten 7. Jahrhundert in Basra gründete, von wo aus sie sich gegen Ende der Omaijaden-Herrschaft (661–750) unter der Berberbevölkerung fast ganz Nordafrikas verbreitete. 758 eroberte die nunmehr von dem Perser Abderrahman ben Rustam geführte Glaubensgemeinschaft sogar vorübergehend die Stadt Kairouan und herrschte über Südtunesien. Im algerischen Tahirt konnten die Ibaditen sogar ein theokratisches Königreich etablieren, das erst 909 von den Fatimiden aufgelöst wurde. Während ein Teil der Sekte in die abgelegenen Wüstentäler des algerischen M'zab floh und dort als *Mozabiten* bis heute ein weitgehend selbstbestimmtes Leben führt, ließ sich eine andere Gruppe, die eigentlichen Ibaditen, auf Djerba nieder, wo bereits Angehörige des kharidjitischen Stammes der Sanhaja nach dem mißglückten Berberaufstand des Abu Yazid (746) Zuflucht gefunden hatten (eine weitere Hochburg der Ibaditen ist das Sultanat Oman, wo 70 % der Bevölkerung dieser Glaubensrichtung angehören). Bis ins 17. Jahrhundert gelang es den Ibaditen, ihre religiöse Vorherrschaft auf Djerba zu behaupten.

rend früher – ähnlich wie bei den Mozabiten des algerischen M'zab oder den Ammeln des südmarokkanischen Tafraoute – nur die Männer die Insel zeitweise verließen, um den Lebensunterhalt für die zurückbleibende Sippe zu bestreiten, siedeln heute meist ganze Familien nach dem Norden, nach Libyen oder Frankreich um. Gleichzeitig ist eine Zuwanderung aus der angrenzenden Region des Festlandes, aber auch aus dem Norden zu verzeichnen, der vor allem ausgebil-

Dar und Haouch – Wohnen auf Djerba

Fährt man über die Insel, fallen immer wieder die kubischen, strahlend weißen Häuser auf, die sich abseits der Straße hinter Ölbäumen, Hekken und Dattelpalmen verstecken und den Anschein erwecken, reiche Tunesier hätten sich hier ihre Villen gebaut. Diese verstreute Siedlungsweise ist jedoch seit frühester Zeit ein typisches Kennzeichen der Insel, wobei die Frage offenbleiben muß, ob der Individualismus der Djerbi den Anstoß dafür gab oder die Geographie. Da Flüsse und Seen ebenso fehlen wie markante Geländeerhebungen, gab es – abgesehen von der Bodenqualität und dem Grad der Salzhaltigkeit des Grundwassers – keine zwingenden Gründe, bestimmte Siedlungsplätze besonders zu bevorzugen. Zudem bestand aufgrund der Insellage zunächst auch kein Schutzbedürfnis, das ein Zusammenrücken hinter wehrhafte Mauern erfordert hätte. Die Djerbi konnten also so siedeln, wie es wohl auch die meisten Europäer gerne täten: im Einzelhaus, umgeben von einem großen Garten.

In seiner einfachen Form *(Dar)* handelt es sich bei dem traditionellen Djerba-Haus um einen rechteckigen Bau mit nur einem einzigen, zwischen 8 und 15 m langen Raum. Die Wände sind aus Kalkstein gemauert, der mit Gips verputzt ist, die Decke besteht aus Palmenstämmen und gestampftem Lehm, wobei die Länge der Stämme die Breite der Gebäude auf etwa 3 m beschränkt. Der mittlere Teil des Hauses, in dem sich auch die einzige Tür befindet, dient als Wohnraum, die beiden mit Vorhängen abgetrennten Enden sind Schlafgemächer. Eins davon liegt ebenerdig und wird von einer Kuppel überwölbt, wobei als Bett ein gemauerter Podest fungiert. Da Fenster fehlen, wird dieser Raum recht warm, so daß man ihn vor allem im Winter nutzt. Der Sommerschlafraum am anderen Ende liegt erhöht und ist über eine Treppe erreichbar. Um genügend Kopffreiheit zu haben, hat das Haus hier einen turmartigen, mit Fenstern versehenen Aufsatz *(Ghorfa)*. Die Inneneinrichtung ist denbkar einfach und auf das Allernotwendigste beschränkt: Den Boden bedecken Strohmatten, Wandnischen dienen zur Aufnahme der wenigen Habseligkeiten sowie der Kerzen für die Beleuchtung. Moderne Bauten folgen dem gleichen Grundprinzip, werden jedoch mit Zement und Eisenträgern konstruiert, was eine erheblich größere Breite ermöglicht. Antennen und Stromkabel lassen erkennen, daß auch in den traditionellen Dar längst die Neuzeit Einzug gehalten hat.

Da sich auch bei den Djerbi das Leben in der Großfamilie abspielt, werden die einfachen Häuser bei Bedarf nach einer Art Baukastenprinzip zu sogenannten *Haouch* erweitert; sie sehen dann z. T. fast wie Festungen aus. Um das Privatleben noch mehr nach außen abzuschließen als ohnehin schon, werden die Dar meist zu einem geschlossenen Viereck gruppiert, das einen Innenhof umschließt. Der Vater genießt die uneingeschränkte Autorität innerhalb des Verbandes, der aus seiner eigenen Familie und den Familien seiner Söhne besteht. Jede ›Kleinfamilie‹ bewohnt einen eigenen Dar, Versorgungseinrichtungen wie Küche und Speicher werden aber gemeinsam genutzt. Wächst die Großfamilie noch weiter, entstehen neue Haouch in unmittelbarer Nähe. Schließlich kann sich sogar ein kleiner Weiler entwickeln, in dem alle Bewohner miteinander verwandt sind, so wie es in Mellita der Fall ist.

Wesentlicher Bestandteil eines jeden Hauses sind seine unterirdischen Zisternen, die so bemessen sein müssen, daß sie während der winterlichen Regenfälle den Gesamtbedarf für das ganze Jahr aufnehmen können. Aufgefangen wird das Wasser auf Terrassen und Flachdächern, die durch entsprechende Neigung das kostbare Naß den Zisternen zuführen. Die Abhängigkeit von sauberem Regenwasser ist übrigens die Ursache, daß Tauben auf der Insel nicht geduldet werden. Wer auf eigene Faust durch Djerba reist, sollte unbedingt darauf achten, daß er nicht die Privatsphäre eines Hauses verletzt: Diese beginnt nämlich nicht erst am Eingang zum Hof oder an der Tür, sondern bereits an Erdwällen oder Hecken, die die Gärten umgeben.

detes Personal für die Hotels stellt. Somit verliert Djerba zunehmend seinen Sonderstatus als Hort einer Minderheit. Ob sich damit auch das äußere Erscheinungsbild der Insel verändern wird, bleibt abzuwarten.

Wirtschaft

Traditionell war die Landwirtschaft der wichtigste Erwerbszweig Djerbas, ergänzt durch Fischerei, Handwerk und Handel, wobei sich letzterer auf Houmt Souk konzentrierte.

Die beiden wichtigsten Nutzpflanzen sind seit alters Dattelpalme und Ölbaum. Die Palmen werden, da sie Salz gut vertragen, bevorzugt in Küstennähe angepflanzt, wo sie in recht weiter Streuung Felder für Wintergerste und Hülsenfrüchte umschließen. Deshalb kommt trotz der großen Zahl von 1 Million Bäumen nirgends das Gefühl auf, sich in einer Oase zu befinden wie etwa in der Nefzaoua oder im Djerid. Vornehmlich im Westen Djerbas, wo Boden- und Grundwasserqualität den Gartenbau erschweren, finden sich ausgedehnte Ölbaumplantagen, die keiner künstlichen Bewässerung bedürfen.

Die seichten, warmen und nährstoffreichen Gewässer rings um Djerba sind außergewöhnlich fischreich. Etwa 80 Arten kommen hier vor, darunter Stachelmakrelen, Barben, Thunfische, Barsche, Brassen, Garnelen und Krabben. Die Fangmethoden sind nach wie vor recht einfach: Man fischt mit der Langleine, die nachts ausgebracht und am nächsten Tag wiedereingeholt wird. An ihr hängen Haken oder auch kleine Tonkrüge, in denen Tintenfische mit Vorliebe Zuflucht suchen. Zu Hunderten kann man diese Miniamphoren in den Fischereihäfen gestapelt sehen. Auf Makrelenschwärme machen die Fischer in gemeinsamen Aktionen mit dem Schleppnetz Jagd, Meeräschen überlistet man mit zwei Netzen, wobei das erste den Fisch zum Sprung an die Oberfläche veranlaßt, das

Menzel, Djnan und Frawa

Die Landnutzung auf Djerba

Herzstück der Kulturlandschaft Djerbas ist das *Menzel,* der intensiv bewirtschaftete Garten rings um das Haus, eingegrenzt von einem Wall oder einer Hecke. Dattelpalmen und Obstbäume haben hier ihren Platz, vor allem aber Gemüsebeete, die der künstlichen Bewässerung bedürfen. Entsprechend gehört der bis zur Grundwasserschicht herabreichende Ziehbrunnen mit seinen beiden hochaufragenden Stützen, zwischen denen die Achse mit der hölzernen Laufrolle gelagert ist, zum typischen Erscheinungsbild dieses Flurstücks. Früher wurde das Wasser mit Lederbeuteln durch Esel oder Kamele aus 10–40 m Tiefe gefördert, heute sind meist Elektropumpen installiert.

Neben der Bodenqualität ist es die Verfügbarkeit von salzfreiem Grundwasser, die zur Bevorzugung einzelner Standorte und damit zu einer ungleichmäßigen Bevölkerungsverteilung geführt hat. Zwar versucht der Staat neue Brunnen zu bohren, die Erfolge sind jedoch bescheiden. Die Gebiete um Cedriane, El May und Midoun gelten als die fruchtbarsten und haben auch das beste Grundwasser aufzuweisen. Küstennahe Standorte hingegen lassen sich wegen des in den Grundwasserhorizont eindringenden Seewassers kaum für den Gartenbau nutzen.

Im Menzel werden vor allem Tomaten und Bohnen angebaut. Unter den Obstsorten dominieren Mandeln, Granatäpfel, Aprikosen, Pfirsiche und Äpfel; Zitrusfrüchte sind dagegen selten. Haben die Obstbäume ein eigenes, ebenfalls von einer Hecke umschlossenes Gelände ohne darin verstreute Gemüsebeete und daher auch ohne Brunnen, so trägt die Parzelle die Bezeichnung *Djnan.*

Der Ölbaum, die seit Jahrtausenden wichtigste Kulturpflanze der Insel (vgl. S. 26f.), wird in größeren Hainen kultiviert, den *Frawa,* deren Besitz sich mehrere Familien teilen. Nach der Olivenernte im November wird zwischen den Bäumen Gerste gesät, die von den winterlichen Regenfällen profitiert. Man erntet sie im März und drischt sie teilweise noch auf biblische Weise mit dem Esel. Die etwa 1 Million Dattelpalmen gedeihen vor allem auf den sandigen Böden in Küstennähe. Aufgrund des relativ feuchten Klimas liefern sie eine nur mäßige Qualität. Wegen ihrer Lagerfähigkeit waren Datteln und Öl früher die wichtigsten Nahrungsmittelreserven für ›magere Jahre‹.

Der Ölbaum,
Djerbas bedeutendste Kulturpflanze

Der wertvollste Nutzbaum der Mittelmeerregion zählt, wie auch die Palme, zu den wenigen in diesem Gebiet seit dem Altertum angebauten Fruchtbäumen. Die Ölbäume erreichen eine Höhe von 4–5 m und müssen in großen Abständen von mindestens 25 m gepflanzt werden. Die Heimat der wilden Urpflanze, aus der die heutigen Arten kultiviert wurden, dürfte in Indien zu suchen sein, wo sieben Wildformen vorkommen, deren Nutzung dort aber nie eine Rolle spielte. Wann und wie sich der Olivenanbau entfaltete, ist im einzelnen bisher noch un-

zweite, horizontal gespannt, ihm den Rückweg in sein Element abschneidet.

Neben der Landwirtschaft hat seit jeher das Handwerk eine wichtige Rolle gespielt. Bis in unsere Tage berühmt sind die Töpfer von Guellala, die früher die ganze Küste mit tönernen Vorratsbehältern versorgten (vgl. S. 119ff.). Noch größere Bedeutung haben Wollverarbeitung und Weberei. Die Schaffelle werden von den Nomaden des Festlandes geliefert, in Heimarbeit zu Wolle verarbeitet und dann zu Tüchern verwebt. Es gab früher kein Haus, in dem nicht mindestens ein Webrahmen stand. Wäh-

geklärt. Holzfunde auf Santorin weisen mindestens bis ins zweite vorchristliche Jahrtausend zurück, und auch in der Bibel wird der Ölzweig mehrfach erwähnt. Daß die zweite von Noah nach der Sintflut ausgesandte Taube einen Ölzweig zur Arche zurückbrachte, darf wohl ebenso als Zeichen für die überragende wirtschaftliche Bedeutung dieses Baumes gewertet werden wie die vielschichtige Symbolik. Die Olive sollte der Braut Fruchtbarkeit verleihen; Olivenzweig und Taube versinnbildlichen bis heute den Frieden; der Olympiasieger wurde mit einem Zweig des wilden Ölbaums geehrt; im frühen Christentum war das Olivenblatt Chiffre für den Glauben der Gerechten; auch der Erzengel Gabriel wird in der Verkündigung zuweilen mit dem Ölzweig dargestellt.

Wann die Ölbaumkultivierung auf Djerba begann, steht nicht fest. Sicherlich wurde sie bereits in römischer Zeit gepflegt. Die Ernte der reifen Früchte erfolgt zwischen Herbst und Winter, meist im November. Das Auspressen übernehmen einfache Ölmühlen gegen einen bestimmten Anteil der Produktion. Die Zeiten, als Esel oder Kamele mit verbundenen Augen die schweren Mühlsteine drehten, sind vorbei, auch hier haben Elektromotoren die Arbeit übernommen. Das Speiseöl höchster Qualität entsteht durch die erste, nur leicht ausgeführte ›kalte‹ Pressung; es kommt unter der Bezeichnung ›Natives Olivenöl extra‹ in den Handel. Auch die zweite, ebenfalls ›kalte‹ Pressung liefert ein sehr gutes Produkt. Die bei den weiteren Pressungen anfallenden Öle müssen raffiniert werden; sie sind von zunehmend minderer Qualität bis genußuntauglich. Letztere finden nur in der Industrie und als Grundstoff der Seifenherstellung Verwendung. Die zurückbleibende Molasse wird an das Vieh verfüttert. Die Kultivierung der Oliven dient hauptsächlich der Eigenversorgung der Bewohner. Nur der Überschuß wird auf dem lokalen Markt verkauft oder getauscht.

rend die Frauen für den Eigenbedarf produzierten, webten die Männer für den Export. Durch den Tourismus hat dieser Wirtschaftszweig neue Impulse erhalten.

Aufgrund der abgeschiedenen Lage und des Partikularismus der Inselbewohner war Djerba nie ein bedeutendes Handelszentrum, auch wenn Houmt Souk als Endpunkt der Karawanenrouten eine gewisse Rolle spielte. Die anderen Marktflecken dienten ausschließlich der Versorgung der lokalen Bevölkerung. Ihren Ruf als außerordentlich erfolgreiche Händler haben sich die Djerbi vor allem in der Fremde erworben, vornehmlich in den gro-

Am Rande des Markttreibens: geduldig wartende Kunden vor einer Metzgerei

ßen Städten des Nordens, wo sie in Zusammenarbeit mit Verwandten ganze Gewerbszweige beherrschten (vgl. S. 20). Nur durch diesen Zusammenschluß war es für den einzelnen möglich, zwischen seiner Heimat und der Fremde zu pendeln, ohne das Geschäft zu gefährden. Noch in den 60er Jahren wurde fast die Hälfte des Inseleinkommens auf diese Weise erzielt.

In den letzten 20 Jahren hat der Tourismus einen ganz nachhaltigen Einfluß gewonnen und die Wirtschaftsstruktur in vielerlei Hinsicht verändert (vgl. S. 95). Traditionelle Handwerkszweige, wie etwa die Schmuckindustrie oder Weberei, haben unmittelbar davon profitiert, neue Erwerbsmöglichkeiten sind hinzugekommen. Andere Einnahmequellen, insbesondere die arbeitsintensive Landwirtschaft, verkümmern hingegen wegen Nachwuchsmangel. Angesichts der ehrgeizigen Pläne der Reisebranche dürfte diese Umbruchphase noch lange nicht beendet sein; eine höchst gefährliche Dienstleistungsmonokultur entsteht. Immer mehr wird Djerba damit vom Reichtum der Europäer und der politischen Stabilität im eigenen Lande abhängig. Wie schnell sich das Blatt wenden kann, zeigen die ehemaligen Touristenhochburgen Jugoslawien und Ägypten als warnende Beispiele.

Südtunesien

Geographie

Im Gegensatz zu Djerba lassen sich auf dem südtunesischen Festland, das mit einer Fläche von über 80 000 km² etwa die Hälfte des Landes einnimmt, mehrere große Naturräume unterscheiden. Ein von der Oase Gafsa nach Westen verlaufender Gebirgszug trennt die Steppenzone des tunesischen Sahel von der Region der Schotts. Die noch zum System des Atlasgebirges gehörenden Ketten beginnen nahe der algerischen Grenze im 907 m hohen Djebel Negueb und ziehen sich im Osten bis weit in die Ebene des Sahel. Etwas östlich von Gafsa erreichen sie im Djebel Orbata (1165 m) und Djebel Bou Rameli (1156 m) ihre größten Höhen. Die wenigen nach Süden, zum Schott el Djerid hin, entwässernden Flüsse bahnen sich in teilweise spektakulären Durchbrüchen ihren Weg durch die aufgefalteten Sedimentschichten, so etwa in der Schlucht von Seldja, im Canyon von Tamerza und bei Gafsa.

Als Standort des Phosphatabbaus ist dieses Gebirge heute wirtschaftlich höchst bedeutsam. Zu Füßen der Berge erstreckt sich im Süden eine Wüstensteppe, die zu den großen, in einer Depression gelegenen Salzseen Schott el Djerid und Schott el Fedjadj überleitet. Umschlossen wird die Schottregion von den Djerid-Oasen im Nordwesten und den Nefzaoua-Oasen im Südosten. Letztere liegen bereits im Einzugsbereich des undurchdringlichen Dünengebiets des Grand Erg Oriental, das Reisenden am nachhaltigsten den Eindruck der Sahara vermittelt.

Die völlig weglose Sandwüste des Erg mit ihren bis zu 200 m hohen Wanderdünen erstreckt sich vom Südrand des Schotts bis weit nach Algerien und Libyen hinein. Ihre der Küste zugewandte Seite

›Steckbrief‹ Südtunesien

Lage: zwischen 30°10′ und 34°30′ N sowie 7°30′ und 11° O
Größe: über 80 000 km²
Einwohner: ca. 1,8 Millionen
Bevölkerungsdichte: ca. 15 Einwohner/km²
Die wichtigsten Städte (Einwohnerzahlen): Gabès (ca. 90 000), Gafsa (ca. 70 000), Tozeur (ca. 20 000), Medenine (ca. 16 000), Nefta (ca. 15 000), Tataouine (ca. 12 000), Kebili (ca. 6000)
Analphabetenquote (Männer/Frauen): ca. 30/60 %

Der Schott el Djerid

Der zusammen mit seinem ›Anhängsel‹, dem Schott el Fedjadj, mehr als 5600 km² große Salzsee Schott el Djerid darf als eine der interessantesten Naturerscheinungen der afrikanischen Trockenzone bezeichnet werden.

Entstanden ist diese sogenannte ›Endpfanne‹, die ihren Namen den Palmwedeln *(Djerid)* verdankt, aus denen vornehmlich Sandschutzzäune gefertigt werden, durch das Aufeinandertreffen der fest liegenden ›Saharatafel‹ und der beweglichen ›Atlaszone‹ während der Endphase des Tertiär vor ca. 1,5 Millionen Jahren. Während das Atlasgebirge durch diesen Prozeß aufgefaltet wurde, formte sich in Südtunesien eine bis 5000 m tief reichende tektonische Senke, die sich allmählich durch Ablagerungen auffüllte und heute bereits 20 m über dem Meeresspiegel liegt, in einigen Ausläufern aber auch noch darunter. Gegen Ende der Eiszeiten vor etwa 40 000 Jahren, als schon Menschen in Südtunesien siedelten, war der Schott el Djerid eine flache, mit dem Mittelmeer in Verbindung stehende Lagune, deren Wasserspiegel etwa 20 m höher lag als heute. Der See trocknete dann langsam aus und verwandelte sich in eine Salzpfanne, eine *Sebkha.* Die Bezeichnung Schott oder Chott trifft strenggenommen allein auf die Randzonen zu, da sich nur hier der für diese Landschaftsform typische, der Weidewirtschaft dienende Grasbewuchs findet.

Die Begrenzung des Schott el Djerid ist nicht überall eindeutig, verzahnen sich doch vielerorts die vegetationslosen Salztonflächen mit den bewachsenen Ebenen oder den Dünenformationen des Erg Oriental. Den äußeren Rand des Schott bestimmen Sandablagerungen, die als kleine Dünen auftreten, häufig aber auch als pflanzenbewachsene Sandhügel, die den Namen *Nebkha* tragen. Sie entstehen wohl dadurch, daß etwas Sand angeweht wird, der den Salzgehalt des Bodens herabsetzt und so einigen widerstandsfähigen Pflanzen aus der Familie der Halophyten einen bescheidenen Lebensraum bietet. An einigen Stellen ballen sich diese Nebkhas zu geschlossenen Vegetationsinseln inmitten der Salztonebene. Der Flugsand stammt aber nicht, wie man annehmen könnte, aus dem nahen Erg Oriental, sondern der vorherrschenden nordöstlichen Windrichtung wegen aus den nördlichen und östlichen Randzonen.

Weiter zum Zentrum des Schott hin hört die Vegetation trotz Sandanhäufungen völlig auf, da der Salzgehalt des Grundwassers und des angereicherten Regenwassers dort keinen Pflanzenwuchs mehr zuläßt. Es beginnt die Zone der flachen, monoton wirkenden bräunlichen Salztonebene, die den größten Teil des Schotts ausmacht. Die Tone werden immer feiner, die Salzablagerungen immer deutlicher, bis sie schließlich als feste, in der Sonne glitzernde Platten das Bild bestimmen. So einförmig, wie er zunächst erscheint, ist der Schott el Djerid aber nicht, gehört er doch zu den wenigen Naturphänomenen dieser Art, deren Aufbau trotz ihres hohen Alters noch nicht abgeschlossen ist. Die Geologen sehen die Ursache dafür in dem unverändert anhaltenden Absinken des tektonischen Grabens, das schneller voranschreitet als das Auffüllen mit Ablagerungsmaterial aus den benachbarten Gebirgen.

Die Vielzahl der Erscheinungsformen im Kernbereich der Sebkha, aber auch ihr ständiger Wandel, ergeben sich aus dem Wechselspiel von Überflutung, Verdunstung, Ablagerung und Abtragung in Verbindung mit der hohen Salzkonzentration des Bodens. Wasser stellt das wichtigste Element in diesem Kreislauf dar. Da der Grundwasserspiegel unmittelbar unter der Oberfläche liegt, ist das ganze System sehr labil. Nach längeren Regenfällen und in den kalten Wintermonaten sind häufig weite Flächen des Schotts überflutet, während im heißen Sommer die Verdunstung die spärlichen Niederschläge überwiegt. Ein bedeutender Teil des Grundwasserhorizonts wird durch fossiles, bis zu 28 000 Jahre altes Wasser gebildet, das aus großen Tiefen entlang tektonischer Bruchkanten aufsteigt und in Quellen, den *Aioun* (Singular *Ain*) zutage tritt. Aufgrund der stark tonhaltigen Böden kann das Wasser nicht wieder in tiefere Schichten abfließen. Es bilden sich die gefährlichen Salzmoraste, deren Schrecken bereits Karl May sehr anschaulich beschrieb (vgl. S. 183 f.). Erst wenn das Wasser wieder verdunstet ist, entsteht eine feste, zuweilen jedoch trügerische Kruste. Hin und wieder trifft man auch auf verkrustete Blasen, angefüllt mit faulig gärendem Schlamm. Es handelt sich dabei um die Überreste von Algen, die sich während der Überflutungsphasen gebildet haben. Der ständige Wechsel von Überflutung und Verdunstung hat vor allem im Zentrum des Schott dicke Salzplatten entstehen lassen, die sich in bizarren Formen mit aufgewölbten Rändern zu polygonalen Mustern aneinanderfügen. Wem der Schott zu langweilig erscheint, der kann sich während der langen Fahrt über die Dammstraße ja einmal den Kopf darüber zerbrechen, wodurch die Muster entstanden sein könnten. Die Wissenschaft hat bis heute nämlich noch keine eindeutige Antwort auf diese Frage gefunden.

wird vom Gebirgszug des Dahar begrenzt, einer bis 600 m aufragenden, relativ geschlossenen Schichtstufenlandschaft, die mit ihren festungsartigen Ksour (vgl. S. 148) und Höhlenwohnungen eines der kulturgeographisch interessantesten Reiseziele Südtunesiens darstellt. Stufenartig und von einigen vorgelagerten Zeugenbergen aufgelockert fällt der Gebirgszug steil nach Osten ab zum flachen, bis zum Mittelmeer reichenden Küstenvorland der Djeffara-Ebene, die wieder das Gesicht einer Wüstensteppe trägt.

Klimatabelle Gabès und Tozeur
(Durchschnittswerte nach Mensching)

Monat	*Lufttemperatur in °C*		*Niederschläge mm/Monat*		*Regentage/Monat*	
	Gabès	Tozeur	Gabès	Tozeur	Gabès	Tozeur
Januar	10,8	10,5	21	10	4	2
Februar	12,4	12,4	16	7	3	3
März	15,3	16,0	19	13	4	3
April	17,7	20,0	14	11	3	2
Mai	20,9	24,4	9	5	2	2
Juni	23,8	29,2	1	3	2	1
Juli	26,7	32,3	0	0	0	0
August	27,4	32,0	2	0	1	0
September	25,5	28,6	15	7	3	2
Oktober	21,6	22,3	32	12	4	2
November	16,5	16,2	33	14	4	3
Dezember	12,2	11,5	16	10	4	2

Klima

Nur wenige Kilometer von der Küste entfernt macht sich der Einfluß des ariden Klimas bemerkbar, das ganz Südtunesien kennzeichnet und sich mit wachsender Entfernung vom Meer bis zum reinen Wüstenklima steigert. Schon in Gabès wird die 30 °C-Marke an 60 Tagen im Jahr erreicht, und die Differenz von 16,5 °C zwischen der niedrigsten und höchsten Durchschnittstemperatur innerhalb eines Tages zeigt bereits deutlichen Kontinentaleinfluß. Auch die Niederschläge von Gabès bleiben mit 178 mm pro Jahr deutlich hinter den Werten von Djerba (208 mm) zurück. Mit zunehmender Distanz zur Küste verringern sich die Regenfälle weiter, während die Sommertemperaturen ansteigen. So fallen in Tozeur nur noch 92 mm Regen pro Jahr, die sommerlichen Durchschnittstemperaturen klettern auf stattliche 32 °C und lassen den Ort damit zu einem der heißesten des Landes werden. Merkmal des nun ausgeprägten Wüstenklimas ist überdies die jahreszeitliche Amplitude von über 20 °C bei den Durchschnittstemperaturen sowie mehr als 60 °C bei den Extremwerten. So steht einem winterlichen Minimum von –5 °C ein sommerliches Maximum von mehr als 55 °C gegenüber!

Vegetation und Tierwelt

Dem oberflächlichen Betrachter mögen die Wüste und ihre Randzone arm an Vegetation erscheinen, dem Botaniker sind hingegen 1400 Arten von Pflanzen bekannt, die sich alle durch hohe Spezialisierung und Anpassungsfähigkeit an das trockene Klima auszeichnen. Um die Verdunstung herabzusetzen, sind die Blätter oft winzig klein oder zu Dornen umgebildet, die überdies Schutz vor Tieren gewähren. Schon durch ihre Größe dominiert die Tamariske *(Tamarix spec.)*. Da sie Salzwasser gut ver-

Blühender Kameldorn *(Zilla spinosa)*

trägt, findet man sie recht häufig in der Randzone des Schott, wo sie nicht selten ein gestrüppartiges Unterholz bildet, zuweilen aber auch zu knorrigen, stattlichen Bäumen ausgebildet ist. In ihrer Nähe gedeiht oft der Salzstrauch *(Haloxylon scoparium)*, der ebenfalls hohe Salzkonzentrationen toleriert. Weitere Charakterpflanzen der Wüstenrandzone sind die dornige Akazie *(Acacia raddiana)* und die im Winter gelb blühende *Maerua crassifolia*, die wegen der fehlenden Dornen zur Lieblingsspeise der Dromedare und Ziegen gehört und deshalb nur selten ihre volle Baumhöhe erreicht. In den Dünenrandzonen dominiert der weitverbreitete Rutenginster *(Retama reatam)*. Von Autofahrern gefürchtet, von Kamelen hingegen geschätzt ist der Kameldorn *(Zilla spinosa)* mit seinen langen, äußerst spitzen Dornen. Bei starkem Wind werden ganze Büsche losgerissen und über die Fahrbahn gefegt. Als Grenze zwischen Wüste und Steppe wird von den Geographen zuweilen das Vorkommen von Halfagrasbeständen *(Stipa tenacissima)* definiert, die in Südtunesien als Grundstoff für Flechtarbeiten und für die Zelluloseproduktion (Fabrik in Kasserine) große wirtschaftliche Bedeutung haben.

Der extremen Hitze und Trokkenheit hat sich die **Tierwelt** von Wüste und Wüstenrandzone vor allem durch nachtaktives und größtenteils unterirdisches Leben angepaßt. Die weiteste Verbreitung haben die Insekten – allein die Schwarzkäfer *(Tenebrioniden)*, deren Spuren man frühmorgens im Sand findet, sind mit über 300 Arten vertreten! Häufig kommen auch die zu den Spinnen zu zählenden Skorpione *(Scorpionida)* vor, von denen in erster Linie der Dickschwanzskorpion *(Androctonus australis)* dem Menschen gefährlich werden kann. Man sollte deshalb in der Wüste niemals barfuß gehen und nicht unbedacht in Felsspalten oder unter Steine greifen, wo sich die Tiere während des Tages am liebsten aufhalten. Schlangen hingegen wird der Reisende wohl kaum zu Gesicht bekommen. Vorsicht ist allerdings in der engen, heißen Schlucht von Seldja (vgl. S. 201) geboten, wo giftige Hornvipern *(Cerastes cerastes)* und nicht minder gefährliche Avicennavipern *(Cerastes vipera)* ihre Unterschlüpfe haben.

Besonders gut dem Leben in der Wüste angepaßt und wegen ihrer perfekten Tarnung nur schwer zu erkennen sind die Dornschwanzagamen *(Uromastyx acanthinurus)*, denen die Raubvögel nachstellen. An Säugetieren gibt es außer dem allgegenwärtigen Dromedar (vgl. S. 173f.) vor allem Nager, die in tiefen unterirdischen Bauten hausen, aus denen sie nur nachts zur Nahrungssuche auftauchen (am bekanntesten dürfte die Wüstenspringmaus sein). Der zierliche Wüstenfuchs oder Fennek *(Fennecus zerdus)*, der die Nähe der Sanddünen bevorzugt und eben-

Wüstenfuchs
(Fennecus zerdus)

falls unterirdisch wohnt, zählt heute zu den vom Aussterben bedrohten Arten.

Bevölkerung

Obwohl Südtunesien flächenmäßig etwa die Hälfte des Landes einnimmt, leben in diesem Gebiet nur etwa 20 % der insgesamt 8,7 Millionen Einwohner, also knapp 1,8 Millionen Menschen, was einer Bevölkerungsdichte von knapp 15 Personen pro km^2 entspricht (Djerba zählt im Gegensatz dazu über 150 Einwohner pro km^2, die Region um Tunis fast 900, der Landesdurchschnitt liegt bei 50). Da die äußerst geringen Niederschläge eine Wasserbevorratung in Zisternen nur sehr beschränkt zulassen, konzentriert sich die Bevölkerung anders als auf Djerba auf urbane Zentren und Oasen, die vorwiegend durch artesische Brunnen am Leben gehalten werden.

Die altansässige berberische Bevölkerung war weit stärker als auf der Insel Djerba den Invasionen der Araber ausgesetzt, die vor allem die Küstenebenen besiedelten. Die berberischen Restgruppen wurden, sofern sie sich nicht mit den Zuwanderern vermischten und deren Sprache und Kultur annahmen, in die Bergregionen des Dahar abgedrängt, wo sie als *Djebalia* (›Bergbewohner‹) bis heute viele ihrer traditionellen Eigenarten bewahren konnten. Ihre festungsartigen, mit Speicherburgen versehenen Siedlungen hoch oben auf den Felsspornen der Tafelberge zeugen von den langen Auseinandersetzungen mit den überwiegend arabischen Halbnomaden der Djeffara-Küstenebene, denen die Berg-

völker sogar zeitweilig tributpflichtig waren. Bis 1948 wiesen das Bergland des Dahar und die angrenzende Djeffara-Ebene überdies einen beträchtlichen Prozentsatz jüdischer Bewohner auf, die als Händler und Silberschmiede vor allem in Tataouine und Medenine lebten. Die meisten von ihnen sind seither nach Israel ausgewandert.

Der Nomadismus spielte im Süden Tunesiens bis zur Unabhängigkeit eine gewichtige Rolle. Bedingt durch die Randlage zwischen Steppe und Vollwüste war der reine, für die Zentralsahara charakteristische Kamelnomadismus, wie ihn z. B. die Tuareg betreiben, jedoch eine Randerscheinung, die sich auf das Gebiet südwestlich von Douz beschränkte. Die letzten tunesischen Vollnomaden vom Stamm der Ghrib leben dort noch heute in der Umgebung der Oase Zaafrane.

Die schwarzen Nomadenzelte, denen man recht oft in der Djeffara-Küstenebene, aber auch in der Steppenlandschaft westlich des Dahar-Bergrückens begegnet, beherbergen viehzüchtende Halbnomaden unterschiedlicher Stammeszugehörigkeit. Sie haben ihren Hauptwohnsitz in einer der Oasen und betreiben dort auch Ackerbau, nur ein Teil des Familienverbandes zieht mit den Herden umher. Zuweilen heuert man auch Hirten aus den sozial schwächeren Familien der Oasen an, insbesondere dann, wenn die Männer zu Hause bei der Oliven- und Dattelernte unabkömmlich sind.

Ein Nomadenlager umfaßt die Zelte einer Sippe, wobei in jedem Nomadenzelt grundsätzlich nur eine Familie lebt. Das Zeltdach bilden aneinandergenähte Bahnen selbstgewebten Stoffs aus schwarzem Ziegenhaar, der über ein Holzgerüst gespannt wird. Ein quer durch das Zelt verlaufender Vorhang trennt die Behausung in einen Männer- und einen Frauenteil. Im Frauenteil befindet sich bei schlechtem Wetter die Küche, im Männerteil das ›Wohnzimmer‹, in dem auch die Gäste empfangen werden. Während des Tages ist die Vorderseite des Zeltes offen, nachts hingegen durch Matten verschlossen. Verständlicherweise ist das Mobiliar äußerst bescheiden und im wesentlichen auf Kochutensilien beschränkt. Wassersäcke, Ziegenhaarsieb, Kochtopf, Mörser und Holzlöffel sind die Grundausstattung für die Zubereitung des täglichen Couscous. Trotz des Viehreichtums steht Fleisch nur zu besonderen Gelegenheiten auf dem Speisezettel, gewöhnlich am Ende des Ramadan und anläßlich des Geburtstags des Propheten. Wichtiger Bestandteil der Ernährung ist Schaf- bzw. Ziegenmilch, Kamelmilch wird nicht verzehrt. In Ziegenfellsäcken, bei denen der Haarteil nach innen zeigt, stellen die Nomadenfrauen regelmäßig Butter her, indem sie den mit Milch gefüllten Sack 15 bis 20 Minuten hin- und herwiegen. Eine willkommene Ergänzung der recht eintönigen Kost stellen die im Frühjahr auftau-

Nomaden bei Zaafrane

chenden großen, grünen Heuschrecken dar, die, über dem Feuer geröstet, etwa den Geschmack von Kieler Sprotten entfalten.

Vor allem in den Oasen trifft man noch häufig auf die negroiden Haratin. Sie sind Nachfahren der schwarzen Sklaven, die bis Mitte des vergangenen Jahrhunderts ein wichtiger ›Handelsartikel‹ der arabischen Bevölkerung waren und vor allem den landbesitzenden Nomaden als Arbeitskräfte in den Oasen dienten.

Der Süden leidet unter einer starken Abwanderung in die städtischen Zentren, da die kleinen Oasen und die Bergsiedlungen des Dahar außerhalb der kargen Landwirtschaft kaum Erwerbsmöglichkeiten bieten. So sind etwa 15 % der männlichen Bewohner der Nefzaoua-Oasen vorübergehend von ihrem Heimatort abwesend, um in den Städten den Lebensunterhalt für ihre Familien zu verdienen. Seit einigen Jahren liegen die Ziele der Arbeitsemigranten aber nicht mehr nur im Norden, sondern auch in den großen Siedlungen des Südens, insbesondere in Gabès, Medenine und Gafsa. Damit ist ein heilsamer Prozeß in Gang gekommen und die Gefahr gebannt, daß ausschließlich die Hauptstadt das Ziel der Landflucht darstellt wie in so vielen Ländern der Dritten Welt. Hauptursache für die Streuung städtischer Zentren dürfte die lange Tradition städtischen Lebens in Tunesien sein. Einen gewissen Beitrag zur Verbesserung der Erwerbsstruktur

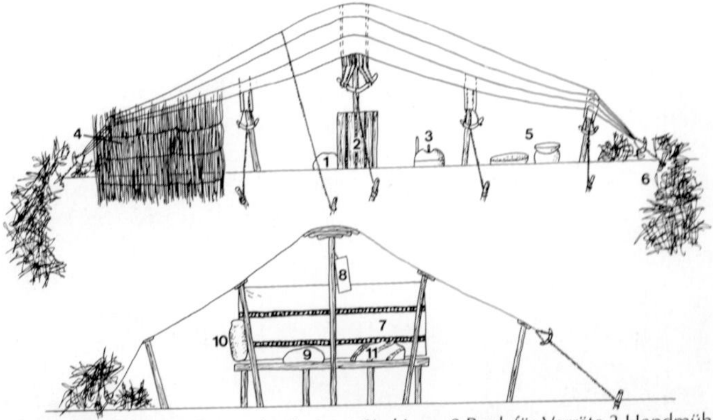

Nomadenzelt, Vorderansicht und Schnittt: 1 Sitzkissen 2 Bank für Vorräte 3 Handmühle 4 Strohmatte 6 Gesträuch zum Auffüllen der Zeltecken 7 Teppich oder Decke als Trennvorhang 8 Mehlsieb 9 Wassersack (Girba) 10 Buttersack 11 Mehlsack

leistet auch der Fremdenverkehr, der im Dienstleistungsbereich, vor allem aber in Handel und Handwerk Arbeitsplätze schafft.

Wirtschaft

Die landwirtschaftliche Nutzung der südlichen Trockenzone ist aufgrund der geringen Niederschläge nur auf der Basis von künstlicher Bewässerung möglich. Ackerbau kann nur in der stark konzentrierten Form der Oasenwirtschaft betrieben werden (vgl. S. 169 ff.). Die notwendige Wasserversorgung entstammt in den Oasen der Schott-Region überwiegend fossilen unterirdischen Lagerstätten, aus denen das unter hohem Druck stehende Wasser in artesischen Quellen an die Oberfläche tritt. Im etwas regenreicheren Bergland von Matmata haben die Bewohner die sogenannte ›Dammkultur‹ *(Djessur)* entwickelt, die den Anbau mittels in Erdmulden gespeicherter Niederschläge ermöglicht. In Tamerza wiederum bedient man sich des aufgestauten Grundwassers am Gebirgsdurchbruch des Wadi El Horchane. Im Mittelpunkt der Oasenkulturen steht die Dattelpalme, das oberste ›Stockwerk‹ des Nutzgartens. In ihrem Schatten gedeihen Obstbäume und darunter schließlich verschiedene Gemüsesorten. Die nur zeitweise bewässerten Randzonen oder gut durchfeuchtete Ebenen vor den Gebirgen sind der Kultivierung von Getreide vorbehalten. Wo es das Klima erlaubt, findet man auch Ölbäume. Wichtigste Ergänzung zum Ackerbau ist die Viehwirtschaft, die heute nur

Markttage auf Djerba

Adjim	Mittwoch
El May	Samstag
Guellala	Mittwoch, Sonntag
Houmt Souk	Montag, Donnerstag
Midoun	Donnerstag, Freitag, Sonntag
Sedouikech	Dienstag

Markttage in Südtunesien

Beni Kheddache	Montag, Donnerstag
Douz	Donnerstag
Gafsa	Mittwoch
Ghoumrassen	Freitag
Kebili	Dienstag
Matmata	Montag
Medenine	Mittwoch, Donnerstag
Nefta	Donnerstag
Tamerza	Samstag
Tataouine	Montag, Donnerstag
Tozeur	Sonntag
Zarsis	Montag, Freitag

noch ausnahmsweise als Halbnomadismus betrieben wird. Gehalten werden Kamele, Schafe und Ziegen. Die recht starke Beweidung hat dazu geführt, daß sich die Herden immer weiter von ihrem Heimatort entfernen müssen und zuweilen sogar mit dem Lkw transportiert werden.

Als 1885 in den Bergen westlich von Gafsa Phosphat entdeckt wurde, der Grundstoff für die Düngemittelproduktion, gab dies einen wichtigen Impuls für die Entwicklung Südtunesiens. Eine Bahnlinie und Minensiedlungen entstanden inmitten der Halbwüste. Da sich zunächst keine Tunesier für die schwere Arbeit anwerben ließen, wurden von den Franzosen Marokkaner und Algerier angeheuert. Heute haben sich die Siedlungen, allen voran Metlaoui und Redeyef, zu respektabler Größe entwickelt. Mit ihren uniformen Fabriken und Wohnblocks verkörpern sie den weltweit austauschbaren Typus des Bergbauortes.

Im Jahre 1963 wurden tief im Süden des Landes bei Borma Erdölvorkommen erschlossen und über eine Pipeline mit dem Verschiffungshafen La Skhira verbunden. Damit wurde das Land nicht nur von Importen unabhängig, sondern konnte sogar Öl ausführen und damit zeitweise sogar $^1/_3$ der Exporterlöse erwirtschaften. Mittlerweile sind die Quellen fast erschöpft, aber neue Funde bei Zarsis erwekken Hoffnungen auf die Fortsetzung des schwarzen Goldsegens.

Viehmarkt in Midoun

Geschichte, Kunst und Kultur

Insel der Lotosesser und Piratennest

Französische Kolonie

Die Ära Bourguiba

Islamischer Alltag

Kultureller und künstlerischer Mittelpunkt: die Moschee

Bunte tunesische Keramik

Daten zur Geschichte

Die prähistorische Zeit

ab 200 000: Steinzeit (Paläolithikum, Acheuléen), erste Faustkeilfunde (Djebel Aziza bei El Hamma du Gabès).

ab 40 000: Kultur des Atérien. Merkmal: gestielte Steinwerkzeuge; in Tunesien bisher nur wenige Funde (Cap Blanc, Monastir).

ab 10 000: Jungsteinzeit (Epipaläolithikum). In der Epoche treten zwei Kulturen auf, das Ibéromaurusien, das von Gabès bis Marokko reichte, und das Capsien mit dem Schwerpunkt in Südtunesien, benannt nach dem Hauptfundort Capsa (heutiges Gafsa).

ab 3000: Besiedlung ganz Nordafrikas durch die Berber, deren Herkunft im dunkeln liegt. Von den Griechen wird das Altvolk ›Libyer‹ genannt. Wann die ersten Berber Djerba besiedelten, ist unbekannt.

Die punische (karthagische) Zeit

ab 1200 v. Chr.: Erste Kontakte mit phönizischen Seefahrern, die aus dem Gebiet des heutigen Libanon/Syrien kommen und bis nach Spanien und Marokko vorstoßen. Sie gründen Ankerplätze entlang der tunesischen Küste und wohl auch auf Djerba.

814 v. Chr.: Gründung Karthagos durch die phönizische Prinzessin Elissa, die aus religiösen Gründen ihre Heimatstadt Tyros verlassen mußte. Allmählich übernimmt Karthago die Rolle der phönizischen Heimat, die von den Assyrern und Griechen bedrängt wird.

264–241 v. Chr.: Erster Punischer Krieg mit dem erstarkenden Rom, das den Puniern (so heißen die Karthager bei den Römern) die Vormachtstellung im westlichen Mittelmeer streitig macht. Karthago erleidet eine schwere Niederlage. Eine Revolte der Söldner und Bauern in Tunesien wird durch Hamilkar Barka niedergeschlagen.

219–202 v. Chr.: Zweiter Punischer Krieg gegen Rom. Nach ersten Erfolgen muß sich Hannibal, Sohn des Hamilkar Barka, dem in Tunesien gelandeten Römer Scipio Africanus geschlagen geben. Karthago verliert seine außerafrikanischen Besitzungen, seine Flotte, seine Kriegselefanten und muß hohe Reparationsleistungen an Rom zahlen.

149–146 v. Chr.: Dritter Punischer Krieg, Vernichtung Karthagos. Das eroberte tunesische Gebiet wird zur römischen Provinz Africa vetus; die westlich daran angrenzende Region wird dem mit Rom verbündeten Numiderkönig Massinissa überlassen.

Die römische Epoche

46 v. Chr.: Bei Thapsus Sieg Cäsars gegen die mit seinem Rivalen Pompeius verbündeten Numider. Numidien wird zur römischen Provinz Africa nova; die Römer erschließen das Land durch Anlage von Domänen und Gründung zahlreicher Städte. Auf Djerba wird Meninx zur Hauptstadt, das auf dem Festland gelegene punische Gightis baut man weiter aus. An den Grenzen zur Wüste entstehen militärische Posten (Nefta, Chebika, Midès, Tamerza).

180 n. Chr.: Erste Christenprozesse.

203: Römische Bürgerrechte für alle Freien.

ca. 252: Meninx (Djerba) wird in Girba umbenannt.

308: Donatistisches Schisma. Die Trennung der Christen in Katholiken und Donatisten führt zur Schwächung der Religionsgemeinschaft.

Die Herrschaft der Wandalen

438: Die Wandalen erobern unter der Führung von Geyserich Karthago. Als Arianer hingen sie einer christlichen, von der orthodoxen Kirche aber als Häresie verdammten Glaubensrichtung an. Während ihrer Herrschaft erlitten zahlreiche Katholiken den Märtyrertod.

Die byzantinische Zeit

533: Kaiser Justinians Feldherr Belisar schlägt die Wandalen. Anlage starker Befestigungen gegen die Invasionen der Berber und Wüstenvölker.

Odysseus und die Lotosesser

Als Insel der Lotophagen wird Djerba gern bezeichnet, als sagenumwobenes Eiland aus der unsterblichen Odyssee, dem Heldenepos aus dem 8. Jahrhundert v. Chr., als dessen Verfasser Homer noch immer gilt. Längst ist inzwischen erwiesen, daß die Odyssee zwar seinem Stil entspricht, sehr wahrscheinlich aber erst später entstand. Und aus den wenigen Zeilen des 9. Gesangs läßt sich kaum entnehmen, daß die friedvollen ›Lotosesser‹ auf Djerba beheimatet waren.

»Dann fuhr ich mit schrecklichem Winde neun volle Tage
Über das fischreiche Meer; erst am zehnten konnten wir landen.
Lotophagen, Blütenessern gehört das Festland.
Dieses betraten wir dann und schöpften uns Wasser, indessen
Gleich bei den eilenden Schiffen das Mahl die Gefährten genossen.
Aber als wir an Speisen und Trank uns reichlich gesättigt,
Schickte ich endlich Gefährten voraus, die sollten erkunden,
Welche Leute das seien und irdische Nahrung genießen.
Zwei Mann wählte ich aus, einen dritten erkor ich zum Rufer.
Alsbald gingen sie fort und stießen auf Lotophagen,
Männer, die nicht daran dachten, den unseren Verderben zu bringen;
Nur vom Lotos zu essen boten sie an den Gefährten.
Doch wer von diesen die honigsüßen Früchte des Lotos
Kostete, wollte nicht Kunde zurück mehr bringen, er wollte
Nicht mehr nach Haus, nein dort, bei den Lotophagischen Männern,
Wollten sie bleiben und Lotos zupfend die Heimkehr vergessen.
Weinend holte ich sie mit Gewalt zurück zu den Schiffen,
Zerrte sie unter das Deck der geräumigen Schiffe und band sie.
Aber den anderen trauten Gefährten befahl ich, sie sollten
Schnellstens kommen, die eilenden Schiffe besteigen; es sollte
Keiner mir Lotos mehr essen und so vergessen die Heimat.«

Wie so viele andere Passagen der Odyssee gab auch diese den Denkern und Forschern vieler Generationen Stoff für ausgiebige Dispute, ohne daß sie der Lösung nähergekommen wären.

Neben der Frage nach der geographischen Lage dieses geheimnisvollen Platzes stand seit jeher der Lotos im Mittelpunkt des Interesses. Mit Bestimmtheit handelt es sich nicht um den uns aus dem asiatischen Raum vertrauten indischen Lotos *(Nelumbus nucifera),* Plinius setzte ihn mit den Früchten der Zürgelbäume *(Celtis australis)* gleich. Später interpretierte man die Speise der Lotophagen als eine Gattung des Brustbeerbaums *(Zyzyphus vulgaris):* Noch bis in unsere Zeit bereiteten die Bewohner der Kleinen Syrte aus seinen Früchten ein Getränk, ganz so wie es auch die ›Lotosesser‹ getan haben sollen. Die legendäre Pflanze geistert auch danach durch die Geschichte des vorderasiatischen Raums und taucht schließlich sogar im Koran auf, wo sie die Grenze des Paradieses markiert. Leider gibt auch Mohammed keine nähere Erläuterung, die den Botanikern weitergeholfen hätte. Französische Forscher des 19. Jahrhunderts gelangten nach einem Studium der Flora Djerbas schließlich zur ernüchternden Auffassung, daß sich hinter der verführerischen Pflanze der Antike bloß ein unscheinbares Gebüsch namens *Nitraria tridentata* verbirgt, von den Einheimischen *Damouch* genannt. Interessanter ist da die These, daß vielleicht die Dattelsorte *Rotob* gemeint sein könnte und der Autor ›Rotophagen‹ in ›Lotophagen‹ verwandelte. Möglicherweise entsprach damals die heute minderwertige Sorte den in unseren Tagen so berühmten *Deglet en nour,* den ›Fingern des Lichts‹ (vgl. S. 172), und das den Gefährten des Odysseus gereichte Getränk dem berauschenden Dattelwein *Lagmi.* Für die frustrierten Seefahrer könnten einige Gläschen schon Grund gewesen sein, nicht mehr zu den Schiffen zurückkehren zu wollen.

Die arabische Eroberung

622:	Hedschra des Propheten Mohammed (gest. 632) nach Medina, Beginn der islamischen Zeitrechnung.
647:	Erster Einfall der Araber, Tunesien erhält den Namen Ifriquia.
666:	Eroberung Djerbas durch Ruwayafa ben Thabit, Gefolgsmann Mohammeds und Gouverneur von Tripolis.
670:	Gründung Kairouans durch Oqba ibn Nafi. Vorübergehende Vertreibung der Araber durch die Berber.
702:	Sieg der Araber über die legendäre Berberkönigin Kahina; Tunesien ist ganz in arabischer Hand. Die Verwaltung erfolgt durch einen Statthalter des Omaijaden-Kalifats von Bagdad. Viele Berber treten zum Islam über und wenden sich der kharidjitischen Richtung zu.
745:	Kharidjitische Aufständische besetzen Kairouan.

Die Aghlabiten

800: Ibrahim ibn Aghlab wird von dem in Bagdad residierenden Harun al Raschid zum Emir ernannt.

811: Die gegen die Aghlabiten opponierenden Rustimiden erobern unter Imam Abd al Wahab Gebiete Südtunesiens (Gabès, Matmata, Djerba). Die Djerbi widersetzen sich der aghlabitischen Vorherrschaft, bekämpfen aber gleichzeitig auch die Rustimiden.

Fatimiden und Ziriden

909: Berberische Aufständische vernichten die Aghlabiten und gründen die Dynastie der Fatimiden.

942: Die Kharidjiten suchen nach einem mißglückten Berberaufstand unter Abu Yazid Zuflucht auf Djerba und bekehren einen Teil der dortigen Bevölkerung.

969: Die Fatimiden ziehen zur Eroberung Ägyptens weiter, während sie ihre Verbündeten, die Ziriden, als Statthalter in Tunesien einsetzen.

1047/48: Aufstände in Djerba gegen die ziridische Vorherrschaft.

1057: Die Fatimiden senden den Stamm der kriegerischen Beni Hilal zur Bestrafung der Ziriden, die von Kairo abgefallen sind; ganz Tunesien wird verwüstet.

1062: Nach dem Tod des Ziridenherrschers El Moezz wenden sich die Djerbi der Piraterie zu.

1115: Die Ziriden erobern Djerba; Ende der Freibeuterei.

1135–1160: Der Normannenkönig Roger II. besetzt von Sizilien aus Djerba sowie Teile der Küste und läßt die Gebiete von Statthaltern verwalten. 1154 lehnt sich die Bevölkerung Djerbas auf, eine blutige Strafexpedition folgt.

1160: Djerba und Südtunesien werden von der Dynastie der Almohaden erobert, die von Marokko aus vordrang und die Normannen aus Tunesien vertrieb.

Die Hafsiden

1230: Abd al Wahid ibn Abi Hafs, Statthalter der Almohaden, macht sich unabhängig und gründet die hafsidische Dynastie, die bis 1574 regiert.

Europäische Eroberungszüge

1284: Im Auftrag des Königs von Aragon besetzt Admiral Roger de Loria Djerba und errichtet die Festung Bordj el Kebir bei Houmt Souk. Mehrere Aufstände führen schließlich 1333 zum vorübergehenden Abzug der Europäer.

1432: Djerba fällt erneut in die Hand der Könige von Aragon. Bei El Kantara auf Djerba entsteht die Festung Bordj Kastil.

1510: Pedro de Navarra greift im Auftrag des spanischen Königs Ferdinand II. Djerba an, muß die Eroberung der Insel jedoch wegen Wassermangel aufgeben.

1520: Eine Flotte des Kaisers Karl V. erobert Djerba und belegt die Bewohner mit hohen Abgaben.

ab 1524: Die Djerbi gewähren den türkischen Piraten Kheir ed Din (Barbarossa) und Dragut Unterschlupf. Die Insel wird zum Freibeuterstützpunkt ausgebaut.

1535: Eine Flotte Karls V. erobert Tunis. Die Hafsiden behalten die Macht, müssen sich aber gegen die Türken zur Wehr setzen.

1551: Karl V. schickt einen unter dem Kommando von Andrea Doria stehenden Flottenverband nach Djerba, um das Piratentum zu beenden. Dragut gelingt jedoch die Flucht.

1556: Dragut wird vom osmanischen Sultan Suleiman zum Statthalter *(Bey)* von Tripolis ernannt und erobert in dessen Auftrag Gafsa und Kairouan.

1559: Philipp II. unternimmt einen neuen Versuch, Dragut zu vernichten, seine Truppen erleiden jedoch bei Houmt Souk eine verheerende Niederlage.

Die türkische Herrschaft

1574: Mit der endgültigen Besetzung von Tunis beginnt die Regentschaft der Osmanen. Die Macht liegt zunächst in den Händen eines von Istanbul eingesetzten *Paschas,* der die Aufgaben eines Gouverneurs zu erfüllen hat.

1591: Angehörige der Janitscharen-Truppe ermorden die im *Diwan* (Rat) versammelte politische Führung in Tunis und setzen 40 Offiziere ein, die sich vertraulich *Dey* (›Onkel‹) nennen.

Dragut
Ein türkischer Pirat

Die unruhigen Zeiten im späten 15. und frühen 16. Jahrhundert, als der Stern des Islam in Spanien erloschen war und auch das nordafrikanische Festland in Anarchie versank, wußten die Djerbi zunächst geschickt zu nutzen. Ungestraft plünderten ihre Freibeuterschiffe die Küsten, bis sie sich den Zorn der europäischen Seemächte zuzogen, die nun ihrerseits Strafexpeditionen losschickten, um das Piratennest auszuräuchern. Im Jahre 1510 landeten 15 000 Spanier, überrollten die Insel, wurden dann aber von den Djerbi in einen Hinterhalt gelockt und fast bis zum letzten Mann niedergemacht. Auch der verhaßte Herzog von Alba, Heerführer aus dem niederländischen Besatzungsgebiet, den Schiller in seinem Drama ›Don Carlos‹ verewigte, fand dabei den Tod.

Inzwischen hatten zum Islam übergetretene europäische Piraten mit Duldung Istanbuls die Führung an der algerischen und an Teilen der tunesischen Küste an sich gerissen und den Grundstein für die berüchtigten Piratenrepubliken gelegt, die den Europäern bis ins 19. Jahrhundert hinein zu schaffen machten. Kheir ed Din, auch Barbarossa genannt, war der gefürchtetste von ihnen, sein gelehrigster Schüler der kaum minder berüchtigte Dragut. Schon bald erhielt Dragut das Kommando über ein Dutzend Galeeren, mit denen er die italienische Küste heimsuchte. Dort allerdings geriet er in Gefangenschaft des Neffen seines großen Widersachers Andrea Doria und mußte vier Jahre als Galeerensklave auf einem genuesischen Schiff dienen, ehe ihn sein Meister Kheir ed Din freikaufte und an die Spitze der Korsarenflotte stellte.

Der erfolgreiche Kampf der Djerbi gegen die Spanier bewog Barbarossa und Dragut, eines ihrer Hauptquartiere auf die Insel zu verlegen. Da die Inselbewohner mit einer europäischen Strafexpedition rechnen mußten, nahmen sie die Piraten wohlwollend auf und halfen, das spanische Fort in eine Korsarenfestung umzuwandeln.

1550 tauchten die Spanier unter Andrea Doria vor Djerba auf, um endgültig abzurechnen, nachdem es Dragut ein Jahr zuvor gelungen war, ihnen bei Mahdia, einer anderen Piratenhochburg an der tunesischen Küste, zu entwischen. Die Ausgangsbedingungen waren diesmal gut, denn Draguts Flotte lag bei El Kantara in flachem Wasser, dessen einzige Ausfahrt die Spanier abriegelten. Dragut verschanzte sich im Bordj el Kebir und lenkte die Spanier durch Attacken ab, während seine Männer im Schutz der Nacht eine Fahrrinne hinter den eingeschlossenen Schiffen aushoben. Man kann sich die langen Gesichter der Spanier vorstellen, als die Galeeren plötzlich Kurs auf die Sandbänke nahmen und durch die Meerenge von Bou Grara ins offene Meer entkamen. Auf seinem Weg nach Osten dezimierte Dragut die spanische Nachschubflotte, dann überfiel er Tripolis, vertrieb die dort ansässigen Malteser und machte sich zum Herrn über die Stadt. Aber nicht genug damit, auch über ganz Südtunesien herrschte der Pirat bald, was ihm nicht nur Freunde gewann. Die schwachen Hafsidenherrscher von Tunis mußten Dragut zähneknirschend gewähren lassen, konnten sie doch gegen die Piratennester an der nordafrikanischen Küste kaum etwas ausrichten.

Wieder von sich reden machte Dragut im Jahre 1560, als es vor Djerba erneut zu einer Auseinandersetzung mit den Spaniern kam. Ganz überraschend überfiel er zusammen mit der türkischen Flotte die spanischen Einheiten vor Houmt Souk. Nur drei der 90 Christenschiffe entkamen den Geschützen. Ein Teil der Spanier hatte sich in der Festung Bordj el Kebir verschanzt und wartete auf die Befreiung. Die aber kam nie. Nach drei Monaten Durst und Hunger mußten sie kapitulieren. Der Pirat aber kannte keine Gnade. Er ließ die 5000 oder 6000 Überlebenden köpfen und aus ihren Schädeln ein 8 m hohes Siegeszeichen am Ufer errichten, den makabren Bordj Rious, den ›Schädelturm‹. Bis 1848 bleichten hier die Gebeine der bedauernswerten Spanier, dann wurden sie auf Druck der Franzosen und sehr zum Unwillen der Djerbi in Houmt Souk beigesetzt. Dem Korsaren blieben nach dem Massaker noch fünf Jahre seines abenteuerlichen Lebens, dann ereilte auch ihn das Schicksal beim Angriff auf Malta.

1598: Dey Uthman schaltet seine Rivalen aus und übernimmt die Alleinherrschaft. Das Regime stützt sich im wesentlichen auf so gewinnbringende Unternehmungen wie Piraterie und Lösegelderpressung, letzteres ein ›Geschäft‹, das vor allem in Händen zugewanderter Andalusier oder Levantiner liegt. Die Struktur der ländlichen Bereiche bleibt größtenteils erhalten. Handel und Handwerk erleben einen bedeutsamen Aufschwung.

1628: Durch erfolgreiche militärische Operationen gegen aufsässige Stämme gewinnen die Steuereinnehmer *(Beys)* der Familie Murad Kursu (Muraditen) erheblichen Machtzuwachs und treten in direkte Konkurrenz zu den Deys.

1673: Die Muraditen marschieren in Tunis ein, setzen den Dey ab und verhelfen Murad II. zur Macht.

1675: Nach dem Tod von Murad II. versinkt das Land in Anarchie, Djerba und Südtunesien geraten mehr und mehr unter den Einfluß der osmanischen Gouverneure von Tripolis.

Die Dynastie der Husayaniden

1705: Aus den Machtkämpfen geht Husayn ben Ali, Sohn eines Türken und einer Einheimischen, siegreich hervor; er gründet die Dynastie der Husayaniden. Die Regierung nimmt nunmehr direkten Einfluß auf die lokale Verwaltung und belegt die Bauern mit hohen Abgaben.

1738: Auf Befehl Ali Paschas (eines Neffen des Dynastiegründers) wird das Oberhaupt der Familie Banu Gallud hingerichtet, die Djerba beherrschte.

1740: Ali Pascha reißt mit Unterstützung des Deys von Algier nach jahrelangen Kämpfen die Macht an sich und herrscht despotisch. Wiederholt kommt es zu Aufständen. Die Beziehungen zu Algerien verschlechtern sich.

1765: Nach der Eroberung von Tunis durch die Truppen Algiers übernehmen Mohammed (1759) und Ali (1759), die Söhne des Dynastiegründers, die Regierung. Stabilität kehrt ein. Tunis gewinnt durch Einsetzen führender Familien aus Kreisen des Paschas Einfluß auf Djerba.

1782: Hammuda Pascha, Sohn Alis, führt das Erbe seines Vaters mit Geschick fort. Starker Bevölkerungsanstieg und wirtschaftlicher Aufschwung trotz Hungersnöten (1777 und 1779) und Pestepidemie (1784/85).

ab 1815: Tunesien gerät in eine wirtschaftliche Krise. Europäische Kaufleute und Handelshäuser, insbesondere aus Frankreich, bestimmen immer mehr das ökonomische Geschehen. Steuererhebungen und Besetzung der wichtigsten Ämter mit ägyptischen Mamelucken führen zu Aufständen.

»In der früheren schönen Zeit der despotischen Allgewalt bestand des Beys Strafcodex eigentlich nur aus – zwei Handbewegungen. Führte er nach Entgegennahme der Anklage (dem Geklagten war nie erlaubt sich zu vertheidigen, oder auch nur zu sprechen) mit der Hand einen senkrechten Strich, so bedeutete dies soviel, wie: er werde gehängt! während eine horizontal ausgeführte Handbewegung soviel, wie Kopfab! bedeutete.«

Schweiger-Lerchenfeld, A. v.: ›Afrika, Der dunkle Erdteil im Licht unserer Zeit‹, Wien/Leipzig 1886

1869: Die Überschuldung des Staates hat den Bankrott und die Einsetzung einer internationalen Finanzkommission zur Folge.

Die französische Kolonialzeit

1881: Im Mai überschreiten französische Truppen von Algerien her die Grenze und zwingen den Bey zum Abschluß eines Protektionsvertrages. Der Bey bleibt im Amt, wird jedoch einem französischen Generalresidenten unterstellt. Im Sommer Aufstand unter der Führung von Ali ben Khilfa; Einsetzung einer Militärregierung; Rückzug der Aufständischen nach Tripolitanien (Libyen).

ab 1885: Enteignung nicht registrierten Landes und Umwandlung in staatliche und private Domänen. Europäische Siedler werden zur Einwanderung ermuntert (bis 1911 kommen fast 150 000).

1907: Junge Intellektuelle finden sich unter Ali Bach-Hamba zur Gruppe ›Junge Tunesier‹ zusammen und streben nach Reformen, ohne zunächst die Kolonialherrschaft in Frage zu stellen.

1914–1918: Während des Ersten Weltkrieges kämpfen etwa 80 000 Tunesier an der Seite der Westmächte, fast 11 000 fallen.

1920: Gründung der Destour-Partei durch Intellektuelle aus Tunis, die die Kolonialherren durch Petitionen und Demonstrationen zu beeinflussen versuchen.

Djerba in der Kolonialzeit

Ein Händler mit djerbischen Webarbeiten und eine seiner Kundinnen in Straßentoilette; aus einem Reisebericht von 1890

Da die Insel Djerba viele Jahrhunderte lang ein eigenständiges, selbstgenügsames Leben führte und nur sehr sporadisch von Fremden besucht wurde, sind ausführliche Beschreibungen aus vergangenen Tagen äußerst selten. Um so wertvoller ist daher der erste detaillierte Bericht, den Colonel Hartmeyer, französischer Gouverneur auf Djerba, gegen Ende des vergangenen Jahrhunderts gab, macht er doch recht deutlich, welch ein Wandel sich in den letzten hundert Jahren vollzogen hat.

»Die muselmanische Bevölkerung Djerbas, die noch immer weiter anwächst, ist bescheiden und arbeitsam. Man schätzt ihre Zahl auf 30 000 Bewohner. Der Charakter der Einheimischen ist gut und wohlwollend außer bei einem großen Teil derjenigen, die lange in Algerien gelebt und die französische Staatsbürgerschaft erhalten haben. Sie sind religiös und hängen an ihren Gewohnheiten; obwohl die große Masse etwas fanatisch ist, ist sie doch nicht intolerant. Die Juden von

Hara Kebira und Hara Seghira arbeiten, ebenso wie ihre Glaubensbrüder in Houmt Souk und im Rest des Protektorats, als Händler, Wiederverkäufer, Juweliere und Krämer und widmen sich den lukrativeren Beschäftigungen. Außer den französischen Verwaltungsbeamten, ihren Familienangehörigen und einigen europäischen Kaufleuten, meist Juden, gibt es in Houmt Souk noch eine katholische Maltesergemeinde von etwa 400 Seelen. Sie praktiziert sehr streng den katholischen Glauben, folgt blindlings den Vorschriften ihrer Kurie und spricht nur Maltesisch und Arabisch.

Bedauerlicherweise ist der Export von Stoffen seit einigen Jahren um die Hälfte zurückgegangen, und die von den Djerbis hergestellten Webereien verkaufen sich nur schlecht. Vor allem ist dies der Fall, seit sich die Engländer in Ägypten niedergelassen haben. Die einen lasten diesen Rückgang der allgemeinen Misere der Bevölkerung im Orient an, die anderen dem Umstand, daß die Briten als sehr praktisches Volk die Stoffe in England fertigen und sie zum halben Preis verkaufen.

Vieles am Notwendigsten fehlt hier, am nötigsten aber ist ein Arzt. Im letzten Jahr (1886) sind bereits 18 europäische und eine gewisse Anzahl einheimischer Kinder an Diphtherie gestorben, und sollten einmal Cholera oder Pest die Insel heimsuchen, müßte man die Regierung anklagen, die europäische und die zahlreiche einheimische Bevölkerung ohne Schutz zu lassen. Es darf nicht geschehen, daß die Regierung vergißt, daß in Houmt Souk 116 Frauen, 124 Jungen und 131 Mädchen leben, für die eine ärztliche Versorgung unentbehrlich ist. Dank der Initiative des Caid Ahmed Ben Brahim wird Houmt Souk wenigstens abends mit Petroleumlampen beleuchtet, und ein Jude hat für sechs Monate die Kosten für die Beleuchtung und die Straßenreinigung übernommen, aber sonst geschieht nichts. Die Straßen und Plätze müßten dringend geebnet werden, um dem Regenwasser einen Abfluß zu verschaffen. Auch müßten an besonders ausgesuchten Stellen, nahe den Souks und den verschiedenen Märkten, Toiletten für die Ortsfremden eingerichtet werden, die jeden Montag und Donnerstag zum Markt kommen.

Außer der einen Kilometer langen Verbindung vom Hafen in die Stadt von Houmt Souk gibt es auf der Insel keine mit dem Wagen befahrbare Straße. Die vielen Wege, die von einem Punkt zum anderen führen, sind versandet, voller Schlammlöcher und ermüdend.

Dies, Herr Minister, ist die wahrhafte Zusammenfassung der gegenwärtigen Situation Djerbas und seiner Bevölkerung vom wirtschaftlichen und moralischen Gesichtspunkt.«

1934:	Habib Bourguiba gründet die radikalere Neo-Destour-Partei, die rasch Zuwachs erfährt und Trägerin der Unabhängigkeitsbewegung wird.
1938:	Zerschlagung der Partei und Verhaftung ihrer Führer, Bourguiba wird bis 1943 nach Südtunesien verbannt.
1942/43:	Teile Tunesiens werden vom deutschen Afrikacorps besetzt. Es kommt zu heftigen Kämpfen entlang der Mareth-Linie bei Gabès.
ab 1950:	Verschärfung des Freiheitskampfes insbesondere durch die Guerilla von Salah ben Youssef, des Generalsekretärs der Neo-Destour.
1952:	Ermordung des antikommunistischen Gewerkschaftsführers Ferhat Hached durch die französische Extremistengruppe ›Rote Hand‹.
1955:	Entmachtung des Gewerkschaftsführers Ahmed ben Salah durch Bourguiba.
30. 3. 1956:	Tunesien wird formell unabhängig, der Bey bleibt vorläufig im Amt.

Das moderne Tunesien

1957:	Tunesien wird Republik mit Bourguiba als Staatspräsident. Ausschaltung der Opposition, Gleichschaltung der Gewerkschaften.
1961:	Angriff tunesischer Truppen auf den französischen Flottenstützpunkt Bizerte.
1962:	Erstes Hotel auf Djerba.
1963:	Die Franzosen räumen Bizerte.
1972:	Beginn des Massentourismus auf Djerba.
26. 1. 1978:	›Schwarzer Donnerstag‹: Ein Generalstreik mündet in einer allgemeinen Erhebung, die Hunderte von Toten fordert.
1980:	Auseinandersetzungen zwischen Revolutionären und Militär in Gafsa.
1984:	›Brotrevolte‹ nach Preiserhöhungen, erneut Hunderte von Toten.
27. 11. 1987:	Absetzung Präsident Bourguibas durch Zine el Abidine ben Ali.
Mai 1991:	Niederschlagung eines Putschversuchs der fundamentalistischen An-Nadha-Bewegung.
März 1994:	Wiederwahl Ben Alis und der RCD-Partei mit über 99 %.

Straßenszene in Tozeur

Staat und Verwaltung

Tunesien ist eine Präsidialrepublik mit einem Einkammerparlament. Die politische Führung liegt nach französischem Vorbild in Händen des Staatspräsidenten, der dieses Amt insgesamt 15 Jahre ausüben darf. Er fungiert gleichzeitig als Oberbefehlshaber der Streitkräfte und setzt den Ministerpräsidenten ein. Die ›Sozialistische Destour-Partei‹ (PSD), die seit 1988 den Namen ›Konstitutionelle Demokratische Sammlung‹ (RCD) trägt, hält derzeit zusammen mit der ihr angeschlossenen Einheitsgewerkschaft UGTT 144 der insgesamt 163 Parlamentssitze. Die oppositionellen Gruppierungen, insbesondere die ›Vereinigte Einheitspartei‹ (PUP), die ›Bewegung demokratischer Sozialisten‹ (MDS) und die ›Bewegung der Erneuerung‹ (MR), hinter der sich die ehemalige Kommunistische Partei verbirgt, spielen trotz zunehmender Liberalisierung nur eine untergeordnete Rolle.

Das von der Hauptstadt Tunis aus zentral verwaltete Land ist in 23 Gouvernorate gegliedert, die wiederum in Kreise und auf kommunaler Ebene in Gemeinden unterteilt sind. Der Raum Djerba und Südtunesien umfaßt die Gouvernorate Gafsa, Gabès, Medenine, Tataouine, Tozeur und Kebili. Die drei letztgenannten wurden erst 1981 geschaffen, was die zunehmende Bedeutung des Südens dokumentiert.

Die derzeitige politische Situation ist nach wie vor durch die Neuorientierung nach der Entmachtung Bourguibas im Jahre 1987 gekennzeichnet. Staatspräsident Zine el Abidine ben Ali (* 1936) leitete eine Demokratisierung des öffentlichen Lebens in die Wege, amnestierte zahlreiche politische Häftlinge, verhandelte mit der Opposition über Neuwahlen und liberalisierte das alte Pressegesetz. Gleichzeitig erfolgte die Wiederaufnahme der diplomatischen Beziehungen mit Libyen und Ägypten, so daß Tunesien seiner angestammten Mittlerrolle im arabischen Raum erneut gerecht werden kann. Zwischen 1979 und 1990 hatte die Arabische Liga ihren Sitz in Tunis, und auch die PLO fand nach ihrer Vertreibung aus dem Libanon 1982 hier Aufnahme. 1985 bombardierten israelische Kampfflugzeuge das Hauptquartier der PLO bei Hammam Lif, und auch der Mord an Yassir Arafats Stellvertreter Abu Jihad im April 1988 dürfte auf das Konto des israelischen Geheimdienstes gehen. 1988 schloß sich Tunesien mit Algerien, Marokko, Libyen und Mauretanien zur Wirtschaftsunion des ›Großen Arabischen Maghreb‹ zusammen.

Trotz hoher Wahlerfolge sieht sich die Regierungspartei RCD zunehmend einer starken Opposition gegenüber, die im wesentlichen von der fundamentalistisch-islamischen Strömung getragen wird. Das Wiedererstarken des Islam ist nicht zuletzt ein Ergebnis des Golfkriegs, bei dem Tunesien Partei für

Staatspräsident Ben Ali auf Wahlplakaten

den Irak ergriffen hatte. Gleichwohl sind die Beziehungen zum Westen, insbesondere zu Frankreich, nach wie vor weitaus enger und freundschaftlicher als etwa im benachbarten Algerien. Dennoch blieb das Erstarken der Islamisten in Algerien nicht ohne Folgen. Vor allem die arbeitslosen Jugendlichen Tunesiens fühlen sich, enttäuscht durch die westlich ausgerichtete Wirtschaft, vom fundamentalistischen Gedankengut als Garant nationaler Identität angezogen. Obwohl religiös orientierte Parteien wie die En Nahda verboten sind, konnten Politiker mit islamischem Programm als unabhängige Kandi-

Die Ära Bourguiba

Mit der Entmachtung des greisen Staatsoberhauptes Habib Bourguiba (* 1903) durch den Ministerpräsidenten Zine el Abidine ben Ali ging am 7. 11. 1987 eine mehr als 30 Jahre dauernde Ära zu Ende.

Noch während der Kolonialzeit hatte sich der ehrgeizige Politiker und engagierte Widerstandskämpfer Bourguiba gegen seine Kontrahenten aus den eigenen Reihen behaupten können, insbesondere gegen den starken Gewerkschaftsverband UGTT unter der Führung von Ahmed ben Salah. Nach der Unabhängigkeit schaltete er die Opposition aus, und zwar entweder durch kompromißlose Verfolgung wie im Fall der militanten Gruppe des Salah ben Youssef (vgl. S. 18) oder durch Einbindung in die regierende Neo-Destour-Partei wie im Fall der Gewerkschaften.

Der zunächst praktizierte wirtschaftliche Liberalismus brachte nicht den erhofften Aufschwung, da die noch im Lande ansässigen ausländischen Kapitalgesellschaften und Siedler ihre Gewinne ins Ausland transferierten. Also erfolgte eine Hinwendung zur Planwirtschaft, die von dem wieder auf der politischen Bühne erschienenen Ahmed ben Salah vorangetrieben wurde. Zunächst stand die Kollektivierung der Kleinbauern auf dem Programm, die sich ohne größere Widerstände durchführen ließ. Als aber auch die privaten Mittel- und Großbetriebe in Genossenschaften umgewandelt werden sollten, wehrten sich die Großgrundbesitzer. Ben Salah mußte 1968 seinen Platz als Landwirtschaftsminister räumen, zumal er durch Machtanhäufung – er hatte zeitweise sieben Ministerämter inne – Bourguiba gefährlich geworden war. Er wurde sogar zu zehn Jahren Gefängnis verurteilt und floh 1973 nach Westeuropa, wo er in Paris die illegale Oppositionspartei ›Mouvement d'Unité Populaire‹ (MUP) ins Leben rief.

Unter seinem Nachfolger Hedi Nouira wurden Liberalismus und Privatwirtschaft erneut zur Maxime erklärt, wiederum allerdings ohne den erhofften Erfolg. Leidtragende der unvermittelten Kursänderung waren die bis dahin in Genossenschaften integrierten Kleinbauern, die nun kein Geld mehr besaßen, eigene Produktionsmittel zu erwerben. Nutzen daraus zogen die Großgrundbesitzer, die den verarmten Bauern das Land zu Schleuderpreisen abkauften und damit deren Flucht in die Großstädte auslösten. Enorme Vergünstigungen für ausländische Investoren schufen zwar billige Arbeitsplätze, trieben aber die Verschuldung in schwindelnde Höhen, da der tunesische Staat die anfallenden Kosten für die Infrastruktur zu tragen hatte, die Investoren aber nur Minimallöhne zahlten, die nicht zur Abdeckung der Aufwendungen ausreichten. Die Spannungen zwischen der mit den ausländischen Kapitalgebern verbündeten Bourgeoisie und den ausgebeuteten Arbeitern und Kleinbauern verschärften sich zunehmend. Am 26. 1. 1978, ›dem Schwarzen Donnerstag‹, kam es zum Generalstreik, dessen Zerschlagung zahlreiche Tote forderte. Die Führer der Gewerkschaft landeten hinter Gittern. Genau zwei Jahre später überfielen etwa 50 junge Aufständische die Stadt Gafsa und hielten sie 16 Stunden lang besetzt. Erst mit Hilfe französischer und US-amerikanischer Unterstützung konnte die auch von der lokalen Bevölkerung unterstützte Rebellion niedergeschlagen werden. Da Tunesien Libyen für den Überfall verantwortlich machte, verschlechterten sich die Beziehungen zwischen den beiden Nachbarn dramatisch. 1984 löste eine Erhöhung der Preise für das bis heute stark subventionierte Brot erneut soziale Unruhen aus, die, nachdem es Hunderte von Toten gegeben hatte, die Regierung zum Einlenken zwangen. Ein Jahr später kam es zum Bruch mit Libyen, als der Nachbarstaat aus wirtschaftlichen Gründen einen großen Teil der über 80 000 tunesischen Gastarbeiter auswies.

Um seine Macht zu zementieren, hatte sich Bourguiba schon 1975 zum Staatspräsidenten auf Lebenszeit wählen lassen. Damit stärkte er allerdings auch die oppositionellen Kräfte, zumal Personenkult und Vetternwirtschaft allmählich überhand nahmen. Als Träger des Widerstandes traten nunmehr auch verstärkt religiös motivierte Gruppierungen in Erscheinung, die ihr Vorbild im iranischen Fundamentalismus sahen. Die wichtigste unter ihnen, die ›Bewegung der Islamischen Tendenz‹ (MTI), die zunehmend an Einfluß gewann, wurde von Bourguiba erbittert verfolgt. 1987 ließ er über 90 MTI-Mitglieder des Hochverrats anklagen, auf Intervention des damaligen Ministerpräsidenten Zine el Abidine ben Ali wurden letztendlich aber nur zwei Todesurteile vollstreckt.

Als Bourguiba daraufhin einen neuen Ministerpräsidenten berief, kam Ben Ali seiner Entmachtung durch einen unblutigen Putsch zuvor. Er war allerdings klug genug, den zu diesem Zeitpunkt 84jährigen ›Vater der Nation‹ nicht in Schimpf und Schande aus dem Amt zu jagen, sondern ihn aus Krankheitsgründen gewissermaßen zwangszupensionieren. Nun hängen zwar nicht mehr die Bilder Bourguibas in den Amtsstuben, aber nach wie vor tragen alle großen Straßen und Plätze im Lande seinen Namen.

daten bereits bei den ersten Parlamentswahlen 1989 einen beachtlichen Stimmengewinn von 14 % erzielen und damit den zweiten Platz hinter der Regierungspartei RCD erringen. Aufgrund des geltenden Mehrheitswahlrechts blieb ihnen dennoch der Einzug ins Parlament verwehrt. Die Einführung des partiellen Mehrheitswahlrechts 1994 enttäuschte die Erwartungen der Oppositionsparteien, größeren Einfluß auf die Politik zu gewinnen, wurden ihnen doch nur 19 Parlamentssitze zugestanden. Es bleibt abzuwarten, ob die fundamentalistischen Strömungen in den benachbarten Ländern, vor allem in Algerien und Ägypten, auf Tunesien übergreifen und so den Tourismus, die wichtigste Einnahmequelle des Landes, in Mitleidenschaft ziehen.

Soziale Strukturen

Die erwähnten Wirtschaftsexperimente von Ben Salah und Hedi Nouira haben einen tiefgreifenden Wandel in der Sozialstruktur Tunesiens bewirkt und die traditionellen Gegensätze zwischen Kleinbauern und Großgrundbesitzern weiter vertieft. Die dadurch ausgelöste Landflucht verschob auch das Verhältnis zwischen Stadt und Land zugunsten urbaner Zentren und brachte einen Wandel der Erwerbsstruktur mit sich. Der Anteil der in der Agrarwirtschaft tätigen Bevölkerung sank trotz unveränderter Anbauflächen von 40 % im Jahre 1966 auf derzeit etwa 30 %. Mit einem Anteil von 17 % ist ihr Beitrag zum Bruttosozialprodukt recht bescheiden, erwirtschaftet doch die gleiche Zahl von Arbeitskräften im produzierenden Gewerbe fast die doppelte Leistung. Nicht zuletzt wegen des Tourismus hat sich in den letzten Jahren der Dienstleistungsbereich besonders stark ausgeweitet. Bereits über 40 % der erwerbstätigen Bevölkerung finden in diesem Sektor Beschäftigung. Mit einem jährlichen Bruttosozialprodukt von 15 332 Millionen US-$, was etwa 1762 US-$ pro Kopf der Bevölkerung entspricht, darf sich Tunesien zu den wohlhabendsten Ländern Afrikas zählen; hinsichtlich des Durchschnittseinkommens wird es nur von den erdölproduzierenden Staaten Libyen, Gabun und Algerien sowie von der Republik Südafrika übertroffen.

Zwar gibt es in diesem sogenannten ›Schwellenland‹ zwischen Entwicklungs- und Industrienation mittlerweile einen ausgeprägten Mittelstand, doch besteht noch immer eine deutliche, sich sogar vertiefende Kluft zwischen Arm und Reich. Die Arbeitslosenquote liegt real über 20 %, weit mehr als die Hälfte davon entfällt auf Jugendliche zwischen 15 und 24 Jahren. Ohne die beträchtliche Entlastung des einheimischen Arbeitsmarktes durch die große Zahl der Fremdarbeiter (über 400 000), die vor allem in Frankreich, Libyen, aber auch in der Bundesrepublik Deutschland den Lebensunterhalt für sich und

Die Stellung der Frau im Islam

Die in vielerlei Hinsicht unterprivilegierte Stellung der Frau in den Ländern des Islam darf nicht unbedingt als Ergebnis dieser Religion gesehen werden. Das Fundament bildet vielmehr das streng patriarchalische System vorislamischer Zeit, das auch unter anderen Religionen – etwa dem Hinduismus – bis heute Bestand hat und schließlich auch in christlichen Ländern nach wie vor erkennbar ist. Zur Zeit seiner Gründung konnte der Islam durch das ihm zugrundeliegende Postulat der Gleichheit aller Gläubigen sogar den Anspruch einer progressiven Religion erheben, hatte doch die Frau der damaligen Zeit auf der arabischen Halbinsel keinerlei Rechte und durfte vom Mann nach Belieben veräußert, ja sogar getötet werden. Frauenraub war an der Tagesordnung und die Zahl der Ehefrauen unbegrenzt. Die Geburt einer Tochter galt als Schicksalsschlag für die Familie und hatte häufig den gewaltsamen Tod des Säuglings zur Folge, eine grausame Praxis, wie sie noch heute von den hinduistischen Bewohnern abgelegener Regionen im indischen Bundesstaat Rajasthan praktiziert wird.

Das patriarchalische Prinzip wurde durch den Koran festgeschrieben, wo es etwa in der 4. Sure, Vers 34, heißt: »Die Männer stehen über den Frauen, weil Gott sie ausgezeichnet hat...«, eine Feststellung, die sich weitgehend mit den noch bis vor kurzem gültigen Vorstellungen der katholischen Kirche deckt. Als wesentlichen Fortschritt führte der Islam das Erbrecht der Frau ein und die Notwendigkeit ihrer Zustimmung zur Ehe. In der Praxis bedeutete dies zwar eine Aufwertung, aber noch lange keine Gleichstellung! Frauen können nach islamischem Recht nur halb soviel erben wie der Mann, sind de facto von der Erbfolge aber zumeist ausgeschlossen.

Die in vorislamischer Zeit praktizierte Polygamie entsprang möglicherweise dem kriegerischen Nomadenleben, das unter der männlichen Bevölkerung hohe Opfer forderte und so einen permanenten Frauenüberschuß zur Folge hatte. Der Koran behandelt diese Frage widersprüchlich. In der 4. Sure, Vers 3, fordert er von dem Mann, nur dann bis zu vier Frauen zu ehelichen, wenn ihnen die gleiche Zuneigung und Gerechtigkeit zuteil wird. Ein Stück weiter, in Vers 129, spricht er dem Moslem diese Fähigkeit rundweg ab: »... und ihr werdet die Frauen nicht gerecht behandeln können, ihr mögt noch so sehr darauf aus sein.« Den Korangelehrten war damit ein breiter Interpretationsspielraum gegeben, der zu unterschiedlichen Schlußfolgerungen führte. Tunesien beispielsweise leitete aus dieser Sure das gesetzliche Verbot der Polygamie ab.

Die Ehe ist in islamischen Ländern ein rein zivilrechtlicher Akt, zu dem die Braut ihre Einwilligung geben muß, wobei allerdings ihr Schweigen bereits als solche interpretiert wird. Den Ehemann selbst aussuchen kann sie in der Regel nicht, die Wahl liegt in der Hand der Familie. Das als Absicherung gedachte Brautgeld, das die Familie des Mannes zu zahlen hat, wird nicht selten nur auf dem Papier vereinbart, so daß die Frau durch Heirat in die finanzielle Abhängigkeit des Mannes gerät, zumal die von ihr als Mitgift eingebrachten materiellen Güter in dessen Eigentum übergehen. Hieraus erklärt sich der oben erwähnte häufige Ausschluß der Frauen vom Erbe, obwohl diese Praxis dem Koran widerspricht.

Die islamische Gesetzgebung räumt zwar beiden Partnern das Recht zur Scheidung ein, begünstigt aber eindeutig den Ehemann. Eine dreimalige, im Abstand von jeweils einem Monat ausgesprochene Willensbekundung reicht für ihn aus, während die Frau ein Gericht einschalten muß, um die Trennung zu bewirken. In jedem Fall stehen die Kinder dem Mann zu. Am liberalsten zeigt sich diesbezüglich die in Tunesien vorherrschende malekitische Rechtsschule, die es den Knaben bis zur Pubertät und den Mädchen sogar bis zur Vermählung erlaubt, bei der Mutter zu bleiben. Witwen können ohne Einbuße ihres Ansehens erneut heiraten und diesmal sogar den Mann ihrer Wahl.

Der patriarchalischen Familienstruktur entsprechend beschränkt sich der Wirkungsbereich der Frau auf das eigene Heim, das sie nur mit Billigung des Mannes in Begleitung verlassen darf. Innerhalb ihrer vier Wände haben sich die Frauen häufig jedoch beachtliche Freiräume geschaffen und ein dichtes Kommunikationsnetz mit den Geschlechtsgenossinnen der Nachbarschaft aufgebaut. Es sind die Frauen, die die Partner für ihre Kinder aussuchen, auch wenn der Vater dazu sein Einverständnis geben muß, und es sind die Tanten und Basen, die den jungen Männern praktischen Aufklärungsunterricht erteilen. Der Soziologe Ekkehart H. Eckert wagt in seiner Untersuchung über die Medina-Gesellschaft sogar ein kühnes Fazit: »Hinter den Licht und Eindringlinge gleichermaßen zurückweisenden, strahlend weißen Mauern pulsiert reges Leben mit einer Intensität, daß man geradezu fragen muß, ob diese Gesellschaft nicht eine reine Frauengesellschaft ist, in der den Männern eine zugleich dekorative und erhaltende Funktion zufällt.«

Unter den islamischen Ländern darf sich Tunesien auch auf dem Gebiet der Emanzipation als eines der in unserem Sinne fortschrittlichsten bezeichnen. Verschleierte Frauen gehören vor allem in den großen Städten zur Ausnahme, viele auch einflußreiche Posten besonders im sozialen Sektor sind mit Frauen besetzt. Am deutlichsten aber zeigt sich der Weg zur Gleichberechtigung im hohen Anteil der Mädchen im Bildungsbereich. Selbst auf den Universitäten beträgt ihr Anteil immerhin 25 %.

ihre häufig in Tunesien verbleibenden Familien verdienen, sähe die Bilanz noch düsterer aus.

Vorbildliches hat Tunesien seit Erlangung der Unabhängigkeit hingegen auf dem Gebiet des Bildungswesens geleistet, in das der Staat weit mehr investiert als in sein Militär. Vor allem zwischen 1958 und 1968, in der Aufbauphase des jungen Staates, wurde der Erziehung höchste Priorität eingeräumt. Die Gewerkschaft UGTT spielte dabei die führende Rolle und war bemüht, die Erziehung gemäß der damals vorherrschenden sozialistischen Ausrichtung in die wirtschaftliche und soziale Entwicklung zu integrieren. Aber auch in der folgenden Phase der Liberalisierung wurde das Erziehungswesen nicht vernachlässigt und der

Aufbau der Bildungsstätten weiter vorangetrieben. Heute gibt es im Land etwa 2500 Grundschulen. Im Gegensatz zu vielen anderen Ländern der Dritten Welt wird der allgemeinen Schulpflicht selbst auf dem Lande weitgehend Folge geleistet. Ursache dafür dürfte allerdings weniger die Einsicht in die Notwendigkeit besserer Ausbildung sein, als vielmehr die in den ländlichen Regionen mit dem Schulbesuch verbundene Beköstigung. Mit einem Anteil der Mädchen von über 40 % bei den Grundschülern nimmt Tunesien unter den islamischen Ländern eine herausragende Position ein. Auch in den weiterführenden Mittel- und Oberschulen und selbst an den Universitäten sind Mädchen außergewöhnlich stark vertreten.

Die Problematik des Bildungswesens liegt zum einen in der nach wie vor starken Konzentration höherer Bildungsanstalten auf die großen Städte, mehr aber noch im Mangel an geeigneten Arbeitsplätzen für Schulabgänger und Universitätsabsolventen. Gerade in der wachsenden Unzufriedenheit der jungen Intellektuellen aber liegt der Zündstoff für zukünftige Konflikte, denn unübersehbar sympathisieren bereits viele von ihnen mit islamisch-fundamentalistischem Gedankengut.

Das Gesundheitswesen setzt für afrikanische Verhältnisse ebenfalls Maßstäbe, obwohl auch hier die starke Zentralisierung in den großen Städten einer umfassenden Versorgung der Bevölkerung im Wege steht. Beachtlich ist in diesem Zusammenhang der Erfolg der Familienplanung, die einen starken Geburtenrückgang initiieren konnte. Teilweise wurde dieser allerdings durch die gleichfalls sinkenden Sterbeziffern wieder kompensiert, so daß nach wie vor ein jährliches Bevölkerungswachstum von 2,1 % zu verzeichnen ist. Mehr als ein Drittel aller verheirateten Frauen verwendet heute Verhütungsmittel, die kostenfrei sind, ebenso wie die Sterilisation und die Abtreibung bei mehr als vier Kindern.

Die Religion

Tunesien ist seit knapp 1300 Jahren fest in den islamischen Kulturkreis eingebunden. Karthager, Römer, Wandalen und Byzantiner hatten jeweils ihre eigenen Religionen mit ins Land gebracht, konnten diese aber nur in bescheidenem Umfang unter der einheimischen Bevölkerung vermitteln. Dies änderte sich, als im 7. Jahrhundert die arabischen Eroberer unter dem grünen Banner des Propheten in Nordafrika einfielen.

Wie auch die anderen Weltreligionen ist der Islam nicht über Nacht entstanden, sondern Ergebnis einer langen historischen Entwicklung. Nicht von ungefähr lag die Geburtsstätte der neuen Glaubenslehre in Mekka, einem damals bedeutenden Kreuzungspunkt der Karawanenwege, wo Händler verschie-

denster Völker zusammentrafen. Einerseits kamen dadurch immer neue Ideen ins Land, andererseits verschärften sich jedoch die Spannungen insbesondere zwischen den reichen Städtern und den Nomaden. Nicht erst Mohammed erkannte die Bedeutung des Monotheismus als Mittel zum Ausgleich der unterschiedlichen Interessen, als feste Klammer. Juden und Christen hatten mit ihren Religionen bereits Vorbilder geliefert, an denen sich Mohammed orientierte.

Als alleiniger und höchster Gott gilt Allah, dessen Name im Koran, der Heiligen Schrift der Moslems (vgl. S. 73), 2685mal vorkommt. Allah hat 124 000 Propheten ausgesandt, von denen die 28 wichtigsten im Koran erscheinen, darunter auch Adam, Abraham (Ibrahim), Moses (Musa) und Jesus (Isa). Mit Mohammed, dem letzten der Propheten, ist die Offenbarung Gottes an die Menschen abgeschlossen. Am Ende der Menschheitsgeschichte steht das Weltgericht, das durch das Erscheinen Jesu in Damaskus eingeläutet wird. Jesus vernichtet den Antichristen Al Dadjdjal. Der Mahdi (vgl. S. 75) wird dann den Islam erneuern und zur Weltreligion erheben. Bis zum Weltgericht ruhen alle Toten in ihren Gräbern, um sich dann für ihre Taten zu verantworten und danach entweder in die Hölle zu fahren oder in das Paradies einzugehen, das sehr weltlich interpretiert wird: Milch, Wein und Honig fließen, schöne Jungfrauen, die *Huris,* warten auf die Erlösten. Wer im Heiligen Krieg, dem *Djihad,* fällt, erreicht als Märtyrer *(Shahid)* sofort dieses ersehnte Ziel.

Mohammed, der Prophet Allahs

Im Gegensatz zu Buddha oder Christus, deren Leben erst lange nach ihrem Tod aufgezeichnet wurde und daher nur fragmentarisch bekannt ist, sind wir über das Wirken Mohammeds, ›des Gepriesenen‹, sehr genau informiert. Denn bereits im 8. Jahrhundert lag die erste Biographie vor, die es erlaubt, Legenden und Fabeln, die sich bald auch um den Propheten rankten, von der historischen Realität zu trennen.

Mohammed wurde gegen 570 in Mekka als Sohn der Familie Hashim geboren, die zum berühmten Geschlecht der Koraishiten zählte. Nach dem frühen Tod seines Vaters Abdallah und seiner Mutter Amina wuchs er zunächst bei seinem Großvater Abd al Muttalib, später bei seinem Onkel Abu Talib auf. Vom Hirten arbeitete er sich zum Kameltreiber in Diensten der vermögenden, 15 Jahre älteren Witwe Khadija empor, die ihn schließlich heiratete. Sie gebar ihm zwei Söhne und vier Töchter, darunter Fatima, die ihm als einzige Enkel schenkte. Diese Tatsache sowie der frühe Tod der Söhne und damit das Fehlen männlicher Nachfolger sollten später noch weitreichende Folgen haben (s. u.). Trotz des großen Altersunterschiedes soll Mohammeds Ehe sehr harmonisch und glücklich gewesen sein, was dem Propheten Halt und Zuversicht während der Zeiten des Zweifels und der Anfeindungen verlieh.

Durch Heirat nunmehr Angehöriger eines reichen Handelshauses, unternahm Mohammed weite Reisen in der arabischen Welt und kam so auch in Kontakt mit der christlichen und der jüdischen Lehre. Immer intensiver beschäftigte er sich nun mit religiösen Fragen und rang durch Fasten und Meditation um Erkenntnis. Während er in einer Höhle bei Mekka schlief, erschien ihm der Engel Gabriel, offenbarte ihm die ersten göttlichen Verse (96. Sure) und bedeutete ihm, daß er der von Gott auserwählte Prophet sei. Bis zu seinem Tode hatte er zahlreiche derartige Eingebungen, die schließlich im Koran zusammengefaßt wurden (s. u.).

Seine Offenbarungen von dem einen und alleinigen Gott Allah fanden bei den Bewohnern Mekkas, die dem Polytheismus anhingen, zunächst keinen Anklang, zumal Mohammed damit den Anspruch verband, der geistige Führer aller Araber zu sein. Nur seine engsten Verwandten und einige Freunde bekannten sich anfangs zu seiner Lehre. So beschloß Mohammed nach dem Tode seiner Frau (619) im Jahre 622, seinen Wirkungsbereich in die 300 km entfernte Stadt Yathrib zu verlegen, wo er auf mehr Erfolg hoffen durfte. Und in der Tat sollte dieser Umzug die große Wende bringen und den Weg von der Sekte zur Weltreligion ebnen. Nicht von ungefähr markiert der Auszug aus Mekka, die *Hedschra*, den Beginn der islamischen Zeitrechnung. Yathrib war unter seinem neuen Namen Medina, abgeleitet aus *Medinat an Nabi* (›Stadt des Propheten‹), bis zum ersten Schisma der Nabel der islamischen Welt.

Die rasche Verbreitung des neuen Glaubens beruhte auf Mohammeds Geschick, Religion und Machtpolitik wirkungsvoll zu verbinden. Bald war er der unumstrittene Herrscher über Medina und wußte seine Ansprüche auch militärisch durchzusetzen. 627 kam es zum Friedensvertrag mit dem verhaßten Mekka, drei Jahre später zog Mohammed an der Spitze seiner Truppen siegreich in seine Heimatstadt ein. Er reinigte das heidnische Heiligtum der Kaaba von Götzenbildern und bestimmte es zur höchsten Kultstätte der neuen Religion, die nun auch in Mekka zunehmend Anhänger fand. Seine Rückkehr nach Medina glich einem Triumphzug, der dem Islam immer neue Stämme aus Arabien zutrieb. Mohammeds religiösem Eifer stand sein Verlangen nach weltlichen Genüssen nicht im Wege. Außer auf gutes Essen und Wohlgerüche richtete sich sein Interesse nach dem Tode seiner ersten Frau vor allem auf das weibliche Geschlecht. Aufgrund einer Offenbarung mußte er sich nicht mit vier Frauen begnügen, sondern konnte als einziger Moslem eine unbeschränkte Zahl ehelichen. Obwohl der Prophet von diesem Privileg regen Gebrauch machte, blieb ihm ein männlicher Nachfolger versagt. Die Lieblingsfrau seines großen Harems war die junge Aisha, die später noch eine Rolle in den Auseinandersetzungen um die rechtmäßige Nachfolge spielte (vgl. S. 74).

Zehn Jahre nach der Hedschra begab sich der zu diesem Zeitpunkt bereits 62jährige Mohammed noch einmal auf eine Wallfahrt nach Mekka, erkrankte aber schon bald nach der Rückkehr und verstarb am 8. 6. 632 in Medina.

Im Vergleich zu den östlichen Religionen, aber auch zum Christentum, ist der Islam in seiner Grundstruktur sehr nüchtern und realitätsbezogen, abgestimmt auf das asketische Leben der Wüstenvölker. Und gerade darauf beruht sein großer Erfolg. Erleichtert wurde die Missionierung überdies durch Einbeziehung traditioneller Elemente, die nur eine Umdeutung erfuhren, etwa der Wallfahrt oder des Fastenmonats Ramadan, der in vorislamischer Zeit einen von allen respektierten Waffenstillstand zwischen den andauernden Fehden bedeutet. Auch die betont kämpferische Note der Religion fand bei den Berbern Nordafrikas Anerkennung, so daß die islamischen Eroberungszüge gegen das christliche Abendland, an denen die Berber unter arabischer Führung teilhatten, sie von der Kraft des Islam stärker überzeugten als verbale Bekehrungsversuche.

Mit weltweit über 800 Millionen Anhängern ist der Islam heute nach dem Christentum die zweitgrößte Glaubensgemeinschaft, verbreitet vor allem in Nord- und Westafrika, Vorder- und Südostasien. Die meisten Moslems, nämlich über 150 Millionen, leben in Indonesien, gefolgt von Pakistan, Bangladesh, Indien, Nigeria und Ägypten. In Tunesien bekennen sich inzwischen fast alle der etwa 8 Millionen Einwohner zum Islam, der auch Staatsreligion ist.

Das islamische Staatsrecht teilt die Welt, ganz so wie das frühe Christentum, in zwei Gebiete, das der Gläubigen *(Dar al Islam)* und das der Ungläubigen *(Dar al Harb)*, das als Kriegsgebiet gilt. Das Ziel des Islam, die Religion durch den Heiligen Krieg weltweit zu verbreiten,

Moschee auf Djerba

wurde vor allem in der Frühzeit ebenso kompromißlos verfolgt wie die zwangsweisen Bekehrungen durch die katholische Kirche im Zeitalter der Entdeckungsfahrten.

Die Verhaltensregeln für die Gläubigen sind im kanonischen Gesetz der *Shari'a* niedergelegt, die nicht nur die religiösen Pflichten vorgibt, sondern alle Lebensbereiche umfaßt. Danach lassen sich alle Handlungen zunächst folgenden fünf Kategorien zuordnen: Pflicht (das Tun wird belohnt, das Unterlassen bestraft); Empfehlung (das Tun wird belohnt, das Unterlassen aber nicht bestraft); Indifferentes (weder Tun noch Unterlassen haben Folgen); Verwerfliches (Tun wird nicht bestraft, Unterlassen aber belohnt); Verbotenes (Tun wird bestraft, Unterlassen belohnt).

Im Mittelpunkt des religiösen Lebens stehen die fünf Pflichten, die *Arkan,* die jeder Muslim erfüllen muß. Das Glaubensbekenntnis *(Shahada)* mit der Formel »Es gibt keinen Gott außer Allah, und Mohammed ist sein Prophet«, ist die zentrale Forderung, gefolgt vom rituellen Gebet *(Salat),* das fünfmal am Tag zu erfolgen hat. Der dritte Pfeiler, die Wohltätigkeit *(Zakat),* diente zur Aufrechterhaltung des sozialen Friedens in der Gemeinschaft. Das Fasten *(Sawm)* im Monat Ramadan soll über seine ursprüngliche Bedeutung hinaus (s. o.) die Hinwendung zu Gott durch ein gewisses Maß an Askese fördern. Die fünfte Forderung schließlich ist die Wallfahrt *(Hadj)* zur Kaaba in Mekka, der heiligsten Stätte des Islam. Der dort verehrte schwarze Stein wurde schon in vorislamischer Zeit als Symbol der höchsten Gottheit angesehen, die bereits damals den Namen Allah (›Gott des Hauses‹) trug. Die besonders kämpferischen Sekten der Ismailiten und Kharidjiten (vgl. S. 20f.) haben als sechste Säule noch die Pflicht zum Heiligen Krieg hinzugefügt.

Die Shari'a regelt noch heute in einigen Ländern (z. B. Saudi Arabien, Sudan, Iran) auch das Familien-, Erb- und Strafrecht. Da es kein Gesetzbuch in unserem Sinne gibt, entscheidet der Rechts- und Korangelehrte *(Mufti, Mullah)* durch Auslegung des Korans und der Sunna (vgl. S. 76), wie der betreffende Fall im Sinne der Shari'a zu bewerten ist. Sein Gutachten bildet die Grundlage für den Rechtsspruch durch den islamischen Richter *(Kadi).* Die unterschiedlichen Interpretationsmöglichkeiten haben im Laufe der Jahrhunderte zur Ausbildung von vier verschiedenen Rechtsschulen geführt, von denen in Tunesien heute die Schule der Malekiten vorherrscht.

Als die Franzosen 1881 die Macht übernahmen, trat das islamische Recht immer mehr in den Hintergrund. Die Protektoratsverwaltung nahm eine Zweiteilung der Rechtsprechung in einen säkularen und einen religiösen Bereich vor und beließ lediglich den letzteren in der Verantwortung der Kadis, und auch das nur mit Einschränkungen. Ab 1896 zog man die islamischen Rechtsgelehrten auch nicht mehr zur Beurteilung bei Kriminalfällen hinzu.

Neue Bedeutung gewann der Islam als Ideologie im Kampf gegen die Fremdherrschaft. Die Religion diente nunmehr als Klammer für den Nationalismus und ermöglichte die Mobilisierung der breiten Massen. Die enge Verzahnung von Religion und Politik zeigte sich deutlich darin, daß die Rechtsgelehrten Hand in Hand mit den politischen Führern des Widerstandes arbeiteten und daß letztere sogar zu Konzessionen bereit waren, die ihrer Zielsetzung, der Schaffung eines modernen freiheitlichen Staates, eigentlich widersprachen. So befürwortete Habib Bourguiba 1929 auf Druck religiöser Kreise die Verschleierung der Frau als traditionelles Erbe tunesischer Kultur und widersetzte sich 1933 der verbreiteten Auffassung, daß Tunesier mit französischer Staatsangehörigkeit Moslems bleiben dürften.

Der Staat ist heute darauf bedacht, die Trennung zwischen weltlichem und religiösem Bereich strikt aufrechtzuerhalten, muß sich dabei jedoch gegen islamische Fundamentalisten zur Wehr setzen, die nach dem Vorbild des Iran einen ›Gottesstaat‹ proklamieren.

Streng geometrische Kalligraphie der Grußformel »Allah sei gelobt«

Koran und Sunna – die Grundpfeiler des Islam

Im Gegensatz zu den heiligen Schriften des Hinduismus und des Christentums, die über lange Zeiträume hinweg von Menschen geschaffen wurden, ist der Koran (›Vortrag‹) für den Moslem die von Allah über den Erzengel Gabriel direkt und ausschließlich an Mohammed weitergegebene Offenbarung, die nach islamischer Auffassung als ewiges Buch im Himmel aufbewahrt wird. Es ist dieser vermeintlich göttliche Charakter, der dem Koran seine Heiligkeit verleiht und jeden Zweifel daran als Gotteslästerung verurteilt. Vor diesem Hintergrund muß auch die in der islamischen Welt von vielen Gläubigen unterstützte Forderung nach der Tötung des indischen Autors Salman Rushdie für sein Werk ›Satanische Verse‹ gesehen werden. Für den Strenggläubigen ist selbst die Übersetzung aus dem Arabischen nicht statthaft, da diese die göttliche Urschrift verfälscht.

Die Niederschrift des Koran erfolgte erst nach dem Tod des Propheten durch Zait ibn Thabit, der bereits zahlreiche Offenbarungen Mohammeds zu Papier gebracht hatte und diese im Auftrag des Kalifen Omar durch mündliche Überlieferungen ergänzte, wodurch allerdings die Chronologie verlorengegangen ist. Der Text besteht heute aus 114 *Suren* (›Abschnitten‹), die bis auf die kurze Einleitungssure nach abnehmender Länge aneinandergereiht sind. Die zweite Sure enthält 286 Verse, die letzte hingegen nur drei. Da Mohammed die Offenbarungen über einen langen Zeitraum empfangen hat, sind Stil und Inhalt sehr unterschiedlich – das Spektrum reicht von gefühlvoller Poesie bis zu nüchternen

Sunniten und Schiiten

Bereits kurz nach dem Tod Mohammeds (632) kam es zur ersten großen Spaltung der Glaubensgemeinde *(Umma).* Da der Prophet keinen männlichen Erben hatte, entzündete sich der Streit an der Frage der Nachfolge im Amt des Kalifen, des höchsten weltlichen und religiösen Amtes im Islam. Als ersten Kalifen wählte die Gemeinde Abu Bekar, den Vater von Mohammeds Lieblingsfrau Aisha. Nach dessen Tod (634) übernahm Omar, Vater von Mohammeds Frau Hafsa, die Führungsrolle in der islamischen Welt. Als er 644 von einem persischen Sklaven ermordet wurde, trat Othman, ebenfalls ein Verwandter des Propheten, als dritter Kalif die Nachfolge an. Der Vorwurf der Vetternwirtschaft stärkte die oppositionellen Kräfte, die sich vor allem um Mohammeds Witwe Aisha und seinen mit der Tochter Fatima verheirateten Schwiegersohn Ali scharten.

Als Othman 656 einem Mordanschlag zum Opfer fiel, wurde Ali von der stärksten der rivalisierenden Fraktionen in das Kalifat eingesetzt. Seine Wahl stieß auf den erbitterten Widerstand von Aisha einerseits und des syrischen Gouverneurs Mu'awiya andererseits, der Ali für den Mord an Othman verantwortlich machte und Rache schwor. Als weder militärische Aktionen noch politische Bemühungen die Gegensätze zu lösen vermochten, zerfiel die islamische Glaubensgemeinschaft in zwei Fraktionen. Die Mehrheit unterstüzte Mu'awiya, den Begründer der Omaijaden-Dynastie, eine Minderheit sah allein in Ali den rechtmäßigen Nachfolger des Propheten. Letztere Gruppe nannte sich fortan Schiiten, abgeleitet von *Shi'a,* ›Partei‹ (Alis). Erst viel später erhielt die traditionalistische Fraktion die Bezeichnung ›Sunniten‹, da sie allein die ›Gewohnheit‹ *(Sunna)* als Richtschnur ihres Handelns akzeptierte und sich jeder Neuerung und Änderung der Lehre widersetzte. Heute bekennen sich über 80 % aller Muslime zur sunnitischen Lehre.

Im 8. und 9. Jahrhundert bildeten sich auch in der sunnitischen Richtung Rechtsschulen, die allerdings nur geringfügig voneinander abweichen und als gleichberechtigt nebeneinander stehen, so daß ein Wechsel von der einen in die andere problemlos möglich ist. Die älteste und bedeutendste ist die der *Hanafiten,* die Vernunft und Logik in den Mittelpunkt der Interpretation stellt, die in Tunesien vorherrschende die der *Malekiten,* die sich den Traditionen der Stadt Medina verpflichtet fühlt. Die Rechtsschule der *Shafiiten* faßt die Lehren ihrer beiden Vorgänger zusammen, die der *Hanbaliten* gilt als streng orthodox und läßt nur die Sunna und den Koran als Rechtsquellen gelten.

Viel schwieriger ist es, das weitverzweigte System der *Schiiten* darzulegen, der neben den Sunniten zweiten großen Glaubensrichtung im Islam. Ihre Anhänger sehen in Ali den rechtmäßigen Nachfolger Mohammeds und betrachten die drei ersten Kalifen Abu Bekar, Omar und Othman als Usurpatoren. Alis Nachfolger im höchsten religiösen Amt, die *Imame,* können für die Schiiten nur Nachkommen Alis sein, während bei den Sunniten die Zugehörigkeit zum Stamme Mohammeds genügte. Weit mehr als die Sunniten haben sich die Schiiten in einzelne Gruppen und Sekten aufgespalten; insbesondere unter den sunnitischen Kalifaten der Omaijaden (Damaskus) und Abbasiden (Bagdad) waren sie starker Verfolgung ausgesetzt. Eine Schlüsselrolle in der bis heute andauernden, vielfach blutigen Konfrontation zwischen Sunniten und Schiiten spielt die Schlacht von Kerbela (10. 10. 680), in der Husayn, der zweite Sohn von Ali und Fatima, von den omaijadischen Truppen getötet wurde. Er gilt seither als Märtyrer. Immer wieder wurden die Angriffe der Iraner im Golfkrieg (1980–1988) beseelt vom Wunsch nach Vergeltung für Kerbela.

Um der Verfolgung zu entgehen, haben sich die Schiiten über den ganzen islamischen Raum verstreut und teilweise ihren Glauben verborgen. Schiitisches Zentrum war seit frühester Zeit der Iran, wo bereits Ali während seines Kampfes um das Kalifat vorübergehend Zuflucht gefunden hatte. Die Hauptrichtung der Schiiten erkennt zwölf Imame aus dem Hause Alis als Leiter der schiitischen Glaubensgemeinde an. Der letzte, Imam Hasan al Mahdi (873–940), lebte zunächst in der ›kleinen Verborgenheit‹, zu der nur vier Mitarbeiter Zugang hatten, ab 940 in der ›großen Verborgenheit‹, die bis heute andauert. Ähnlich wie im Fall des christlichen Messias wird seine Wiederkehr als Erlöser *(Mahdi)* erwartet. Bis dahin werden die geistlichen und weltlichen Angelegenheiten von besonders qualifizierten Stellvertretern wahrgenommen, zu denen beispielsweise auch Khomeini gerechnet wurde. Obwohl diese *›Zwölfer-Shi'a‹* schon lange Staatsreligion des Iran ist, konnten die Schiiten erst unter dem kürzlich verstorbenen Ayatollah einen eigenen Staat bilden.

Außer dieser größten schiitischen Fraktion bildeten sich unzählige, nicht immer klar voneinander zu trennende Untergruppen, von denen die meisten wieder verloschen sind. Bedeutung haben noch immer die *Ismailiten,* die dem Siebten, noch im Kindesalter verstorbenen Imam Ismail (760) besondere Verehrung zuteil werden lassen und deshalb auch als ›Siebener-Shi'a‹ bezeichnet werden (ihr Oberhaupt ist der Aga Khan). Die *Zaiditen* lassen sogar nur fünf Imame gelten (deshalb auch der Name ›Fünfer-Shi'a‹).

Die wichtigste schiitische Abspaltung sind die von Sunniten und traditionellen Schiiten gleichermaßen bekämpften *Kharidjiten,* von denen nur die *Mozabiten* im algerischen M'zab sowie die *Ibaditen* auf Djerba und im Oman überlebt haben (vgl. S. 20f.).

Erläuterungen und Vorschriften. Bemerkenswert sind die vielen Anlehnungen an die Bibel und die heiligen Schriften der Juden. Für Mohammed waren ja auch diese Bücher göttliche Offenbarungen und Jesus sowie die jüdischen Propheten Gottgesandte, die allerdings im Gegensatz zu ihm ihre Mission nicht erfüllen konnten.

Die in vielen Fragen widersprüchlichen Aussagen im Koran ließen bald die Auslegung in den Mittelpunkt der islamischen Theologie rücken. Dort, wo sich aus dem Koran keine Antwort herauslesen ließ, wurden mündlich überlieferte Aussprüche und Taten des Propheten *(Hadith)* als Richtschnur herangezogen und schließlich zu einer Sammlung, der *Sunna* (›Gewohnheit‹), zusammengefaßt. An ihr entzündete sich der erste große Streit der Moslems, der mit der Trennung von Sunniten und Schiiten endete (vgl. S. 74ff.). Während die Sunniten, wie ihr Name bereits andeutet, die orthodoxen ›Gewohnheiten‹ in den Mittelpunkt ihres Handelns stellen, lassen die Schiiten nur die von Ali und seinen Anhängern stammenden Hadith gelten und legten sie in eigenen Werken nieder. Da zahlreiche politische und religiöse Gruppen im Laufe der Zeit solche Überlieferungen erfanden, um ihre Auffassungen zu legitimieren, bildete sich schon früh eine Traditionskritik heraus, die versuchte, die Spreu vom Weizen zu trennen.

Eine überragende Bedeutung für die islamische Kultur haben Koran und Sunna auch durch die Beeinflussung der Rechtsprechung *(Shari'a),* die keine Unterscheidung zwischen religiösem und weltlichem Bereich kennt (vgl. S. 71 f.).

Grundlagen der islamischen Kunst

Die gewaltige Ausdehnung des islamischen Kulturkreises, der von den Rändern Europas bis ins ferne Indonesien reicht, von Turkistan bis Westafrika, erlaubt es kaum, von einer einheitlichen Kunst zu sprechen, haben doch die unterschiedlichen lokalen Einflüsse zur Herausbildung ganz eigener Ausdrucksformen geführt. Wenn sich trotz dieser Vielfalt bestimmte gemeinsame Merkmale über Zeit und Raum hinweg erhalten haben, so liegt dies vor allem an der Religion, der sich die islamische Kunst in erster Linie verpflichtet fühlt. Zwar gab die Prachtentfaltung der Potentaten den Anstoß zu den großartigsten Werken, immer war damit aber auch die Lobpreisung Allahs verbunden, in dessen Namen der Herrscher seine Macht ausübte. Bezeichnend ist, daß die Künstler meist ungenannt blieben, die Auftraggeber aber mit Inschriften verherrlicht wurden. Zur Einheitlichkeit bestimmter Stilelemente trug auch die strenge handwerkliche Organisation bei, die Konstruktionsmerkmale und Techniken in nahezu gesetzmäßiger Form vom Meister auf die Lehrlinge überlieferte und wenig Raum für individuelle Experimente ließ, zumal der Künstler als Erfüllungsgehilfe, nicht aber als Genius gesehen wurde.

Die islamische Kunst wird allgemein weniger als eine Abfolge von Epochen dargestellt wie die europäische, sondern vor allem in Verbindung mit bestimmten Dynastien und geographischen Räumen gesehen. Dabei kommt Tunesien als einem schon früh vom Islam eroberten Gebiet eine ganz besondere Bedeutung zu, läßt sich die islamische Kunst doch hier bis auf ihre Ursprünge zurückverfolgen. Wie die Religion selbst, so unterlag auch die Kunst dem Einfluß vorgefundener Muster. Dem frühen Islam ist es zu verdanken, daß die Traditionen der antiken Welt, insbesondere der Römer und Byzantiner, nicht in Vergessenheit gerieten, sondern als Grundbausteine weiterlebten, auf denen allmählich das Gebäude der islamischen Kunst mit all seinen vielfältigen Ausprägungen entstand. Als treffendes Beispiel für die Transformation antiker Elemente sei die Arabeske genannt, eine aus Verschlingungen bestehende abstrakte Zierform, die in allen Bereichen der Kunst häufig vorkommt. Man findet sie als Umrandung von Buchmalereien, auf Tonkrügen und Kupferkannen, an Moscheen und Palästen. Ausgangspunkt waren die Weinlaub- und Palmettenranken der Antike, die allmählich zur abstrakten Form verfremdet wurden. Aber auch in den weiträumigen Säulenhallen der Moscheen und den um einen Innenhof gruppierten Häusern lebt die Antike bis in unsere Tage fort.

Da der islamischen Kunst zumindest an öffentlichen Gebäuden die realistische Darstellung der Natur, insbesondere der Menschen, versagt war, wurde die dekorative arabische Schrift zum wichtigen Gestaltungsmittel, zumal ihr als einzig legitimem Träger des Koran eine besondere Heiligkeit innewohnt. Die Kufi-Schrift, die ihren Namen jener für die Ausbreitung des Islam so wichtigen mesopotamischen Stadt Kufa verdankt, hat im Laufe der Zeit vielerlei Umformungen erfahren. Im 9. Jahrhundert entstand das ›laufende Kufi‹ als Schreibschrift; später entwickelten sich daraus das dekorative ›Flecht-Kufi‹ mit der charakteristischen Verknotung der Schäfte und das ›blühende Kufi‹ mit seinen arabesken Verschlingungen. Im tunesischen Kairouan wurde die Schrift noch weiter zum sogenannten ›Kairouani‹ verfeinert, die bis heute für die arabische Kalligraphie und Dekoration maßgeblich ist. Das strenge Verbot der bildlichen Darstellung von Menschen und Tieren galt nicht für die höfische Kunst. Hier hielt die Genre-Malerei in Miniaturform Einzug, vor allem in Persien und Indien, wo sich zahlreiche lokale Schulen entwickelten, die bis ins 19. Jahrhundert wirkten.

Ihren wichtigsten Ausdruck fand die islamische Kunst allerdings in der Architektur, die mit Moschee und Medina eigenständige, unverwechselbare Formen schuf. Vor allem die Moscheen sind, ähnlich wie die Kirchen im christlichen Abendland, zu Leitbildern der unterschiedlichsten künstlerischen Strömungen geworden, die sich schon früh abzuzeichnen begannen.

Die Moschee lieferte auch das Vorbild für die großartigen islamischen Mausoleen, wie wir sie vor allem aus dem iranischen und indischen Raum kennen. In Tunesien haben die Gräber allerdings bescheidene Ausmaße und dienen unter dem Namen *Marabout* nur

Kalligraphie und Fayencen als typische Elemente des Moscheedekors

als Grabstätten von Heiligen. Der indischen Mogultradition, die Erinnerung an die Einzigartigkeit eines Herrschers durch prunkvolle Mausoleen zu bewahren, entspricht in Tunesien lediglich die neu errichtete letzte Ruhestätte der Familie Bourguiba in Monastir. Die islamische Architektur besticht nicht nur durch ihre Ausgewogenheit, sondern mehr noch durch die meisterhafte Beherrschung der Materialien. Bereits die verschachtelten Tonnengewölbe der südtunesischen Ghorfa-Komplexe oder die kleinen ibaditischen Moscheen auf Djerba spiegeln diese so charakteristische Verbindung von Harmonie und wohldurchdachter Technik.

Den höchsten Grad ihrer Verfeinerung erfuhr die islamische Architektur ohne Zweifel in der Baukunst Granadas unter den spanischen Omaijaden, die mit Errichtung der Alhambra ihre Krönung erlebte. Zu den wichtigsten Materialien zählte der Stuck, der das zerbrechlich anmutende Stalaktitendekor *(Muquarna)* ermöglichte, das den Bauten unnachahmliche Leichtigkeit und Transparenz verleiht. Als Außendekoration kamen bevorzugt farbige Fliesen zur Anwendung, deren älteste Beispiele aus islamischer Zeit heute in der Großen Moschee von Kairouan zu finden sind. Die Technik war bereits in den altorientalischen Reichen und in Ägypten bekannt, um nach der Eroberung Westasiens durch Alexander den Großen im 4. Jahrhundert v. Chr. in Vergessenheit zu

Die Moschee

Die Moschee ist unbestritten der zentrale Bau der islamischen Architektur und auch wichtigstes Objekt künstlerischen Schaffens. Der Name, abgeleitet von dem arabischen *Masjid* (›Ort des Sichniederwerfens‹), bezeichnet nicht nur eine Kultstätte, sondern auch ein Zentrum politischer und sozialer Aktivität. Die zahlreichen kleinen, verstreut liegenden ibaditischen Moscheen Djerbas bilden eine seltene Ausnahme, dienen sie doch allein dem religiösen Kult der in unmittelbarer Umgebung lebenden Bevölkerung. Die zentrale Bedeutung als Mittelpunkt der orientalischen Stadt konnte die Moschee auf Djerba nie erlangen. Die bescheidenen, oft sehr alten Bauten verhalten sich zu den prunkvollen Großstadtmoscheen etwa so wie die christliche Kapelle zur Kathedrale.

Bei der architektonischen Gestaltung ihrer Gotteshäuser sahen sich die Moslems zunächst mit Schwierigkeiten konfrontiert, da eindeutige Vorbilder und auch entsprechend geschulte Handwerker fehlten. So sah man sich teilweise gezwungen, christliche Kirchen zu übernehmen oder gar mit den Christen zu teilen, bevor sich ein eigenes Konzept für die Moschee-Architektur herausbildete. Dabei orientierte man sich in der Frühzeit bevorzugt an hellenistischen Vorbildern, so daß Säulen und Kapitelle zu festen Bestandteilen des äußeren Erscheinungsbildes wurden. Wesentlich jedoch war von Beginn an die Hervorhebung der Gebetsrichtung *(Kibla)* nach Mekka, dem höchsten Heiligtum des Islam.

Der erste, als Hofmoschee bezeichnete Typus geht der Überlieferung nach auf das Haus Mohammeds in Medina zurück. Dieses bestand aus einem einfachen, von Mauern umschlossenen quadratischen Hof von 50 m Seitenlänge, den an der Ostseite die Hütten der Frauen säumten, an der Nordseite die einfachen Quartiere der männlichen Gläubigen und an der nach Mekka ausgerichteten Südseite die von einem Flachdach geschützte Halle, in der Mohammed mit seinen Anhängern die Gebete verrichtete. Im 8. Jahrhundert wich man mit

geraten. Angeregt durch chinesisches Porzellan, das im 8. Jahrhundert über die Seidenstraße an den Hof Harun al Raschids gelangte, besannen sich die Künstler Bagdads auf die alten Traditionen und entwickelten in Ermangelung guter Porzellanerde Glasuren, die eine porzellanähnliche Oberfläche ergaben. Durch Verwendung von

der T-förmigen Gliederung des Gebäudes in Haupt- und Seitenschiffe (Transeptschema) vom Typus der Hofmoschee ab und wählte damit ein Element vorislamischer Architektur, das geeignet war, auch dem Repräsentationsgedanken Rechnung zu tragen.

Zu etwa derselben Zeit kam das *Minarett,* heute Kennzeichen jeder Moschee, erstmals zur Anwendung, wobei man zunächst die vier noch auf den Jupiter-Tempel zurückgehenden Türme der Omaijaden-Moschee in Damaskus zum Vorbild nahm, dann aber den viereckigen, einzeln stehenden Turm in zwei- oder dreifacher Gliederung zum verbindlichen Bautypus erhob. Die Hypothese, daß der Leuchtturm von Alexandria als Vorbild für das Minarett gedient habe, ist mittlerweile verworfen worden. Statt dessen nimmt man an, daß sich die Moscheebauer an frühchristlichen syrischen Kirchtürmen orientierten, die dort überdies als Wacht- und Signaltürme dienten, eine Funktion, die auch beim tunesischen Wehrkloster *(Ribat)* zu finden ist (prominente Beispiele: Monastir und Sousse). Wohl kein anderes architektonisches Detail hat im Laufe der Zeit eine so starke Veränderung erfahren wie das Minarett. Während für Nordafrika das eckige Einzelminarett die Regel blieb, wurden in anderen Teilen der islamischen Welt die unterschiedlichsten Formen entwickelt, wobei meist Rundtürme vorherrschen.

Die ibaditischen und malekitischen Moscheen Djerbas lassen sich recht leicht anhand der Minarette voneinander unterscheiden. Während bei den malekitischen Gotteshäusern das quadratische, häufig von Fenstern durchbrochene Minarett einen deutlichen Akzent setzt, trägt es bei den ibaditischen eher rudimentäre Züge und erinnert vielfach an Festungsarchitektur – wehrhafte Mauern, winzige Fensteröffnungen und ein kleiner Zugang sind die äußeren Kennzeichen. Und in der Tat hatten die ibaditischen Moscheen über ihre Funktion als Ort des Gebets hinaus zuweilen auch die Funktion einer Bastion in ähnlicher Weise zu erfüllen wie z. B. die Rundkirchen der dänischen Insel Bornholm. Als die seit dem 18. Jahrhundert zugewanderten Malekiten ihre Kultstätten bauten, mußten diese keinen Schutz mehr bieten. Eine

Metallegierungen entstand daraus schließlich die sogenannte ›Lüsterware‹, Kacheln und Fayencen mit metallartig glänzender Glasur, die schnell Verbreitung fand.

Die *Medina,* die Altstadt, ist eine weitere eigenständige Entwicklung des islamischen Kulturraums. Hinter dem für Fremde labyrinthisch wirkenden Gewirr der engen Gas-

Alte Ibaditenmoschee bei Midoun

weitere Besonderheit der Moscheen Djerbas sind die unter dem Hof liegenden Zisternen, in denen Regenwasser für die rituellen Waschungen und als eiserne Reserve für Notzeiten gesammelt wird.

Auch bei der Ausgestaltung des Innern der Moscheen wurden zunächst Anleihen bei der vorislamischen Sakralarchitektur gemacht. So legt die in die Kibla-Wand eingelassene Nische *(Mihrab)*, die das Himmelstor symbolisiert, den Vergleich mit der Apsis christlicher Kirchen nahe. Die großen Freitagsmoscheen, die ja neben ihrer sakralen auch politische Funktionen erfüllten, erhielten eine erhöhte Kanzel *(Minbar)* und einen abgetrennten Gebetsplatz *(Maqsura)* für den Kalifen, umschlossen von einem hölzernen Geländer. Mihrab, Minbar und Maqsura waren stets bevorzugte Objekte künstlerischer Gestaltung.

sen steht ein wohldurchdachtes Prinzip, das die lange Entwicklung der Stadtkultur im vorderasiatischen Raum erkennen läßt. Schon im 3. Jahrtausend v. Chr., lange bevor der Islam seinen Siegeszug antrat, hatte es in den altorientalischen Reichen, insbesondere in Mesopotamien und Ägypten, städtische Siedlungen beträchtlicher Größe gegeben. Die Unübersichtlichkeit der Medina sollte zum einen den eindringenden Feinden die Orientierung erschweren, sicherte aber durch Anlage vieler Sackgassen auch die für den Islam so wichtige Privatsphäre der Familie. Ausgehend von der zentral gelegenen großen Freitagsmoschee gruppierten sich ringförmig die Geschäftsviertel *(Souk* oder *Basar)* und Wohnbezirke *(Homa)* zu einem in sich geschlossenen, hervorragend organisierten Organismus, der das religiöse, politische und wirtschaftliche Zentrum des umliegenden Landes bildete.

Das Handwerk

Tunesiens reiche Handwerkstradition ist im Süden weit weniger ausgeprägt als im Sahel um Kairouan oder in den nördlichen Küstenstädten zwischen Tunis und Sousse/Monastir, obwohl das staatliche ›Office National de l'Artisanat Tunesienne‹ (ONAT) die wichtigsten Gewerbe heute landesweit fördert. In allen größeren Städten findet man die Verkaufsausstellungen dieser Organisation, die einen sehr guten Überblick über Art, Qualität und Preis der in der jeweiligen Region gefertigten Kunsthandwerksartikel bieten.

Der mit Abstand wichtigste Handwerkszweig Tunesiens ist die Teppichknüpferei, auch wenn diese erst durch die türkischen Beys im 17. Jahrhundert aus Kleinasien eingeführt wurde, um den eigenen Bedarf zu decken. Noch heute gehören Teppiche keineswegs zur selbstverständlichen Ausstattung eines einfachen Hauses, sondern sind Repräsentationszwecken vorbehalten und vor allem für den Verkauf bestimmt. Es ist besonders der Aufgeschlossenheit der Frauen im Sahel zu verdanken, daß sich die Teppichknüpferei im Gebiet um Kairouan sehr schnell verbreitete und dort noch immer ihren Schwerpunkt hat. Sie profitiert überdies von dem in den nahen Küstenorten Sousse und Monastir stark angewachsenen Tourismus. Zwar werden auch auf Djerba und in Südtunesien Teppiche geknüpft, viele der dort angebotenen Stücke stammen aber aus dem Sahel.

Drei Teppicharten werden unterschieden: Der geknüpfte Teppich *(Zerbiya)*, der ursprünglich nur in Kairouan hergestellt wurde, der gewebte und anschließend bestickte Teppich *(Mergoum)*, vornehmlich ebenfalls in Kairouan, aber auch in El Djem beheimatet, und der gewebte Wandteppich (*Klim* oder *Kelim*), der von den Beduinen aus der Region von Gafsa und Sfax stammt und heute vor allem in dem Städtchen Oudref bei Gabès gefertigt wird. Besonders schöne gewebte Klim mit leuchtenden Mustern lassen sich in Tozeur und in Midoun auf Djerba erstehen. Die geknüpften Teppiche, denen überwiegend traditionelle Muster zugrunde liegen, weisen in ihrer Standardversion 40 000 Knoten pro m² auf. Es gibt aber auch einfache Berbervarianten mit nur 12 000 Knoten und sehr seltene und teure Stücke mit über 250 000 Knoten. Die Wolle für die hochwertigen Arten muß aus Neuseeland und Australien eingeführt werden.

Kaum weniger wichtig und bereits seit Urzeiten im Lande verwurzelt ist die Weberei. Interessanterweise gibt es einen traditionellen Unterschied zwischen Männer- und Frauenweberei: Während die Frauen keine Baumwolle, Seide und Kunststoffe verarbeiteten und vornehmlich für die Selbstversorgung tätig waren, webten die Männer für den Markt. Durch Ausbildungskurse der ONAT wird diese geschlechterspezifische Arbeitsteilung allerdings immer seltener. Im Gegensatz zur Teppichproduktion spielt Djerba in der Weberei zusammen mit Sahel seit jeher eine führende Rolle. Bei Touristen begehrt sind die auch in Hotels verwendeten grün- oder rotgrundigen wollenen Tagesdecken *(Farrashiya jarbi)* und die traditionellen Tücher der Frauen mit arabischen Mustern aus Silber- und Goldfäden *(Ridaa)*.

Erwähnenswert ist die Anpassung der Wollverarbeitung an den Süßwassermangel Djerbas. Die Schaffelle werden im Meer gewaschen, zusammengerollt und mit Steinen beschwert. Wegen der dann einsetzenden Fäulnis läßt sich die Wolle am nächsten Tag leicht von der Haut zupfen. Statt Seife, Chemikalien und Unmengen heißen Wassers wird bei der Entfettung

Nomadin bei der Arbeit am Webrahmen

Gipsmilch verwendet, die beim Erstarren das Fett bindet. Mit der Hand lassen sich die Klumpen dann aus der Wolle herausdrükken. Zum Bleichen verwendet man Schwefeldampf. Versponnen wird die Wolle auf nahezu biblische Weise mit den Fingern unter Zuhilfenahme einer hölzernen Spule, wodurch ein ziemlich ungleichmäßiger Faden entsteht, der allerdings den rustikalen Charakter der fertigen Stoffe noch unterstreicht.

Das Töpferhandwerk konzentriert sich im tunesischen Süden vor allem auf den Ort Guellala (Djerba), dessen Ruhm allerdings allmählich verblaßt (vgl. S. 119 ff.). Längst hat ihm das an der Nordküste gelegene Nabeul den Rang abgelaufen. Das Schmuckhandwerk, seit langem eine Domäne der Juden Djerbas, profitiert hingegen weitaus mehr vom Tourismus. Nach alten Mustern und in zum Teil hervorragender Qualität wird von den Juwelieren schwerer silberner Berberschmuck gefertigt, dessen Vorbilder man beispielsweise im Museum von Houmt Souk bewundern kann. Im Gegensatz dazu sind die Messingwaren, die sich auf vielen Touristenmärkten des Südens finden, eine Erscheinung der Neuzeit und ganz auf den Geschmack der Fremden abgestimmt. Die Kupferverarbeitung, vornehmlich in der Region von Gabès und Medenine konzentriert, hat wiederum eine lange Tradition. Eine Besonderheit stellen die Palmblattflechtarbeiten aus dem Gebiet des Schott el Djerid dar, die dort, aber auch auf Djerba angeboten werden, wo man die ursprünglich der Nomadenwirtschaft entstammenden dekorativen Behältnisse ebenfalls fertigt.

Tunesischer Silberschmuck

Unterwegs in der Region

Reif für die Insel?
Sonnenbaden und erholen auf Djerba

Lust auf Abwechslung?
Exkursionen durch das südliche Tunesien

Bei Guermessa im Bergland von Dahar

Orte und Ausflüge auf Djerba

Die Strände von Sidi Mahrès und Séguia

Houmt Souk, Guellala und die Synagoge La Ghriba

Kurzausflug zum Festland

Moschee auf Djerba

Die Hotelzonen

Badefreuden am weiten Sandstrand von Sidi Mahrès; Unterkünfte von familiär bis mondän; Sportangebote von Bogenschießen bis Wasserski; Unterhaltung zwischen Pool und Bar; Sonnenbaden zwischen Felsen und Sand in Séguia.

Die großen Hotels auf Djerba und in Zarsis sind vollkommen auf den Chartertourismus eingestellt, manche auch vertraglich an bestimmte Reiseunternehmen gebunden wie z. B. das Royal Djerba Beach. Individualreisende kommen nur selten, finden im allgemeinen aber auch Platz (nur während der sommerlichen Hochsaison empfiehlt sich eine rechtzeitige Vorausbuchung). Einige Hotels haben beheizte Pools und eignen sich deshalb besonders für den Aufenthalt im Winter. Nicht selten läßt das bei Halb- oder Vollpension angebotene Essen zu wünschen übrig, insbesondere bei billigeren und großen Unterkünften, die meist nur Kantinenkost bieten. Vorzuziehen sind Hotels, die Büfettverpflegung offerieren. Wer noch mehr Abwechslung wünscht, sollte nur Übernachtung mit Frühstück oder Halbpension buchen und ansonsten à la carte speisen, was allerdings mit höheren Ausgaben verbunden ist. Man hat dann die Wahl zwischen den Restaurants im eigenen und in benachbarten Hotels (sofern A-la-carte-Restaurants vorhanden sind) sowie zahlreichen kleinen Etablissements der Umgebung (vor allem in Houmt Souk). Die meisten Hotels verfügen über eine TV-Satellitenanlage zum Empfang deutscher Programme. Bei Häusern der gehobenen Klasse gehören die Fernseher zur Zimmerausstattung (teilweise gegen Gebühr). Der aktuelle Trend geht eindeutig in Richtung hochklassiger, komfortabler Hotels, bei denen die Sportmöglichkeiten im Zentrum der Urlaubsaktivitäten stehen. Auch das Angebot der »all-inclusive-Hotels« hat seinen Weg von der Karibik bereits nach Djerba gefunden.

Sidi Mahrès

Dieser Strandabschnitt an der Nordostküste Djerbas beginnt etwa 9 km östlich von Houmt Souk und erstreckt sich bis zum Leuchtturm vom Ras Tourgueness über eine Länge von etwa 13 km. Vor einem kleinen Dünengürtel liegt der bis zu 50 m breite, feine Sandstrand, der hin und wieder von Felsen un-

Die meisten Hotels besitzen Poolanlagen

terbrochen wird. Schattenspendende Bäume gibt es nur selten. Sidi Mahrès ist die älteste und am besten erschlossene Hotelzone der Insel, in der sich Unterkünfte aller Kategorien finden (zur Klassifizierung mit * vgl. S. 213). Mit dem etwa stündlich zwischen 6.30 und 18.30 Uhr verkehrenden Linienbus bestehen gute Verkehrsverbindungen nach Houmt Souk und Midoun (Fahrpläne hängen in den Hotels aus). Da der Strand mittlerweile fast zugebaut ist, liegen einige der neueren Unterkünfte ein Stück landeinwärts, jenseits einer wenig befahrenen Straße. Die folgenden Hotels sind nur eine Auswahl der von deutschen Reiseveranstaltern bevorzugten Häuser.

Ulysse Palace**** (10 km von Houmt Souk, am Meer; TUI, Jahn, Neckermann), ✆ (05) 65 74 22, Fax 65 78 50. Ausstattung: traditioneller dreistöckiger Bau, 274 Zimmer, klimatisiert, Pool, Hallenbad, Sauna, A-la-carte-Restaurant, maurisches Café, Boutiquen, Friseur, Sat.-TV. Verpflegung: Halbpension, Büfett und Menü. Sport/Unterhaltung: Tennisplätze, Boccia, Surfen, Tretboote; Folklore, Animation, Disco.

Djerba Orient*** (ca. 10 km von Houmt Souk, nicht direkt am Strand; TUI, Jahn), ✆ (05) 65 74 10. Ausstattung: kleines Hotel, 28 Zimmer, Pool, Boutique, Bar, Sat.-TV, deutsch-tunesische Leitung, familiäre Atmosphäre. Verpflegung: Frühstück, Halb- und Vollpension.

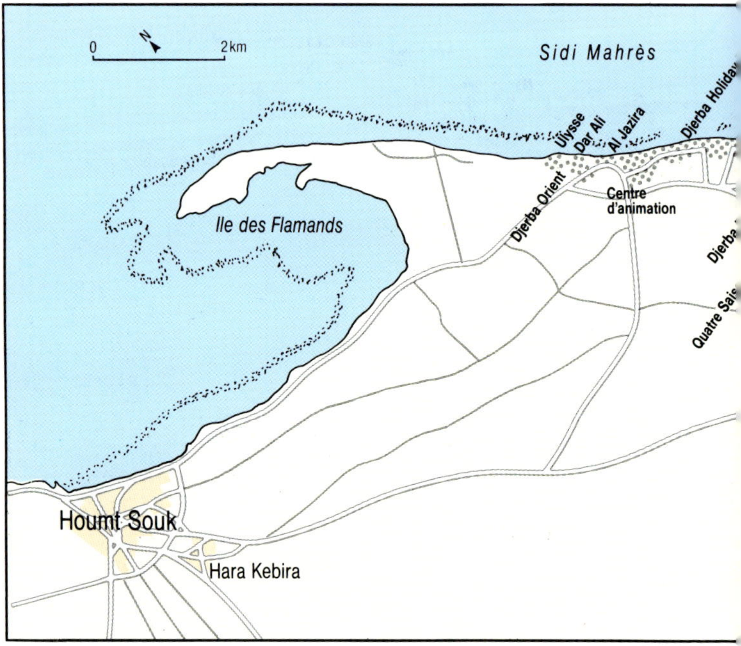

Die Hotelzonen Djerbas

Sport: Fahrradverleih, Tischtennis, Billard, Computerspiele, Reiten; Wassersportmöglichkeiten bei den nahen Strandhotels.

Dar Ali** (10 km von Houmt Souk, nicht direkt am Strand; TUI), ✆ (05) 65 76 71, Fax 65 80 45. Ausstattung: kleines Familienhotel, 15 Zimmer, kleiner Pool. Restaurant. Sport/Unterhaltung: am Strand beim Hotel Ulysse, im Centre d'animation.

Al Jazira** (ca. 11 km von Houmt Souk, direkt am Strand; l'tur, air marin, Tjaereborg, Transair), ✆ (05) 65 73 00, Fax 65 70 15. Ausstattung: ältestes Strandhotel der Insel (1962), gemütlich, 77 Zimmer, 99 Bungalows, Thermalpool (24 °C), Bar, Boutique, Sat.-TV. Verpflegung: Frühstück, Halb- und Vollpension. Sport/Unterhaltung: 2 Tennisplätze, Surfen, Segeln, Tretboote, Reiten, Fahrradverleih; direkt vor der Tür das Centre d'animation mit Pizzeria, A-la-carte-Restaurant, Supermarkt, Boutiquen, Zeitungskiosk (mit den wichtigsten deutschen Blättern), klimatisierter Diskothek.

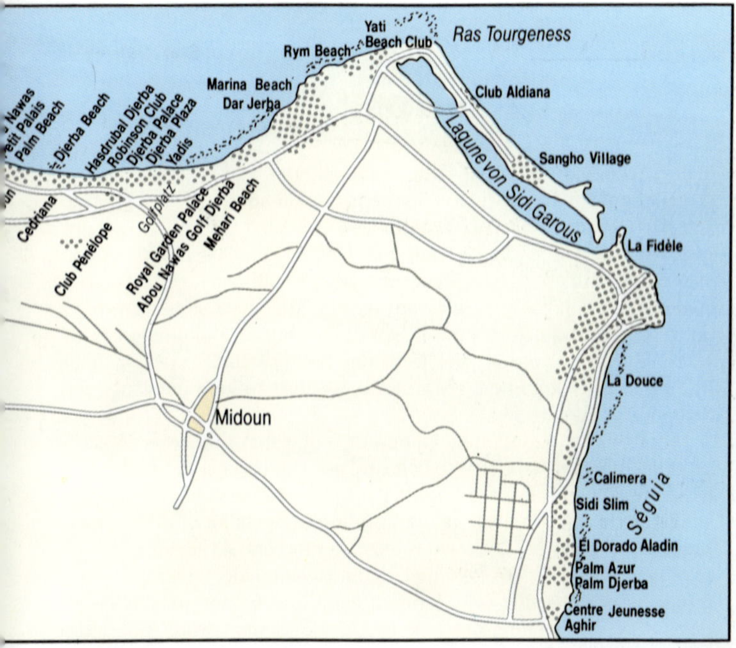

Djerba Holiday Beach**** (ca. 11 km von Houmt Souk, am Strand; Transair, Tjaereborg), ✆ (05) 65 91 77, Fax 65 91 92. Ausstattung: Zweistöckiger Neubau (1995), 250 Zimmer, klimatisiert, 90 000 m^2 großes Areal, Poolanlage (1200 m^2) mit Kinderbecken, Restaurants, Bars, Sauna, Fitneßraum, Boutique, Friseur, Sat.-TV. Verpflegung: Halb- und Vollpension, Büfett und Menü. Sport/Unterhaltung: Tennisplätze, Surfen, Wasserski, Parasailing, Reitmöglichkeit; Folklore, Nachtclub.

Abou Nawas**** (ca. 14 km von Houmt Souk, am Strand; TUI, air marin), ✆ (05) 65 70 22, Fax 65 70 00. Ausstattung: dreistöckige kompakte moderne Anlage der in Tunesien bekannten Hotelkette, 251 Zimmer, Pool, Kinderpool, A-la-carte-Restaurant, mehrere Bars und Snackbars, Boutique, Friseur, Sauna, Sat.-TV. Verpflegung: Halb- und Vollpension, Büfett und Menü. Sport/Unterhaltung: 4 Tennisplätze, Surfen, Minigolf, Tretboote, Motorrad- und Fahrradvermietung, Pferde- und Kamelausflüge in der Nähe; Diskothek, Animation, Folklore.

Carribbean Village Cedriana*** (ca. 14 km von Houmt Souk, nicht

Tourismus
auf Djerba

Schon zu Beginn der 60er Jahre entdeckte der Massentourismus auf der Suche nach immer neuen Sonnenstränden auch die Insel Djerba. Mit der Errichtung des Strandhotels Al Jazira und des Club-Méditerranée-Hüttendorfes Djerba La Fidèle begann der tiefgreifende Wandlungsprozeß, der das soziale und wirtschaftliche Gefüge Djerbas stärker verändert hat als alle Ereignisse der vorangegangenen Jahrhunderte. Heute ist der Tourismus längst die wichtigste Einkommensquelle der Inselbevölkerung. Die Zahl der Betten beläuft sich auf über 22 000, hinzu kommen etwa 4000 weitere in der benachbarten Küstenoase Zarsis.

Möglich war diese Entwicklung nur durch den Bau einer Wasserpipeline, denn natürliche Quellen sind auf Djerba knapp. Das kostbare Naß wird aus 120 km Entfernung vom Oued Zeuss über die Dammstraße bei El Kantara herangeführt. Mehr als die Hälfte des Wasserverbrauchs im gesamten Gouvernorat Medenine entfällt inzwischen auf Djerba. Zwar kommen auch die Einheimischen in den Genuß von Leitungswasser, über 80 % der jährlich etwa 2 Millionen m^3 fließen jedoch durch die Hähne der Hotels. Es wäre schön, wenn sich jeder Tourist unter der Dusche klarmachte, daß er sich am Rande der Wüste befindet, wo Wasser die größte Kostbarkeit darstellt, zu schade, um achtlos vergeudet zu werden!

Da die Küstenstreifen wegen der salzhaltigen Böden und des brackigen Grundwassers bis vor kurzem kaum besiedelt waren, verlief die touristische Invasion glücklicherweise ohne Verdrängung der Einheimischen aus ihren angestammten Wohngebieten. Bis auf wenige Ausnahmen fügen sich die Hotelanlagen auch durchaus harmonisch in die nordafrikanische Landschaft ein. Zweifellos hat der Tourismus der

direkt am Strand; air marin, Neckermann, Jahn), ✆ (05) 65 85 55, Fax 65 85 53. Ausstattung: 72 Zimmer, klimatisiert, Pool, Boutique, Bar. Verpflegung: Halb- und Vollpension: »all-inclusive-Hotel« (incl. alkohol. Getränke). Sport: Tennisplätze, Reiten, Fahrradverleih, Wassersportmöglichkeiten am Strand.

Petit Palais*** (ca. 13 km von Houmt Souk, gegenüber Hotel Abou Na-

Insel positive Impulse gegeben: Ein Flughafen wurde gebaut, das Straßennetz verbessert, Telefon- und Telexdienste eingerichtet. Vor allem aber entstanden zahlreiche Arbeitsplätze, wodurch die Abwanderung in die städtischen Zentren Nordtunesiens eingedämmt werden konnte. Die Basare von Houmt Souk und Midoun leben inzwischen fast ausschließlich vom Tourismus (vgl. S. 85), und auch die Töpfer von Guellala und die Fischer von Adjim verdanken ihre Existenz heute vornehmlich den Besuchern aus der Fremde.

Der wirtschaftliche Aufschwung hat aber auch seine Schattenseiten. Nicht nur, daß sich das Hotelpersonal überwiegend aus dem Norden rekrutiert, auch Zuwanderer aus den ärmeren Regionen Südtunesiens strömen auf die Insel in der Hoffnung auf bessere Verdienstmöglichkeiten. Die Folge ist der Verlust der kulturellen Identität, das allmähliche Verschwinden der Besonderheiten, die den Reiz Djerbas ausmachen. Überdies wird die arbeitsintensive Landwirtschaft für die Djerbi immer unattraktiver, viele Felder liegen brach, das Angebot an Frischgemüse geht zurück, die Preise steigen. Schuld daran sind nicht zuletzt die großen Hotels. Da sie angesichts ihrer zahlungskräftigen Kundschaft nicht auf den Pfennig schauen müssen, kaufen sie zu jedem Preis und heizen so die Inflation an. Leidtragende sind die kleinen Leute, die sich frisches Gemüse kaum noch leisten können. Wer die ›Schlachten‹ an den Hotelbüfetts erlebt, die Mengen sieht, die auf die Teller gehäuft werden, um nachher größtenteils im Müll zu landen, dem steigt angesichts dieser Verschwendung die Schamröte ins Gesicht. Zudem befinden sich die meisten großen Hotelanlagen nicht in Händen der Einheimischen, viele gehören Ausländern, vor allem aus den Golfstaaten. Entsprechend kommt nur ein geringer Prozentsatz der Einkünfte den Inselbewohnern zugute. Als empörend müssen es die Einheimischen überdies empfinden, daß ihnen durch die hoteleigenen Strände der Zugang zu ihrem Meer versperrt wird – ein weiterer Beweis für die Fragwürdigkeit der These von der völkerverbindenden Funktion des Tourismus.

was, nicht unmittelbar am Strand; air marin, Tjaerborg, alltours), ✆ (05) 65 82 31, Fax 65 80 56. Ausstattung: zweistöckiger Bau im Landesstil, 70 Zimmer, Pool, Boutique, Bar, Sat.-TV. Verpflegung: Halb- oder Vollpension. Sport/Unterhaltung: Tennisplatz (Granulat), Folklorezentrum (extra Eintritt).

Palm Beach**** (ca. 14 km von Houmt Souk, am Strand; alltours,

Tjaereborg), ✆ (05) 65 82 31, Fax 65 75 80. Ausstattung: dreistöckiges Komforthotel neben Abu Nawas, vollklimatisiert, 287 Zimmer, heizbarer Pool, Kinderpool, A-la-carte-Restaurant, Bars und Snackbars, Boutique, Friseur, Sauna, Sat.-TV. Verpflegung: Halbpension, Frühstücksbüfett, sonst Menü. Sport/Unterhaltung: 5 Tennisplätze, Squash, Windsurfen, Segeln, Tischtennis, Billard; Diskothek, Animation.

Les Quatre Saisons*** (ca. 15 km von Houmt Souk, nicht direkt am Strand; TUI, air marin, ITS), ✆ (05) 65 85 80, Fax 65 88 90. Ausstattung: vierstöckiger Neubau (1993), 271 Zimmer, Pool, Thermal-, Kinderpool, Sauna (Hammam), maurisches Café, Bar, Sat.-TV. Verpflegung: Halb- und Vollpension, Büfett. Sport: Tennisplätze, Volleyball, Tischtennis, Billard, Surf-, Segel- und Reitmöglichkeiten am Strand.

Dar Midoun**** (ca. 16 km von Houmt Souk, direkt am Strand; Transair, ITS, Tjaereborg, Neckermann), ✆ (05) 65 81 68, Fax 65 81 89. Ausstattung: zwei- bis vierstöckige Bauweise, 286 Zimmer, Pool mit Kinderbecken, Restaurants, Bar, maurisches Café, Sat.-TV. Verpflegung: Halbpension, Frühstücksbüfett, sonst Menü. Sport: Tennisplätze, Billard, Tischtennis, Fitneßraum, Surfen, Segeln, Reiten.

Djerba Beach*** (ehemals El Bousten, ca. 15 km von Houmt Souk,

Die Hotels bieten eine Fülle von Sportmöglichkeiten

am Strand; Neckermann), ✆ (05) 65 72 62, Fax 65 73 57. Ausstattung: gepflegte, gemütliche zweistöckige Anlage (182 Zimmer) um einen zentralen Pool, Boutique. Sport: 1 Tennisplatz, Tischtennis, Windsurfen, Fahrradverleih.

Club Pénélope** (ca. 14 km von Houmt Souk, nicht direkt am Strand; Neckermann, Öger Tours), ✆ (05) 65 70 55. Ausstattung: einfaches, aus mehreren Gebäuden bestehendes Hotel, (528 Betten), Pool mit Kinderbecken, Kindergarten, Boutique, Friseur. Verpflegung: Büfett und Menü. Sport/Unterhaltung: 5 Tennisplätze, Segeln, Windsurfen, Tretboote, Tischtennis, Boccia, Volleyball, Basketball, Fahrradverleih; Diskothek, Animation.

Djerba Haroun*** (ca. 14 km von Houmt Souk, nicht direkt am Strand; TUI), ✆ (05) 65 85 61, Fax 65 71 74. Ausstattung: zweistöckiger Bau im landestypischen Bungalowstil, 40 Zimmer, Räume mit kleiner Küche, Pool, Minimarkt, Café, Bar. Verpflegung: Frühstück oder Halbpension. Sport/Unterhaltung: in den benachbarten Hotels.

Hasdrubal Djerba**** (ca. 14 km von Houmt Souk, am Strand; TUI, Tjaerborg, air marin, Jahn, Terramar), ✆ (05) 65 76 57, Fax 65 77 30. Ausstattung: dreistöckiges Luxushotel, klimatisiert, 215 Zimmer, große Poolanlage, Kinderpool, Hallenbad, zwei Restaurants, Bar, maurisches Café, Spielsaal, Friseur, Sauna (Hammam). Verpflegung: Halb- und Vollpension, Büfett und Menü. Sport/Unterhaltung: 4 Tennisplätze (inklusive), Segeln, Surfen, Tretboote, Volleyball, Billard, Fitneßraum; Disco/Nachtclub.

Robinson Club (ca. 14 km von Houmt Souk, am Strand; TUI), ✆ (05) 65 76 22, Fax 65 76 19. Ausstattung: TUI-Club (120 000 m²) mit Schwerpunkt Sport, mehrstöckige weiträumige Anlage, Zimmer wahlweise klimatisiert, beheizbarer Pool mit Kinderbecken, Strand-Restaurant, maurisches Café, Atelier, Boutique, Basarstraße, Sauna (Hammam), Sat.-TV. Verpflegung: Vollpension, Büfett, Spezialitätenrestaurant (Tischwein inkl.). Sport/Unterhaltung: 16 Tennisplätze, Segeln, Surfen, Volleyball, Fußball, Tischtennis (alles inkl.) Segel-, Surf- und Tenniskurse (gegen Gebühr); Disco, Animation, Kinderanimation.

Djerba Palace** und Cezar Palace***** (ca. 16 km von Houmt Souk, am Strand; Jahn, Transair, Neckermann, Tjaereborg, ITS, alltours), ✆ (05) 65 86 00, Fax 65 76 35. Zwei neue, zur El-Hana-Gruppe zählende Hotels der gehobenen Kategorie in einer Anlage, 250/110 Zimmer, z.T. im Bungalowstil, Pools, Kinderbecken, Hallenbad, Restaurants, Bars, maurisches Café, Boutiquen, Friseur, Sat.-TV.

Abendstimmung am Strand von Djerba ▷

Djerba Plaza***** (17 km von Houmt Souk, nicht direkt am Strand; TUI), ✆ (05) 65 82 30. Ausstattung: komfortable Hotelanlage (1993) in dreistöckiger Bauweise, 270 Zimmer, klimatisiert, ausgedehnter Pool mit Kinderbecken, Hallenbad, mehrere Boutiquen, Friseur, Bad, maurisches Café, 2 Restaurants, Sat.-TV. Verpflegung: Frühstück, Halb- und Vollpension, Büfett und Menü. Sport/Unterhaltung: 4 Tennisplätze mit Flutlicht, Squash, Fitneß-Center, Wassersport; Animation.

Yadis**** (ca. 17 km von Houmt Souk, nicht direkt am Strand; TUI, ITS, Jahn, Terramar), ✆ (05) 65 82 35, Fax 65 72 23. Ausstattung: großzügige Anlage in zweistöckiger Bauweise, 300 Zimmer, ausgedehnte Poolanlage mit Kinderbecken, Sauna, Hallenbad, Boutiquen, Friseur, Bar, Café, Sat.-TV. Verpflegung: Halb- oder Vollpension, Frühstücksbüfett, A-la-carte-Restaurant. Sport/Unterhaltung: 6 Tennisplätze, 2 davon mit Flutlicht, Squash, Tischtennis, Surfen; Disco, Animation.

Royal Garden Palace***** (ca. 18 km von Houmt Souk, am Strand; TUI, Jahn, Terramar), ✆ (05) 65 87 77, Fax 65 87 70. Ausstattung: luxuriöser vierstöckiger Halbrundbau, derzeit eines der besten Hotels der Insel auf 14 ha Areal, 286 Zimmer, Pool, Kinderpool, Hallenbad, Boutiquen, Friseur, Bars, Restaurants, maurisches Café, Sat.-TV. Verpflegung: Halbpension, Frühstücksbüfett, sonst Menü. Sport/Unterhaltung: Tennisplätze, Squash, Wassersportcenter am Strand; Abendunterhaltung, Disco.

Mehari Beach*** (ca. 18 km von Houmt Souk, 200 m vom Strand; TUI), ✆ (05) 65 82 38, Fax 65 79 52. Ausstattung: weiträumige Anlage in dreistöckiger Bauweise, 300 Zimmer, klimatisiert, Pool, Hallenbad mit Hammam, Boutiquen, Friseur, Bar, Restaurant, Sat.-TV. Verpflegung: Halbpension, Büfetts. Sport: Tennisplätze, -schule, Fitneß-Raum, Billard, Tischtennis, Windsurfen, Tretboote.

Abou Nawas Golf Djerba***** (ca. 17 km von Houmt Souk, am Strand; Jahn, TUI), ✆ (05) 65 89 10, Fax 65 89 18. Ausstattung: Luxushotel (1995) an angrenzendem Golfplatz, 500 Betten, klimatisierte Zimmer, Sat.-TV, Pool. Sport/Unterhaltung: 11 Tennisplätze, Golf, Reiten, Squash, Surfen, Wasserski, Parasailing; Diskothek.

Dar Jerba*/**** (ca. 19 km von Houmt Souk, am Strand; Transair, air marin, Tjaereborg, Neckermann), ✆ (05) 65 71 91, Fax 65 71 11. Ausstattung: größte, aus drei Komplexen bestehende Hotelanlage der Insel, 2651 Betten; ***Narjess klimatisiert, von Deutschen bevorzugt, recht enge Bebauung (Massenbetrieb), 3 Pools, Thermalpool, mehrere Restaurants, Cafés und Bars, Basarstraße, Friseur,

Die Küste von Sidi Mahrès

Post, Bank, Sat.-TV. Verpflegung: Frühstück, Halb- und Vollpension, Frühstücks- und Abendbüfett. Sport/Unterhaltung: 12 Tennisplätze, davon 2 mit Flutlicht, alle Wassersportarten, Reiten, Auto-, Mofa- und Fahrradverleih; Folklore, Nachtclub/Diskothek, Animation.

Marina Beach*** (Meridiana) (ca. 21 km von Houmt Souk, am Strand; Neckermann, Terramar), ✆ (05) 65 79 70, Fax 65 79 69. Ausstattung: Clubanlage mit 300 Zimmern, Pool mit Kinderbecken, Hallenbad, A-la-carte-Restaurant, Bar, Spielplatz, Kinderclub, Boutiquen. Verpflegung: Halb- und Vollpension, Büfetts. Sport/Unterhaltung: 6 Tennisplätze, Bogenschießen, Windsurfen, Segeln, Wasserski, Reiten, Minigolf (alles gegen Gebühr); Diskothek, Animation.

Rym Beach*** (ca. 20 km von Houmt Souk, am Strand, keine direkte Busanbindung; TUI, Jahn, ITS), ✆ (05) 65 76 14, Fax 65 80 70. Ausstattung: im Inselstil errichtete, auch von Franzosen bevorzugte Clubanlage, 294 Zimmer, klimatisiert, großer Pool, Kinderbecken, A-la-carte-Restaurant, Bar, Sat.-TV. Verpflegung: Halb- oder Vollpension (Tischwein inkl.). Sport: 6 Tennisplätze, 3 davon mit Flutlicht, Surfen, Segeln, Tretboote, Bogenschießen (alles inklusive), Wasserski, Reiten und Fahrradvermietung (gegen Gebühr).

Yati Beach Club*** (ca. 21 km von Houmt Souk, am Strand; Jahn,

Neckermann), ✆ (05) 65 84 30. Ausstattung: Neubau (1994) anstelle des ehemaligen einfachen Hotels, klimatisiert, Pool, Kinderpool, Hallenbad, Bar, maurisches Café, Sat.-TV. Verpflegung: Büfetts. Sport/Unterhaltung: 4 Tennisplätze (inkl.), Surfen, Tretboote, Reiten; Animation, Miniclub für Kinder.

Club Aldiana (ca. 21 km von Houmt Souk, direkt am Strand; Neckermann), ✆ (05) 65 85 00, Fax 65 85 18. Ausstattung: Neckermann-Clubanlage, zum Teil klimatisiert, Pool, Hallenbad, Sauna, Einkaufszentrum, 4 Bars. Verpflegung: Vollpension, Büfetts (Tischwein inklusive). Sport/Unterhaltung: 10 Tennisplätze, Segeln, Surfen (gegen Gebühr), Bogenschießen; Unterhaltungsprogramm.

Sangho Village** (ehem. Tanit, ca. 24 km von Houmt Souk, am Strand; Jahn, ITS, air marin, Tjaereborg), ✆ (05) 65 71 32, Fax 65 70 33. Ausstattung: einsam gelegenes, von Franzosen bevorzugtes, einfaches Clubhotel mit Reihenbungalows, 318 Zimmer, Pool mit Kinderbecken, Pizzeria, maurisches Café, Kindergarten. Verpflegung: Frühstück und Halbpension, Menü. Sport/Unterhaltung: Tennisplätze, Minigolf, Tischtennis, Bogenschießen, Surfen (alles inkl.), Segeln (gegen Gebühr); Animation, Disco.

Weitere Hotels sind in diesem Strandabschnitt im Bau.

Séguia

Der etwa 5 Kilometer lange Abschnitt zwischen dem Kap Lalla Hadria und Aghir an der Südostküste galt lange als die vornehmere der beiden Hotelzonen der Insel, wohl weniger des Strandes als der Hotelanlagen wegen. Im Gegensatz zur Hotelzone von Sidi Mahrès ist der Sandstrand von Séguia häufig mit Felsen durchsetzt. Mit dem Bau weiterer komfortabler Hotelanlagen am Strand von Mahrès ist der südöstliche Küstenabschnitt etwas in den Hintergrund getreten und wird von deutschen Reiseveranstaltern kaum angeboten. Dominierend sind hier die Franzosen. Die Hotels liegen zwischen 4 und 7 km von der Ortschaft Midoun und 32 bis 35 km von Houmt Souk entfernt. Man erreicht sie mit dem Linienbus.

La Fidèle: Anlage des Club Méditerranée, ✆ (05) 65 70 27. Strohhütten, 940 Betten (von Deutschen weniger besucht). Das Hauptaugenmerk der rustikalen, aber sehr einfachen Anlage liegt auf Wassersport (aber kein Pool). Nur Vollpension, Boutique, Abendprogramm, Atelier für Kunsthandwerk. Sport: 8 Tennisplätze, Segeln, Windsurfen, Schnorcheln, Tischtennis, Bogenschießen, Aerobic, Baseball, Fußball, American Football. Alle Sportarten sind im Preis inbegriffen.

La Douce: Anlage des Club Méditerranée, zusammengefaßt mit dem ehemaligen Hotel Calypso, ✆ (05) 65 71 27. Bungalows und Hotelkomplex, 995 Betten, auch von Deutschen stark besucht. Komfortabler als La Fidèle, 2 Pools, Vollpension. Atelier für Kunstgewerbe, Computer-Atelier. Sport: 20 Tennisplätze, Segeln, Windsurfen, Wasserski, Bogenschießen, Tischtennis, Volleyball, Aerobic, Fußball.

Club Calimera** (Jahn, Tjaereborg, ITS), ✆ (05) 65 73 14, Fax 65 71 94. 586 Betten, zum Teil Bungalows, Pool, Kinderpool. Büfett und Menü, Bar, maurisches Café. Sport/Unterhaltung: 5 Tennisplätze, Boccia, Minigolf, Volleyball, Basketball, Tischtennis, Reiten, Wasserski, Windsurfen, Tretboote, Fahrradverleih; Diskothek, Animation.

Sidi Slim** (zusammengefaßt mit Sidi Ali, am Strand; air marin, Transair, Neckermann, 1-2-Fly), ✆ (05) 65 70 21, Fax 65 70 02. Ausstattung: Bungalow-Hotel, 280 Zimmer, Pool mit Kinderbecken, Thermalbad (19 °C), A-la-carte-Restaurant, Bar, Pizzeria, Snackbar, maurisches Café, Boutique. Verpflegung: Halbpension, Menü. Sport/Unterhaltung: 3 Tennisplätze, Tischtennis, Fahrradverleih; kleine Diskothek.

El Dorado Aladin** (Jet-Reisen), ✆ (05) 65 81 80, Fax 65 81 84. Ausstattung: weiträumige, von jungen Gästen bevorzugte Hotelanlage französischer Prägung mit 600 Betten im Hauptgebäude und in Bungalows, Poolanlage, 3 Bars, maurisches Café, Hammam. Verpflegung: Frühstücks- und Mittagsbüfett, abends Menüwahl. Sport/Unterhaltung: Bogenschießen, 6 Tennisplätze, Surfschule; Animation, Abendunterhaltung.

Palm Djerba*** (Neckermann, 1-2-Fly), ✆ (05) 65 78 30, 65 78 33. Ausstattung: französisches Clubhotel mit großem Sportangebot in schöner Inselarchitektur, 600 Betten, Pool, Kinderpool, A-la-carte-Restaurant, Bars, Hammam, Kinderspielplatz. Verpflegung: Halb- und Vollpension, Büfett und Menü. Sport/Unterhaltung: 8 Tennisplätze, Squash, Basketball, Bogenschießen, Minigolf, Tischtennis, Segeln, Windsurfen (alles im Preis inbegriffen); Wasserski, Flutlichttennis, Fallschirmsegeln, Reiten (Gebühr); Animation, Diskothek.

Centre Jeunesse Aghir, ✆ (05) 65 73 66: Billigunterkunft im Jugendherbergsstil, direkt am Meer, 162 Betten (4-Bett-Zimmer und 2-Bett-Hütten), mit Campingmöglichkeit.

Auch in diesem Strandabschnitt entstehen neue Hotels darunter das **** Palm Azur.

Houmt Souk

Streifzug durch die Souks der Altstadt; das spanische Erbe von El Kebir; schauriger Rückblick am Turm der Schädel; Bummel durch den orientalischen Trubel des wöchentlichen Marktes.

Geschichte

Der Name Houmt Souk, der ›Marktsiedlung‹ bedeutet, läßt schon erkennen, daß die heute etwa 17 000 Einwohner zählende Inselhauptstadt ihre Entstehung vor allem dem Handel verdankt. Zum Zentrum der Verwaltung des städtischen Lebens wurde sie erst mit zunehmendem Einfluß der Deys von Tunis seit Beginn des 18. Jahrhunderts. So fehlt Houmt Souk denn auch die für die orientalische Altstadt so charakteristische Medina. Bescheidene Funde in der Festung Bordj el Kebir beweisen, daß hier schon die Römer siedelten, und man darf annehmen, daß auch den Phöniziern die günstige Lage des Hafens nicht entgangen war. Erstmals erwähnt wird die Stadt unter dem Namen Girba in der Peutingerschen Tafel des 12. Jahrhunderts (vgl. S. 13). Houmt Souk verdankte seinen Aufschwung einerseits der Lage am offenen Meer, fern der für Segelschiffe gefährlichen Untiefen in der Bucht von Bou Grara, zum anderen den bis weit nach Schwarzafrika hinein führenden Karawanenwegen durch die Sahara. Über viele Jahrhunderte war Houmt Souk wichtiger und wegen seiner Insellage auch sicherer Umschlagplatz zwischen Wüste und Mittelmeerraum. Die gut erhaltenen Souks (Marktgassen) im Herzen der Stadt lassen noch etwas von dieser Bedeutung erahnen, auch wenn sie heute ganz auf den Tourismus eingestellt sind. Nur noch ein kleiner Teil ihres Angebots dient dem Bedarf der ansässigen Bevölkerung, die zunehmend auf die Geschäfte der angrenzenden Neustadt ausweicht oder auf dem Wochenmarkt einkauft.

Besichtigung

Die **Souks** (Basare), die Hauptsehenswürdigkeit der Inselmetropole, sind zwar recht verwinkelt, aufgrund der geringen Ausdehnung jedoch nicht unübersichtlich. Die kleinen Plätze, auf denen früher möglicherweise Sklaven gehandelt wurden, werden heute von Cafés und Restaurants gesäumt, einige der Lagerhäuser *(Fondouks)* hat

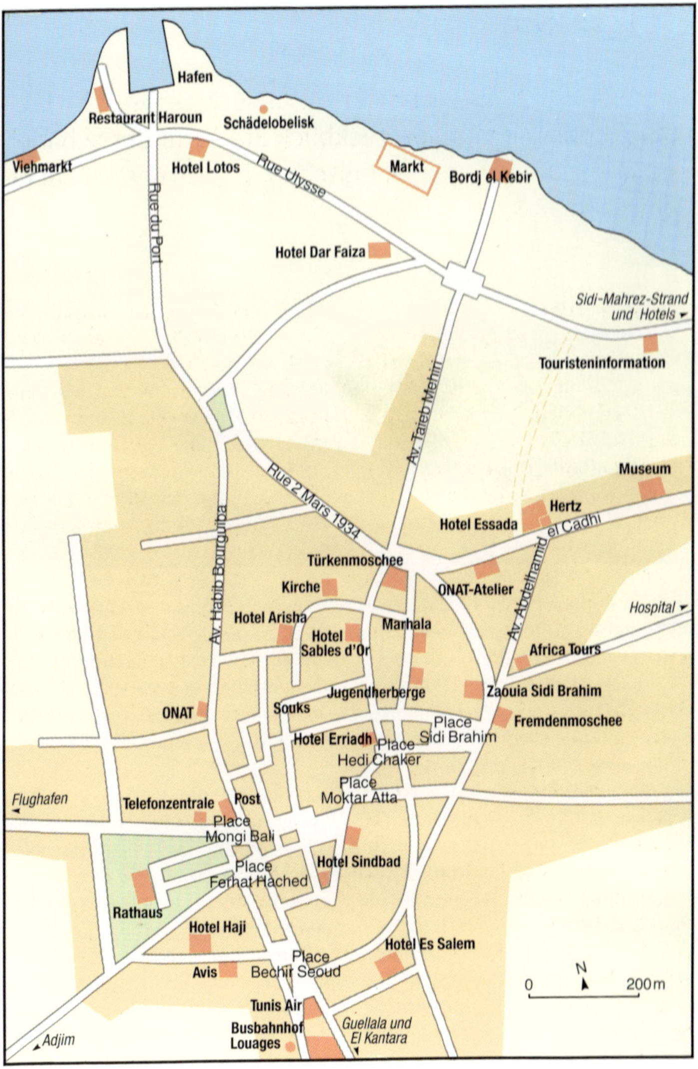
Hafen
Restaurant Haroun
Schädelobelisk
Viehmarkt
Hotel Lotos
Rue Ulysse
Markt
Bordj el Kebir
Rue du Port
Hotel Dar Faiza
Sidi-Mahrez-Strand
und Hotels
Touristeninformation
Av. Taieb Mehiri
Museum
Rue 2 Mars 1934
Hertz
Hotel Essada
Abdelhamid el Cadhi
Av. Habib Bourguiba
Türkenmoschee
Kirche
ONAT-Atelier
Hospital
Hotel Arisha
Hotel
Sables d'Or
Marhala
Av. Abdelhamid
Africa Tours
Jugendherberge
Zaouia Sidi Brahim
Souks
ONAT
Place
Sidi Brahim
Fremdenmoschee
Hotel Erriadh
Place
Hedi Chaker
Place
Moktar Atta
Flughafen
Telefonzentrale
Post
Place
Mongi Bali
Hotel Sindbad
Place
Ferhat Hached
Rathaus
Hotel Haji
Hotel Es Salem
Place
Bechir Seoud
Avis
Tunis Air
Busbahnhof
Louages
Guellala und
El Kantara
Adjim
0
N
200 m

Houmt Souk

Der Basar

Der aus dem Persischen stammende Begriff *Basar* (die arabische Bezeichnung lautet *Souk*) bezeichnet den traditionellen, fast ausschließlich wirtschaftlichen Aktivitäten dienenden Geschäftsbezirk einer orientalischen Stadt und darf als eine eigenständige Entwicklung des islamischen Raums gesehen werden. Üblicherweise ist er fester Bestandteil der *Medina*, der orientalischen Altstadt. Houmt Souk bildet hier eine seltene Ausnahme.

Je nach ihrer Lage innerhalb einer Stadt können die Basare verschiedenen Bedürfnissen dienen. Der Vorstadtbasar, in der Nähe eines Stadttors gelegen, richtet sich an die Bevölkerung des Umlandes, der kleine Bezirksbasar hat die Bewohner des Stadtviertels als festen Kundenstamm. Es gibt Basare, die nur den Einzelhandel pflegen, und solche, wo das Handwerk dominiert. Die großen, zentralen Basare, wie wir sie etwa noch in Kairouan oder Tunis finden, vereinen all diese Funktionen und fungieren darüber hinaus als Wirtschafts- und Finanzzentrum. Der Reichtum präsentierte sich im Basar nicht mit protzigen Fassaden wie bei den Bankpalästen der westlichen Welt. Den Kreditgebern und Finanziers war nicht daran gelegen, dem Fiskus ihr Vermögen zu offenbaren. Ein Tisch, ein alter Geldschrank, ein paar Stühle waren die bescheidenen, auf das Notwendigste reduzierten Einrichtungsgegenstände, die keinen Aufschluß über die Geldbeträge gaben, die durch die Hände des Verleihers flossen. Erst mit der Etablierung internationaler und staatlicher Banken in den angrenzenden Neustädten hat der Basar seine Bedeutung als Finanzzentrum eingebüßt. Nicht zu unterschätzen war auch die politische Rolle des Basars, denn die Kaufmannschaft, die sich hier konzentrierte, war bis in unser Jahrhundert hinein wichtigster Träger der städtischen Wirtschaft und entsprechend einflußreich.

Geordnet nach Wirtschaftszweigen, hielt der traditionelle Basar das gesamte Warenangebot der Stadt bereit, vom Gold- und Silberschmuck über Tuche und Parfüms bis zu alltäglichen Haushaltsartikeln. Die Anordnung der verschiedenen Gewerbe war durchaus nicht willkürlich. Häufig liegt die große Freitagsmoschee, das Zentrum der orientalischen Stadt, im Basar oder an seinem Rand. Lärm und Gestank produzierende Gewerbe wie die der Ledergerber, Eisenschmiede, Schuster und Schreiner bildeten den äußeren Ring, ›feine‹ Branchen wie Schmuckgeschäfte, Parfümerien und Buchläden schlossen sich zum inneren Ring.

Als Einzelhandelsgeschäfte reihen sich kleine, meist aus nur einem Raum bestehende Boutiquen dicht aneinander, wobei sich die gesamte Vorderfront zur Basargasse hin öffnet. Türen und Schaufenster sind unbekannt. Nachts werden die Fronten durch Bretter oder Rollos geschlossen, so daß der Basar dann einen trostlosen Eindruck macht und nichts mehr von der Betriebsamkeit des Tages ahnen läßt. Nicht selten sind die Gassen auch überdacht und durch Tore verschlossen – vor allem dann, wenn wertvolle Waren feilgeboten werden. Auf den eingestreuten kleinen Plätzen fand unter anderem die Versteigerung der Sklaven statt.

Der Großhandel vollzog sich in den an der Peripherie liegenden *Fondouks,* mehrstöckigen Lagerhäusern, die sich um einen Innenhof gruppieren. Hier lagerten die Tuche, Gewürze und all die Köstlichkeiten des Orients, die mit Karawanen oder Schiffen aus der Ferne gekommen waren. Dieselbe Bauweise war auch für die *Karawansereien* üblich, die Rastplätze für Tiere und Händler, die ihren Platz vor der Stadt hatten. Die große Zahl der Fondouks im Vergleich zu den Einzelhandelsgeschäften erklärt sich in Houmt Souk aus dem Fehlen einer städtischen Bevölkerung sowie aus den Aktivitäten der Malteser, die zu Beginn des 19. Jahrhunderts zuwanderten und bis zur Unabhängigkeit eine kleine, aber höchst einflußreiche Minderheit bildeten. Ihre

Ansiedlung begann 1811 mit dem Schiffbruch des Signor Alexander Grima, der auf dem Weg nach Alexandria war. Er blieb im Lande und holte seine Familie nach, bald kamen andere Kaufleute, die sich zu einer verschworenen Gemeinschaft zusammenschlossen. Einigende Elemente waren ihr geradezu fanatischer katholischer Glaube und, mehr noch, ihre dunklen Geschäfte. Die Malteser hatten nämlich auf Djerba den idealen Standort für den Schmuggel zwischen Europa und Nordafrika entdeckt, konnten sie diesem alten Gewerbe hier doch ungestörter nachgehen als in ihrer von den Briten streng kontrollierten Heimat. Fast alle Malteser lebten dicht gedrängt in der Altstadt von Houmt Souk, wo sie immer neue Fondouks bauen ließen. Im ersten Stock wohnten sie, im Erdgeschoß versteckten sie unter Stoffballen und sonstigen Waren Waffen und Schwarzpulver für den nordafrikanischen Markt. Die Geschäfte gingen glänzend, befanden sich doch die Staaten Nordafrikas damals im Zustand der Anarchie, in dem jeder gegen jeden ins Feld zog. Abends trafen sich die Männer im Café Fitoussi zum Gedankenaustausch und lauschten den Berichten über die neuesten Missetaten des schrecklichen R'oul Sfaxi, des ›Monstrums von Sfax‹, das die aus dem Fegefeuer entflohenen Seelen wieder in die Hölle brachte – der Aberglaube war bei den Maltesern nicht minder tief verwurzelt als das Christentum.

Die Bewohner der Umgebung deckten auf Djerba ihre bescheidenen Bedürfnisse auf dem Wochenmarkt, der bis heute noch regelmäßig außerhalb der Basarmauern stattfindet. Vor allem durch den Tourismus hat das Geschäftsviertel von Houmt Souk sein Gesicht grundlegend gewandelt. Nur noch ein kleiner Teil dient der Versorgung der Einheimischen, der Souvenirhandel hat sich der meisten kleinen Boutiquen bemächtigt, während zahlreiche Fondouks in Restaurants und einfache Hotels umgewandelt worden sind. Unter den Arkaden der Plätze, auf denen früher Sklaven verkauft wurden, gruppieren sich nun die Stühle der Cafés, locken die auch in Deutsch geschriebenen Speisekarten in die Restaurants.

man in einfache, aber stimmungsvolle Hotels umgewandelt. Das nördliche Ende der Souks markiert die **Türkenmoschee** (kein Zutritt), die mit ihrem runden Turm von der inselüblichen Bauweise abweicht und – wie der Name bereits besagt – während der osmanischen Herrschaft für die hanafitische Rechtsschule errichtet wurde. Heute dient sie den Malekiten als Gebetsstätte. Davor findet montags und donnerstags Markt für die Bevölkerung der Umgebung statt. Die Hauptaktivität entfaltet sich jedoch auf dem sogenannten libyschen Markt, einem ummauerten Geviert neben dem Bordj el Kebir. Der Viehmarkt hat seinen Standort in Hafennähe an der zum Bordj Djillidj führenden Piste. Der Türkenmoschee gegenüber liegt die von den Franzosen 1848 errichtete **Kirche**, in der die Angehörigen der Protektoratsmacht und die katholische Maltesergemeinde ihre Gottesdienste abhielten. Heute ist hier eine Sporthalle untergebracht. Im Seitentrakt ist den Christen nur ein kleiner Betsaal geblieben, in dem an Sonn- und Feiertagen um 10 Uhr Gottesdienst abgehalten wird.

Im Osten wird der Souk von der **Fremdenmoschee** begrenzt, deren markantes eckiges und mit Schriftbändern verziertes Minarett signalisiert, daß sie gleichfalls dem malekitischen Ritus zuzuordnen ist. Das Fehlen einer ibaditischen Moschee im Zentrum gibt zu erkennen, daß Houmt Souk früher in erster Linie als reiner Marktplatz der in der Umgebung lebenden Bevölkerung diente. Erst nach der Öffnung Djerbas durch die Osmanen ließen sich inselfremde Türken und später auch Malekiten verstärkt in Houmt Souk nieder. Aber selbst im Jahre 1956 war Houmt Souk kaum mehr als ein Dorf und zählte weniger Bewohner als die benachbarte jüdische Niederlassung Hara Kebira. Erst danach begann der Ausbau der Neustadt, insbesondere entlang

Houmt Souk, Türkenmoschee

Blick auf Bordj el Kebir

der nach Zarsis und Adjim führenden Straßen. Lohnend ist die Besichtigung des nordöstlich etwas außerhalb des Zentrums gelegenen kleinen, in der ehemaligen Zaouia Koubt el Khial eingerichteten **Volkskundemuseums** (geöffnet täglich außer freitags 9–12 und 14–17.30 Uhr). Es zeigt Hochzeitstrachten, Schmuck, Keramik und bemalte Aussteuertruhen.

1 km nördlich des Zentrums liegt der kleine **Hafen**, dessen Besuch kaum lohnt. Der unscheinbare **Obelisk** am Strand gegenüber dem Hotel Lotos, etwa auf halbem Wege zwischen Hafen und der Festung Bordj el Kebir, erinnert an ein blutiges Kapitel der Inselgeschichte (vgl. S. 51): Im Jahre 1560 hatte der

Pirat Dragut hier einen Turm aus den Schädeln getöteter Spanier errichtet, der einen Umfang von 40 m und eine Höhe von 9 m gehabt haben soll. Erst 1848 wurde das makabre Siegeszeichen auf Druck der Franzosen gegen den Widerstand der Djerbi beseitigt. Kaum bekannt ist, daß eine Zeitlang unmittelbar daneben ein zweiter Schädelturm existierte, den Scheich Moussa ben Salah nach seinem Sieg gegen die Aufständischen des Ahmed ben Moussa zu Beginn des 18. Jahrhunderts aufstellen ließ.

Vom Schädelturm sind es nur wenige Schritte zur mächtigen, am Meer liegenden Festung **Bordj el Kebir** (geöffnet täglich 8–12 u. 15–18 Uhr; Kauf einer Fotografiererlaubnis lohnt nicht). Die auch Bordj Ghazi Mustapha genannte Verteidigungsanlage ist das auffälligste historische Bauwerk der Insel. Der ursprüngliche, viel kleinere Bau wurde von Roger de Loria errichtet, der im Auftrag des Königs von Aragon die Insel 1284 erobert und zum Lehen erhalten hatte. Ihr heutiges Aussehen erhielt die Anlage durch den Hafsidenherrscher Abou Fares im 15. Jahrhundert als Bollwerk gegen spanische Angriffe. 1560 hielt der Pirat Dragut hier Einzug und verstärkte die Bastionen, 1605 fiel sie an die Beys von Tunis, später an die Franzosen. Da die Festung fortan keine militärische Funktion mehr erfüllte, war sie dem Zerfall preisgegeben. Erst 1968 begannen die Renovierungsarbeiten. Während das Äußere weitgehend instand gesetzt ist, bleibt im Innern noch viel Arbeit. Erhalten sind einige Kasematten und die Geschützgalerien – über eine Treppe zu erreichen. In der Nordostekke des Hofes findet sich die Grabstätte des heiligen Ghazi Mustapha (erkennbar an zwei Kuppeln).

Flugzeug: Flughafen Mellita 8 km nordwestlich (Taxi- und Busverbindung). Außer Charterflügen Linienverbindungen mit Tunis, Tozeur und Monastir. Im Flughafen Duty-free shop. Mietwagenfirmen (Hertz, Avis, Eurorent), Restaurant, Souvenirladen, Informationsbüro, Wechselschalter.

Busse: Busbahnhof etwas südlich des Zentrums an der Av. Habib Bourguiba. Etwa stündlich Verbindungen zu allen großen Hotels durch die Linien 10 und 11. Bus Nr. 15 fährt zum Flughafen, Nr. 13 nach Midoun, Nr. 14 über El May nach Guellala und Erriadh (Synagoge La Ghriba). Fernverbindungen u. a. nach Tunis, Gabès, Sfax, Sousse und Tataouine. Mehrfach täglich verkehrt ein ›Touristenbähnchen‹ zwischen der Strandzone Sidi Mahrès und Houmt Souk.

Taxi: Taxifahren ist recht preiswert, ein Wagen während der Hauptverkehrszeiten aber nicht immer leicht zu bekommen. Der Haupttaxistand befindet sich im Zentrum an der Av. Habib Bourguiba in der Nähe der Hauptpost.

Mietwagen: Neben einigen lokalen Gesellschaften sind Avis, Hertz und Europcar vertreten.

Ausflüge: Täglich Schiffsausflüge zur Ile des Flamands (Flamingoinsel). Abfahrt 8.30 Uhr vom Hafen, Buchung über die Hotels.

Unterkunft: *Touristenhotels:* Dar Faiza* (Privathotel mit vielen Stammgästen, Pool, Garten, Tennisplatz, etwas überteuert), ✆ (05) 65 00 83, Fax: (05) 65 17 63; Erriadh* (alter Fondouk im Zentrum, empfehlenswert; TUI), ✆ (05) 65 07 56, Fax: (05) 65 14 87; Essada*, nahe Zentrum, ✆ (05) 65 14 22; Hadji*, im Zentrum, ✆ (05) 65 06 30; El Machrek, ✆ (05) 65 31 55/56, Fax (05) 65 31 57, neues ** Hotel gegenüber Busbahnhof.

Billigunterkünfte (in alten Fondouks im Zentrum): Touring Club Marhala, ✆ (05) 65 01 46; Sindbad, ✆ (05) 65 00 47; Arisha (mit Pool im Hof), ✆ (05) 65 03 84.

Jugendherberge: (Auberge de Jeunesse) neben Touring Club Marhala, ✆ (05) 65 06 19.

Restaurants: Haroun (am Hafen, bestes Restaurant der Stadt); Etebbsi (an der Fremdenmoschee, populär); zahlreiche Restaurants an der Place Hedi Chaker (z.B. Baccar, De l'Ile, Blue Moon) und an der Place Ferhat Hached (Berbère). Sehr guter Kuchen im Café Ben Yedder am Place Ferhat Hached im Basar.

Souvenirs: Großes Angebot im Basar; einen guten Überblick bietet die staatliche ONAT-Verkaufsausstellung (Av. Habib Bourguiba, 8.30–12 u. 16–19 Uhr; täglich außer sonntags).

Touristeninformation: Office National de Tourisme (unweit des Bordj el Kebir an der Ausfallstraße zu den Strandhotels). Nicht immer besetzter Informationsstand neben der Post an der Av. Habib Bourguiba.

Post/Telefon: Hauptpost an der Av. Habib Bourguiba, daneben Telefonzentrale (8–19 Uhr, sonntags 8–11.30 Uhr), Direktwahl nach Deutschland problemlos (Vorwahl 00 49). Gegenüber der Post Taxiphone-Stand (teuer, aber länger geöffnet).

Geldwechsel: Zahlreiche Banken an der Av. Habib Bourguiba. An Samstagen Geldwechselmöglichkeit in der Banque du Sud im Zentrum, sonntags abwechselnder Notdienst (Aushang in den Banken).

Ausflüge auf der Insel

Einkaufsbummel durch Midoun; Abstecher in die Einsamkeit von Bordj Djillidj; Besuch bei den Juden von La Ghriba; die Qual der Wahl im Töpferdorf Guellala; Spurensuche im römischen Meninx.

Verglichen mit den großen Städten des Landes oder der stark befahrenen Route National No. 1 (Tunis – Sousse – Sfax – Gabès) ist der Autoverkehr auf Djerba außerordentlich dünn. Die Hauptverbindungsrouten befinden sich in gutem Zustand, die Höchstgeschwindigkeit ist jedoch auf 70 km/h beschränkt. Da die Entfernungen gering sind, die Mietwagenpreise aber hoch, lohnt sich ein Leihwagen für eine Inselrundfahrt nur, wenn man ohnehin einen längeren Ausflug aufs Festland plant (vgl. auch S. 138). Angeboten werden auch Geländemotorräder, allerdings zu weit überhöhten Tarifen. Vom Preis her diskutabel sind hingegen Mofas, bei denen jedoch der technische Zustand manchmal zu wünschen übrig läßt. Großer Beliebtheit bei Touristen erfreuen sich Fahrräder, die in fast jedem Hotel ausgeliehen werden können. Da das Gelände flach ist, sind sie das geeignete Mittel, Djerba auf eigene Faust zu erkunden. Man sollte aber dabei den zuweilen sehr starken Wind und die große Hitze während der Sommermonate nicht unterschätzen. Buslinien bedienen mehrfach täglich die kleinen Ortschaften auf der Insel.

Midoun

Auf halbem Wege zwischen den Hotelzonen Plage de la Séguia und Plage de Sidi Mahrès gelegen, hat sich die kleine Ortschaft zu einem touristischen Zentrum entwickelt, das sich leicht mit dem Fahrrad erreichen läßt (Entfernung von den Hotelzonen jeweils 5–8 km), aber auch vom ›Inselbus‹ angesteuert wird. Midoun liegt inmitten der fruchtbarsten Region Djerbas und ist von Gärten, Obst- und Dattelhainen umgeben. Die Bevölkerung gehört überwiegend der malekitischen Glaubensrichtung an. Der negroide Einschlag geht auf schwarze Sklaven zurück, die hier von der Mitte des 19. Jahrhunderts an einen eigenen Markt abhalten durften. Den Mittelpunkt Midouns bildet der rechteckige, heute von Andenkengeschäften gesäumte Marktplatz. An seinem Zugang unterhält die staatliche ONAT eine Verkaufsausstellung. Der Markt für die Bewohner der Umgebung findet freitags, ein zweiter sonntags statt.

Von Midoun führt ein lohnender Ausflug zum kleinen, 4 km südwestlich liegenden Weiler **Mahboubine** mit der interessanten Moschee El Kateb, einem verkleinerten Nachbau der Hagia Sophia in Istanbul. Eine weitere hübsche Moschee liegt 3 km von Midoun an der Hauptstraße nach Houmt Souk. Da sie nicht mehr genutzt wird, ist sie auch Andersgläubigen zugänglich.

Kap Tourgueness

Der mit 54 m höchste Leuchtturm Tunesiens, der auf einer kleinen Erhebung inmitten eines Dattelpalmenhaines steht, ist bereits von weitem sichtbar. Zu seinen Füßen zweigt eine Stichstraße ab, die auf einer schmalen Landzunge zwischen der Salztonebene Sebkha Sidi Garous und dem Meer bis zum Hotel Tanit führt. Die Abgeschiedenheit der bisher menschenleeren Strände gehört bald der Vergangenheit an, schieben sich doch auch hier die Hotelneubauten unaufhaltsam weiter die Küste entlang.

Bordj Djillidj

Zu der ehemaligen, an der Nordwestspitze Djerbas gelegenen Festung, in der heute ein Leuchtturm untergebracht ist, gelangt man, wenn man in Richtung Flughafen fährt und die Zufahrt zum Abfertigungsgebäude ignoriert. Bei Trokkenheit läßt sich das Ziel auch auf einer 11 km langen Piste ansteuern, die am Hafen von Houmt Souk beginnt. Vom Bordj Djillidj führt eine weitere, ebenfalls nur bei Trockenheit befahrbare Piste Richtung Süden zum Fährhafen Adjim. Immer wieder sieht man hier im seichten Wasser die Fischreusen und die vielen kleinen Amphoren zum Fang der Tintenfische.

Die Synagoge La Ghriba

Das jüdische Heiligtum La Ghriba (›die Wundertätige‹) liegt etwas abseits der Ortschaft Erriadh in einer Seitenstraße. Das Bauwerk in seiner heutigen Form entstand 1920, reicht aber in seinen Ursprüngen viel weiter zurück. Den Vorgängerbau sollen bereits die ersten jüdischen Flüchtlinge errichtet haben, wobei sie in die nach Jerusalem ausgerichtete Ostwand einen Stein aus dem 587 v. Chr. zerstörten Tempel ihrer Heimatstadt einfügten. Einer anderen Überlieferung zufolge soll die Synagoge an der Stelle eines Meteoriteneinschlags stehen, eine zu deutliche Parallele zur Kaaba, dem höchsten Heiligtum des Islam in Mekka, um zufällig zu sein. Der Name La Ghriba geht auf eine Heilige zurück, die hier bei einem Gewitter in ihrem

Die Synagoge La Ghriba

Zelt verbrannte, wobei ihr Körper unversehrt blieb. Am Rande erwähnt sei, daß die Ibaditen an einen gutmütigen, flötespielenden Geist namens Sidi Ghrib glauben, der jeden Freitag Weihrauchgerüche im Haus verbreitet. Die Ostwand der Synagoge ist heute von zahlreichen Votivtäfelchen überdeckt, auf denen immer wieder die traditionellen Glückssymbole von Fisch und Hamsa zu erkennen sind. Gezeigt werden dem Besucher auch zahlreiche, zum Teil sehr alte Tora-Rollen, Fayencen und kunstvoll gearbeitete Ritualgegenstände (Spende erwünscht; Samstag geschlossen).

Einmal im Jahr, etwa drei Wochen nach Ostern, ist die Synagoge Schauplatz des Laghba-Omer-Festes, zu dem Gläubige von weit her anreisen, viele von ihnen aus Frankreich. Die zweitägigen Feierlichkeiten zu Ehren der beiden Rabbi Simon und Meijir haben einen fast familiären Charakter und beinhalten einige urtümliche Riten. In einer dunklen, sehr warmen Grotte versenken die Frauen für eine Nacht signierte Eier, die sie dann als hochgeschätzte Glücks- und Fruchtbarkeitssymbole mit nach Hause nehmen. Im Mittelpunkt der Festlichkeiten steht die Versteigerung von Bildern und Blumen, die sich, begleitet von Musik und Tanz, über Stunden hinzieht und dem Unterhalt der Synagoge dient. Den Abschluß bildet eine kleine Prozession zur benachbarten Siedlung **Erriadh.**

Die jüdischen Gemeinden auf Djerba

Die Geschichte der Juden in Tunesien reicht viel weiter zurück als die der Moslems. Schon zu Zeiten der Karthager soll es im Norden des Landes jüdische Gemeinden gegeben haben, die nach der Zerstörung Jerusalems durch Nebukadnezar (587 v. Chr.) der Zwangsumsiedlung ins babylonische Exil entgangen und nach Djerba geflohen waren. Nachweisbar sind jüdische Siedlungen aber erst aus der Zeit nach der Zerstörung Jerusalems durch die Römer 70 n. Chr. Auf den anschließenden Exodus führen auch die beiden israelitischen Gemeinden von Djerba ihre Existenz zurück. In den ersten nachchristlichen Jahrhunderten kam es zu Aufständen gegen die Römer. Viele Juden flohen zu den Berbern an den Rand der Sahara und später, während der Judenverfolgung unter Kaiser Justinian (533), tiefer in die Wüste, wo sie zahlreiche Berber bekehrten. Zu Beginn des 15. Jahrhunderts entstand in den algerischen Touat-Oasen sogar ein jüdischer Stadtstaat namens Tamentit, der bis 1492 Bestand hatte.

Hauptsiedlungsort der Juden in Tunesien war bis in das 11. Jahrhundert hinein die Stadt Kairouan. Dann wurde die jüdische Gemeinde durch den Einfall der Beni-Hilal-Nomaden erneut zur Flucht gezwungen. Sie ließ sich vor den Toren von Tunis im Dorf Melassine nieder, wo bereits Glaubensbrüder lebten. Ende des 11. Jahrhunderts wurde ihnen innerhalb der Mauern von Tunis ein eigenes Viertel *(Hara)* zugestanden. Da die in Spanien lebenden Juden von der christlichen Reconquista ebenso betroffen waren wie die andalusischen Moslems, wanderten auch sie Ende des 14. Jahrhunderts verstärkt nach Nordafrika aus und vergrößerten so die jüdischen Gemeinschaften des Landes. Und nicht anders als die moslemischen Zuwanderer fühlten sich die europäischen Juden, die *Grana,* ihren nordafrikanischen Glaubensbrüdern kulturell überlegen und distanzierten sich von diesen bewußt durch eigene Riten. Die Beys nutzten die wirtschaftlichen Kenntnisse der Juden und vertrauten ihnen sogar hohe Ämter in der Finanzverwaltung an. Auch in dem anrüchigen, aber gewinnbringenden Lösegeldgeschäft mit gefangenen Europäern spielten die Juden der Hauptstädte eine dominierende Rolle. Ihr Hauptaugenmerk aber lag auf dem Fernhandel mit den europäischen Nationen, daneben wandten sie sich der Schmuckherstellung zu. Auch in Tunesien hatten die Juden unter Diskriminierung zu leiden. Sie mußten bestimmte Kleidung *(Schikla)* tragen, eine Kopfsteuer *(Jiziya)* zahlen und durften keinen Land- oder Hausbesitz erwerben.

Während die Geschichte der Juden in den großen Städten gut dokumentiert ist, läßt sie sich auf Djerba kaum verfolgen, da die Insel nur selten unter der Oberhoheit des Beys von Tunis stand. Arabische Historiker verschweigen sogar die Existenz der jüdischen Gemeinden von Hara Seghira und Hara Kebira, obwohl diese im Geschäftsleben von Houmt Souk eine wichtige Rolle gespielt haben dürften. Nach Aussagen des Rabbiners sollen sich die Juden Djerbas seit ihrer Zuwanderung im 6. Jahrhundert v. Chr. bis in unsere Tage nicht mit anderen Gruppen gemischt haben. Sehr wahrscheinlich aber suchten im 8. Jahrhundert jüdische Berberstämme aus dem algerischen Atlas auf der Flucht vor den Arabern auf der Insel Zuflucht und verstärkten so die alte Gemeinde. Obwohl somit in den Adern der meisten Juden Berberblut floß, kam es niemals zu sozialen Kontakten mit der islamischen Bevölkerung. Die beiden Hara, früher Djerbas einzige Siedlungen in geschlossener Bauweise, hatten einen ghettoartigen Charakter mit eigener Verwaltung und einer ganz eigenen Lebensweise. Auch als die Franzosen die Macht übernahmen, hielten die Juden Djerbas an ihren religiösen und kulturellen Eigenarten fest. Untereinander sprachen sie ein korrumpiertes Hebräisch, im Umgang mit den europäischen Kaufleuten eine lingua franca aus Arabisch, Italienisch, Französisch und Spanisch. Wenig günstig fiel das Urteil des französischen Gouverneurs aus, der wohl die Romanisierung der tunesischen Bevölkerung als Ziel vor Augen hatte. »Sie leben eingeschlossen in ihren Dörfern, widersetzen sich jedem Fortschritt, ganz ihrem Rabbi gehorchend, sind fanatisch und intolerant. Keine der jüdischen Familien schickt ihre Kinder in die französische Schule von Houmt Souk. Wie man mir sagte, sei es ihnen von den Rabbis verboten worden, da kein Rabbiner an der Schule tätig ist.«

Grundsätzlich verbesserte sich die Situation der Juden unter dem französischen Protektorat. Die meisten von ihnen nahmen die französische oder italienische Staatsbürgerschaft an und zogen in die großen Städte. Bei der Unabhängigkeit 1956 lebten fast 70 % der tunesischen Juden in der Metropole Tunis. Mit der Gründung des Staates Israel setzte ab 1948 die Abwanderung in großem Stil ein. Heute hält auf Djerba nur noch eine winzige Minderheit die lange Tradition der jüdischen Gemeinden aufrecht.

Diese Ortschaft, die früher Hara Seghira (›Kleines Ghetto‹) hieß, war lange Zeit neben Hara Kebira (›Großes Ghetto‹) die einzige städtische Niederlassung der Insel und wurde ausschließlich vom Stand der Priester bewohnt. Noch heute künden mehr als ein Dutzend private, der Öffentlichkeit nicht zugängliche Synagogen von der ehemals hervorragenden Bedeutung dieser jüdischen Gemeinde. In ihrem äußeren Erscheinungsbild sind die beiden ehemaligen Ghettos mittlerweile allerdings nicht mehr von den übrigen Ortschaften zu unterscheiden und sind auch längst nicht mehr nur jüdischen Bewohnern vorbehalten. Von Erriadh führt eine direkte Straße zum bekannten Töpferdorf Guellala (11 km).

El May

Der kleine Ort (Markt am Samstag) lohnt den 3 km langen Abstecher von Erriadh vor allem wegen der sehr pittoresken Ibaditenmoschee im Zentrum (Betreten für Nichtmoslems verboten). Dort zweigt eine staubige, aber gute Piste ab, die nach 5 km auf die Verbindungsstraße Erriadh–Guellala trifft.

Guellala

Das bekannte Töpferdorf an der Südküste der Insel, etwa 17 km von Houmt Souk entfernt, ist eine der vier Ortschaften, die schon in der Peutingerschen Tafel aufgeführt wurden (vgl. S. 13). Bereits der damals verwendete antike Name Haribus gibt Aufschluß über den Haupterwerbszweig der Bevölkerung, liegt ihm doch die semitische Wurzel *Heres*, ›das Gefäß‹, zugrunde. Der Name wurde später einfach ins Arabische übertragen, wo *K'olla* die gleiche Bedeutung hat. Entlang der Hauptstraße gibt es eine Reihe von Verkaufsausstellun-

Töpfer in Guellala

Die Insel Djerba darf sich rühmen, die älteste Töpfertradition Tunesiens zu besitzen. Grundlage sind die Lehmvorkommen des schmalen, nur wenig ausgeprägten Hügelrückens im Gebiet der Orte Guellala und Sedouikech an der Südwestküste. Da es solche Vorkommen im Süden Tunesiens nur selten gibt, konnte sich die Insel schon früh einen guten Ruf als Zentrum der Gebrauchstöpferei erwerben und ihre Waren bis weit in die Sahara hinein verkaufen. Über Jahrhunderte war der Absatz gesichert, denn kein Oasenhaushalt konnte auf die großen Vorratsbehälter für Datteln und Olivenöl verzichten. Ein Gang durch das Museum in Houmt Souk zeigt die Vielfalt der Formen und die einfachen, klaren Linien der rein zweckgebundenen Töpferwaren. Die Keramikwerkstätten Djerbas verstanden sich nie als Künstlerateliers wie die von Nabeul im Norden des Landes, sondern als Handwerksbetriebe. Einerseits wurde dadurch traditionelles Kulturgut unverfälscht über die Jahrhunderte erhalten, andererseits aber auch der Niedergang der Töpferei auf Djerba in die Wege geleitet. Haltbare Plastikbehälter und das Trinkwasser aus der Leitung ließen die Nachfrage nach Gebrauchskeramik sinken. Zwar wurden die Touristen als neue Käuferschicht entdeckt, aber nur sehr zögernd greifen sie zu den unglasierten Töpfen und Krügen, die noch immer vorherrschen. Erst in den letzten Jahren hat sich die farbige Keramik, die dem nordtunesischen Nabeul zum Aufschwung verhalf, auch in Djerba durchgesetzt. Djerbas Töpfer scheuen noch die hohen Investitionen für elektrische Brennöfen, die zur Herstellung glasierter Ware nötig sind. Vielleicht fällt ihnen aber auch die Umstellung auf neue Handwerkstechniken schwer, zumal sich die Jugend nicht gerade zu diesem körperlich sehr anstrengenden Beruf hingezogen fühlt. So stammt denn der überwiegende Teil der farbigen Keramiken aus Nabeul im nördlichen Tunesien, auch wenn die Töpfer diese Tatsache entschieden zurückweisen.

Der Abbau der Tonerde in den unterirdischen, bis zu 80 m tiefen Schächten ist nicht ungefährlich, kommt es doch bei Regenfällen immer wieder zu Stolleneinbrüchen, die auch heute noch Todesopfer fordern. Durch Erbteilung wurde das Eigentum an den Gruben zudem außerordentlich stark zersplittert, auch Berufsfremde gelangten in den Besitz und nutzten ihre Position durch überhöhte Pacht aus. Deshalb kaufte die Töpfergenossenschaft 1967 einen ganzen Stollen für ihre Mitglieder auf.

Der geförderte Ton trocknet zwei bis drei Tage im Hof des Töpfers, wird dann zerkleinert und eingeweicht. Sollen rote Töpfe hergestellt werden, benötigt man Süßwasser, bei weißen Töpfen reicht hingegen Meerwasser aus. Während des Knetens wird Sand untergemischt, um eine gewisse Porösität zu erzielen, die später die Kühlung des aufbewahrten Wassers durch Verdunstung sicherstellt. Noch immer brennt man den überwiegenden Teil der Keramik in halb unter der Erde lie-

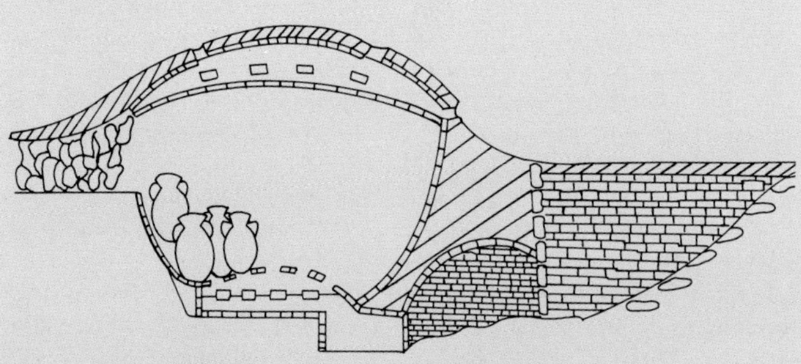

Schematischer Querschnitt
durch einen traditionellen Töpferbrennofen in Guellala

genden, recht primitiven Ziegelöfen. Sie werden mit den Töpfen vollgestellt, verschlossen und mit dem Holz von Olivenbäumen oder Palmen geheizt. Erst nach fünf bis sieben Tagen ist der Brennvorgang beendet.

Die Anzahl der in kleinen Familienunternehmen betriebenen Töpfereien ist nach wie vor rückläufig, auch wenn Guellala sich noch immer als Töpferzentrum Südtunesiens versteht. Mit Führungen und Verkaufsausstellungen wirbt man um die Touristen. Vielleicht wird es nicht mehr lange dauern, bis die großen irdenen Gefäße nur noch im Museum zu bewundern sind und kleine, auf das Fluggepäck und den Geschmack der Urlauber abgestimmte Keramiken vorherrschen, in denen sich nur schwerlich die jahrtausendealte Tradition der Töpfer Djerbas wiederfinden läßt.

gen, und die Töpfer sind gern bereit, dem interessierten Besucher die Grundlagen ihres Handwerks näher zu erklären.

Am Ortseingang aus Richtung Houmt Souk (neben dem Halteschild für Busse) führt ein kleiner, nach rechts abzweigender Pfad zu einer schönen, direkt am Meer gelegenen Ibaditenmoschee. Verläßt man Guellala im Zentrum nach Süden, gelangt man auf einer einfach zu befahrenden Piste, die derzeit asphaltiert wird, direkt nach **El Kantara** (6 km). Die nach Nordosten verlaufende Hauptstraße quert hingegen in einem leichten Anstieg den tonhaltigen Kalkrücken, dem die Töpferei ihre Existenz verdankt, und führt nach **Sedouikech** (auch Cedouikech), einem bescheidenen Weiler, in dem ebenfalls Töpferei betrieben wird. Wendet man sich von hier nach Süden, erreicht man nach 9 km ebenfalls El Kantara.

El Kantara

Von der einst bedeutenden römischen Siedlung, die wahrscheinlich den Namen **Meninx** trug, sind nur noch sehr bescheidene, allenfalls für Archäologen interessante Reste erhalten. Man trifft darauf, wenn man von El Kantara kommend bei der Straßengabelung nach rechts in Richtung Aghir abbiegt und nach etwa 300 m eine der nach rechts führenden Pisten zum Meer nimmt. Eine Hütte auf einem kleinen Hügel markiert die Zufahrt. Zu sehen sind vor allem Reste von Marmorsäulen und einige verzierte Kapitell- und Architravfragmente. Etwa 100 m weiter entlang der Straße befinden sich auf der linken Seite hinter einem Hügel mit Fundamentresten Fragmente eines Bodenmosaiks. Die Geschichte der Stadt ist noch völlig ungeklärt. Fest steht jedoch, daß

Verblaßte Spuren römischer Besiedlung beim heutigen El Kantara

die Römer von hier aus einen Damm zum Festland bauten, der auch der heutigen Verbindung zugrunde liegt. In späteren Zeiten wurde die ›Pons zita‹ durch einen Anstieg des Meeresspiegels überflutet, erfüllte aber als Furt mit dem schönen Namen Trik el Djemal, ›Straße der Kamele‹, zumindest bei Niedrigwasser weiterhin ihre Funktion. Erst der Pirat Dragut durchbrach den Damm, als seine Flotte 1550 von Andrea Doria in der Bucht von Bou Grara eingeschlossen war (vgl. S. 50f.). Die heutige, fast 7 km lange Dammstraße entstand nach dem 2. Weltkrieg, die parallel dazu verlaufenden Rohrleitungen später zur Versorgung der Touristenhotels mit Süßwasser. Folgt man von El Kantara der Küstenstraße nach Nordosten, sieht man die auf einer schmalen Landzunge weit ins Meer vorgeschobene Festung **Bordj Kastil** aus dem 15. Jahrhundert (Abzweigung bei km 11 auf eine 7,5 km lange, für PKW unbefahrbare Piste). Nahe der Zufahrt stehen winzige Maschinen für Rundflüge bereit. Ein Stück weiter erreicht man **Aghir**, wo früher ebenfalls ein spanisches Fort stand, dessen Platz heute das Jugendzentrum besetzt (vgl. S. 103). Nördlich schließt sich die Hotelzone von **Séguia** an (vgl. S. 102f.).

Kurzausflug zum Festland

Fährfahrt auf alter Handelsroute von Adjim nach Djorf; Spaziergang zwischen Forum, Villen und Thermen im römischen Gightis.

Über Adjim nach Gightis

Die Straße nach Adjim verläßt Houmt Souk in südöstlicher Richtung und führt etwa 22 km durch die dünn besiedelten Cheikhats Beni Diss und Adjim. Nur selten schimmert das blendende Weiß eines Hauses zwischen den Bäumen hindurch, statt dessen bestimmen Ölbaumplantagen, lockere Palmenhaine und Gerstenfelder das Bild. Es fällt heute schwer, die historische Bedeutung von **Adjim** als wichtigstes Eingangstor Djerbas zu erkennen. Wahrscheinlich verbirgt sich dahinter das phönizische Tipasa aus der Tafel von Peutinger (vgl. S. 13), der bescheidene Ort dürfte also über 3000 Jahre alt sein. Relikte aus dieser Zeit haben sich nicht erhalten, und auch von dem mittelalterlichen Fort Bordj el Marsa, das die Passage beschützen sollte, ist kaum mehr als ein Ruinenfeld übriggeblieben. Die Straße führt durch den Ort direkt auf die neue Mole. An deren Beginn sieht man rechter Hand den Strand, auf den die Boote zwecks Reparaturen und Malarbeiten gezogen werden. Im seichten Wasser davor liegen verschiedene hölzerne Wracks, die den Eindruck erwecken, als hätte die Seeschlacht zwischen den Spaniern und dem Piraten Dragut erst kürzlich stattgefunden. Auf der anderen Seite der Mole befindet sich der eigentliche Hafen mit einer kleinen überdachten Fischmarkthalle. Die Autofähren zum nahen Festland verkehren zwischen 6.30 und 21.30 Uhr halbstündlich, von 4.30 bis 6.30 Uhr und von 21.30 bis 23.30 Uhr stündlich, danach alle zwei Stunden. Die Überfahrt dauert etwa 15 Minuten. In der Nähe des Hafens mündet die von Djillidj kommende Piste (beschildert), die unmittelbar an der Küste entlangführt, nach stürmischem Wetter zuweilen jedoch überflutete Passagen aufweist, die mit einem gewöhnlichen Pkw nicht passierbar sind.

In dem aus nur wenigen Häusern bestehenden Anlegeplatz **Djorf** auf dem Festland erinnert nichts an das historische Tarf el Djerf, wo die Karawanen aus der Sahara rasteten und ihre Waren, insbesondere Sklaven und Ebenholz, auf Boote umluden. Um nach Gightis zu gelangen, fährt man an der Gabelung oberhalb der Anle-

Boote bei Adjim

gestelle nach links in Richtung Medenine. Nach 20 km erreicht man die Ortschaft **Bou Grara** und kurz dahinter das Ausgrabungsgelände der Römerstadt Gightis. Die nicht ausgeschilderte Zufahrt zu den bereits links der Straße sichtbaren Ruinen liegt etwa 500 m hinter dem Ortsende in einer Rechtskurve. Öffnungszeiten ca. 8 Uhr bis Sonnenuntergang, Fotoerlaubnis gegen Gebühr.

Gightis

Die ersten Siedler an diesem zum Golf von Bou Grara hin abfallenden Hang waren möglicherweise phönizische Seefahrer aus Tyros, die schon im 6. vorchristlichen Jahrhundert im Schutz der Bucht einen Hafen gründeten. Durch Grabfunde belegt ist allerdings erst eine Besiedlung durch ihre Nachfolger, die Karthager. 46 n. Chr. übernahmen die Römer die nun Gightis genannte Stadt und bauten sie weiter aus. Noch lange lebte punisches Gedankengut in den Mauern fort, denn die Sprache der Phönizier und Karthager war seit Jahrhunderten im ganzen Mittelmeerraum gebräuchliches Idiom, das den Römern beim Aufbau ihrer Handelsbeziehungen sehr zustatten kam. Entsprechend galten die Punier in Gightis als geachtete Bürger und durften, wie in den meisten anderen römischen Städten Tunesiens auch, weiterhin ihre Kultur pflegen. Nach dem Zerfall des römischen Imperiums konnte die Stadt noch eine Zeitlang ihre Stellung als kosmopolitisches Handelszentrum behaupten. Im 4. Jahrhundert wurde sie sogar zur Hochburg des Christentums in Südtunesien und stellte den Erzbischof der kleinen Provinz Libyen. Erst der Sturm der Wandalen brachte der Stadt um 430 den Untergang.

Wer eine der großartigen römischen Ruinenstätten erwartet, wie sie vor allem im Norden des Landes kulturinteressierte Reisende anlocken, den wird der Besuch von Gightis enttäuschen. Es gehört schon viel Einbildungskraft dazu, sich die einstige Pracht vorzustellen, die hier vor mehr als 1500 Jahren herrschte. Betritt man das Gelände von der Straße Medenine–Djorf her, sieht man zunächst die Reste der ausgedehnten Thermen mit kalten und heißen Bädern und einer runden Sportarena. Zentrum war, wie bei römischen Siedlungen üblich, das Forum mit dem Haupttempel. Die Plattform mit den Treppen und den Stümpfen von sechs korinthischen Säulen, die früher den Giebel trugen, sind noch erhalten. Wahrscheinlich wurden hier Serapis und Isis verehrt, latinisierte Gottheiten orientalischen und ägyptischen Ursprungs, deren Kult eine Zeitlang im ganzen Römi-

Das Ausgrabungsgelände der Römerstadt Gightis

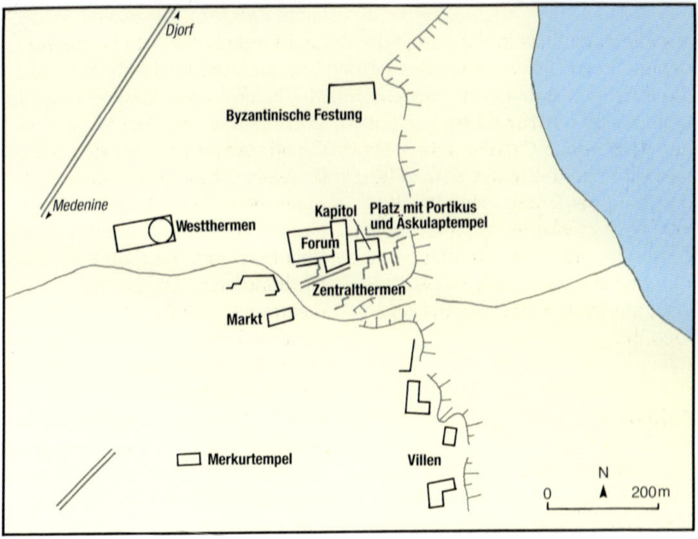

Römisches Leben in Afrika

In Südtunesien und auf Djerba finden sich nur sehr bescheidene Reste römischer Präsenz, was leicht darüber hinwegtäuscht, welche Bedeutung dieses Kulturvolk für den nordafrikanischen Raum hatte. In Nord- und Zentraltunesien hingegen vermitteln die großartigen Ruinenstädte ein nachhaltiges Bild vom einstigen Leben in den Kolonien Roms.

Sieht man einmal von der blindwütigen Zerstörung Karthagos ab, hatten die Römer keineswegs die völlige Vernichtung der punischen Kultur im Sinne. Geschickt nutzten sie vielmehr die von ihren Vorgängern geschaffene Infrastruktur und beließen den Siedlungen weitgehend ihre alten Verwaltungseinrichtungen. Es dauerte Jahrhunderte, bis

schen Reich verbreitet war. Am 32 × 23 m messenden Forum sind noch die Reste der Säulen erkennbar, die den umlaufenden Portikus trugen. Den östlichen, dem Meer zugewandten Abschluß des Forums bildete ein großer Tempel für Liber Pater, hinter dem sich der antike Weingott Dionysos verbirgt. In der christlichen Ära wurde an der Südseite eine dreischiffige Basilika errichtet, die unter den Byzantinern zahlreiche Änderungen erfuhr. Geht man weiter auf das Meer

das punische Erbe verloschen und die Romanisierung vollzogen war. Wichtigste Zelle der römischen Kolonie war die *Civitas*, die Stadt inmitten eines Territoriums, dessen Bewohner sie kontrollierte und deren Tributleistungen sie zum großen Teil an den Staat abzuführen hatte. Neugründungen römischer Bürger, meist entlassener Legionäre, trugen hingegen den Namen *Colonia*, einheimische Siedlungen wurden später häufig zu einem *Municipium* mit eigener Verfassung und eigenem Beamtenapparat, allerdings nur beschränkten Bürgerrechten aufgewertet. Die Bewohner der Stadt konnten, sofern sie nicht von Geburt an Römer waren, die römische Staatsbürgerschaft zunächst nur durch Verleihung oder Militärdienst erlangen. Praktische Bedeutung hatte dieses Privileg vornehmlich für den politisch Ambitionierten, war es doch unabdingbare Voraussetzung für den Aufstieg in die höheren Ämter, insbesondere in das des Senators. Erst 212 verlieh Kaiser Caracalla den Bewohnern des Reiches die Bürgerrechte. Ausgenommen waren möglicherweise die Sklaven und die zu Tributzahlungen verpflichtete Landbevölkerung der Kolonie. In der Erhebung von Zwangsabgaben zeigten sich die Römer durchaus moderat und gewährten bei Neuerschließung von Land großzügig Abgabenfreiheit über mehrere Jahre, um die Expansion des Ackerbaus zu fördern. Nur so konnte sich Tunesien zur Kornkammer des Römischen Reiches entwickeln und dessen Märkte in großem Umfang mit dem begehrten Olivenöl versorgen.

Die Rationalität der Römer und ihre militärische Tradition spiegeln sich auch im Bild der Städte wider. Geradlinigkeit und der Hang zur Monumentalität waren wichtige Kriterien der Planung, die sich besonders bei Neugründungen kompromißlos verwirklichen ließen. Das Verkehrsnetz der klassischen römischen Niederlassung bestand aus sich rechtwinklig kreuzenden Straßen mit den Hauptachsen *Decumanus maximus* (Nord-Süd-Richtung) und *Cardo maximus* (Ost-West-Richtung). Das Herz jeder römischen Siedlung schlug am *Forum*,

zu, trifft man zunächst auf die Reste eines großen Tempels mit einem Innenhof von 20 × 8 m. Er blickte auf einen offenen Platz, der wahrscheinlich als Marktplatz diente. Von hier aus verlief die Hauptstraße durch ein Tor hinunter zum Hafen, wo die Archäologen auf die Reste eines 140 m langen und 17 m breiten Piers stießen. Die prachtvollen Villen lagen südlich des zum Meer hin verlaufenden Geländeeinschnitts. Von der damals noch stärker ausgeprägten

einem großen Platz im Zentrum, der sowohl repräsentativen Zwecken diente als auch politischen Versammlungen und Kundgebungen sowie in der Frühzeit überdies als Markt. Eine Seite des mit Platten belegten Gevierts war im allgemeinen dem *Kapitol* vorbehalten, dem Tempelkomplex für die Gottheiten Jupiter, Juno und Minerva. Nicht selten hatte auch ein Triumphbogen seinen Platz am Forum, um an die Ruhmestaten eines Heerführers oder Kaisers über dessen Tod hinaus zu erinnern. In unmittelbarer Nähe des Forums befand sich die *Basilika*, ein mehrschiffiger Hallenbau, in dem Gericht gehalten wurde und der später als Vorbild für die frühchristlichen Kirchen diente. Zuweilen übernahmen die römischen Basiliken auch die Funktion der Markthalle. Das soziale Leben konzentrierte sich in den vornehmlich an der Peripherie gelegenen *Thermen*, prachtvoll ausgestatteten Badeanlagen mit Wandelhallen, Kalt-, Heiß- und Dampfbädern, Massageabteilungen und Restaurants. Nicht minder repräsentativ waren die *Amphitheater*, die entweder an einen Hang gebaut wurden oder als freistehende Architektur das Stadtbild beherrschten. Das eindrucksvollste Beispiel auf tunesischem Boden befindet sich in El Djem.

Im privaten Bereich demonstrierte der Römer seinen Status bevorzugt in seinem Wohnhaus, das weniger nach Gesichtspunkten der Gemütlichkeit als nach repräsentativen Erwägungen angelegt und eingerichtet war. Es herrschte das Atriumhaus vor, ein rechteckiger Komplex mit einem zentralen Wohnraum *(Atrium)*, dessen in der Mitte offenes Dach das Auffangen von Regenwasser in einem Becken *(Impluvium)* erlaubte. Ärmere Familien lebten in mehrstöckigen Häusern von oft fragwürdiger Konstruktion, die bei starken Regenfällen nicht selten einstürzten. Die Reichen bevorzugten den weiträumigen Landsitz mit Prunkzimmern *(Exedra)*, privaten Badeanlagen *(Balnea)* und säulenumstandenen Innenhöfen *(Peristyl)*, geschmückt mit großartigen Bodenmosaiken, die heute zu den wertvollsten Schätzen der tunesischen Museen (vor allem Tunis-Bardo und Sousse) zählen.

Steilkante müssen die Bewohner einen herrlichen Blick über den Golf von Bou Grara gehabt haben. Etwas außerhalb der eigentlichen Stadt befand sich der Tempel des Gottes Merkur, hochverehrter Patron des Handels, dem Gightis seinen Reichtum verdankte. Vielleicht lagerten in der Nähe des Heiligtums die Karawanen aus der Tiefe der Sahara, beladen mit den Schätzen Afrikas, die von hier aus ihren weiteren Weg über das Mittelmeer nahmen.

Zarsis

Urlaub abseits des Massentourismus in weiträumigen Hotelanlagen; unverfälschtes Leben zwischen Moschee und Café in Zarsis.

Die Oase

Die Küstenoase Zarsis, die aus dem römischen Gergis hervorgegangen ist, hat sich zum zweiten bedeutenden Standort der Badehotels in Südtunesien entwickelt, konnte aber am raschen Aufschwung Djerbas bisher nicht teilhaben. Während auf der Insel jedes Jahr neue Hotels aus dem Boden schießen und sich zu einer ghettoartigen Tourismuslandschaft zusammenschließen, beschränkt sich das Angebot in Zarsis weiterhin auf fünf Anlagen. Ein weiteres Vier-Sterne-Hotel mit Namen Gightis ist derzeit im Bau. Die Oase am Meer empfiehlt sich Urlaubern, die dem Massentourismus aus dem Weg gehen wollen und weiträumige Hotelanlagen sowie einen wenig bevölkerten Strand zu schätzen wissen.

Von der Insel aus erreicht man die Hotelzone, indem man die Dammstraße von El Kantara zum Festland überquert. Die Route führt durch verstreute Ölbaumplantagen und bescheidenes Ackerland. Statt auf der Hauptstraße Nr. 117 direkt nach Zarsis zu fahren (20 km vom Ende des Damms), folgt man der ausgeschilderten ›Route Touristique‹ (Route des Hotels), die am Meer entlangführt und die großen Hotelkomplexe berührt. Früher siedelten in diesem Gebiet Halbnomaden vom Stamm der Akkara, allerdings nicht wie die Djerbi verstreut in Einzelgehöften, sondern in kleinen, oasenähnlichen Ortschaften. Die Dattelpalme ist zwar weit verbreitet (ca. 100 000 Bäume), die Früchte können aber aufgrund der schlechten Qualität nur zur Viehfütterung verwendet werden. Während der französischen Protektoratszeit hielt der Ölbaum Einzug, heute bestimmen etwa 500 000 Exemplare das Bild der Kulturlandschaft weitgehend. Durch Neubohrung von Brunnen konnte auch der Gartenbau erweitert werden, so daß die Akkara-Halbinsel nunmehr recht dicht besiedelt ist. Bei den Brunnenbohrungen stieß man auch auf Thermalquellen, die jetzt einigen Hotels zugute kommen.

Die Hotelzone

Die Touristenzone von Zarsis erstreckt sich über etwa 8 km vom

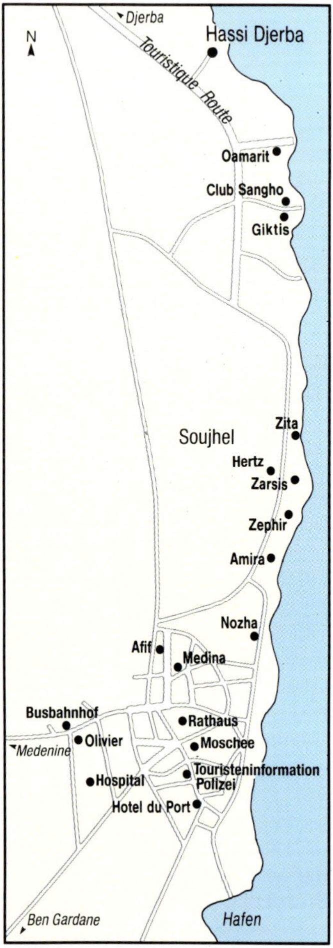

Hotel Oamarit bis zum kleinen Privathotel Amira, das noch 4 km von der Ortschaft Zarsis entfernt liegt. Derzeit gibt es sechs große Hotelanlagen, weitere sind geplant. Es besteht eine regelmäßige Linienbusverbindung mit Zarsis. Bis auf Oamarit, Giktis und Club Sangho liegen die Hotels innerhalb des langgestreckten Dorfes Soujhel (Restaurants und Souvenirläden).

Oamarit*** (13 km von Zarsis, am Strand; ITS, Tjaereborg), ✆ (05) 68 07 70, Fax 68 03 85. Ausstattung: einsam gelegenes, weiträumiges Bungalow-Hotel, 750 Betten, Pool, Kinderpool, Hallenbad, Kinderspielplatz, A-la-carte-Restaurant, maurisches Café, Bar, Boutique, Sauna. Sport/Unterhaltung: 6 Tennisplätze, Tischtennis, Minigolf, Segeln, Surfen, Wasserski, Tretboot, Reiten, Fahrradverleih; Disco, Nachtclub, Folklore.

Giktis*** (12 km von Zarsis, ca. 700 m vom Meer; TUI, Neckermann), ✆ (05) 68 28 00, Fax 68 30 02. Ausstattung: dreistöckiger Neubau (1995), 191 Zimmer, Bars und Restaurants, maurisches Café, Friseur, Boutique, Pool, Thermalhallenbad. Sport/Unterhaltung: Tennisplätze, Wassersport, Animation, Disco.

Club Sangho*** (11 km von Zarsis; Tjaereborg, ITS), ✆ (05) 680124, Fax 68 07 15. Ausstattung: aufgrund seiner Hanglage, der Weiträumigkeit (14 ha), des üppigen Gartens und der maurischen Architektur eines der schönsten südtunesischen Clubhotels. Unterkunft in

Einige Hotels unterhalten Reitställe

Bungalows oder zweistöckigem Haupthaus, 365 Zimmer, Pool, Kinderpool, A-la-carte-Restaurant, Bar, maurisches Café, Boutiquen, Bank. Sport/Unterhaltung: 5 Tennisplätze, Tischtennis, Volleyball, Bogenschießen, Reiten, Segeln, Surfen, Minigolf; Disco und Animation.

Zita** (ca. 5 km von Zarsis, am Meer; Jahn), ✆ (05) 68 02 46. Ausstattung: bei Deutschen beliebte, in großen Garten eingebettete Ferienanlage (12 ha), 600 einfache Zimmer und Appartements, in zweistöckigen Blocks, großer Süßwasserpool, Thermal-, Kinderpool, Kinderspielplatz, Bar, Snackbar, maurisches Café, Boutiquen, Sat.-TV. Sport/Unterhaltung: Tennisplätze, Tretboote, Surfen, Tischtennis, Minigolf (je gegen Gebühr); Disco.

Zarsis*** (ca. 5 km von Zarsis, am Strand; Neckermann, Jahn), ✆ (05) 68 01 60. Ausstattung: ein- und zweistöckiger, aus mehreren Flügeln bestehender Komplex, 300

Straßencafé in Zarsis

Zimmer, Pool, Thermalpool, Sauna, Pizzeria, maurisches Café, Bar, Boutique, Sat.-TV. Sport/Unterhaltung: 2 Tennisplätze, Tischtennis, Minigolf, Tretboote, Windsurfen, Fahrradverleih; Diskothek, Folklore.

Zephir** (ca. 4 km von Zarsis, am Strand), ✆ (05) 68 10 27. Überwiegend zweistöckige Bauweise, 652 Betten, Pool, kleines Thermalhallenbad, Pizzeria, Bar, Snackbar, maurisches Café, Boutiquen, Friseur. Sport/Unterhaltung: 2 Tennisplätze, Tischtennis, Minigolf, Reiten, Windsurfen; Diskothek.

Amira (4 km von Zarsis, neben Zephir, preiswert), ✆ (05) 68 01 88. Kleines Privathotel am Strand, 12 Zimmer, Stellplatz für Wohnmobile mit Stromanschluß (Eigentümer spricht fließend Deutsch), kein Pool, A-la-carte-Restaurant.

Nozha* (ca. 3 km von Zarsis; Transair), ✆ (05) 68 15 93. Kleines modernes Hotel am Strand (15 Zimmer) mit gutem Restaurant, jedoch ohne Grünanlage und Pool.

Die Ortschaft Zarsis

Von dem Straßendorf Soujhel führt ein recht schöner Weg am Strand entlang nach Zarsis (zu Fuß ca. 1 Stunde). Das Zentrum der Ortschaft, die erst im späten 19. Jahrhundert im Rahmen der Kolonisierung der Region entstand, wirkt bescheiden und hält einem Vergleich mit Houmt Souk selbst während der Markttage (Montag und Freitag) nicht stand. Das kleine Geschäftsviertel hat sich in seinem Angebot ganz auf die Touristen eingestellt. Daneben lebt Zarsis überwiegend von der Fischerei. Einen wirtschaftlichen Aufschwung erhofft man sich von der neu geschaffenen Freihandelszone und den vor kurzem entdeckten Ölquellen in der Nähe. Inwieweit davon der Tourismus betroffen sein wird, bleibt abzuwarten. Sehenswert ist das kleine neue Privatmuseum **La Grotte,** eine alte, liebevoll hergerichtete Ölmühle an der Route Touristique zwischen Ort und Hotelzone.

Verkehr: Von Houmt Souk 6 x täglich Busse zwischen 8.30 und 17 Uhr. Von der Hotelzone nach Zarsis regelmäßige Stadtbusse, Taxis, ›Touristenbahn‹ (von Lkw gezogene Anhänger in Eisenbahn-Gestalt), Pferdedroschken.

Mietwagen: U.a. Avis und Hertz (Route des Hotels).

Unterkunft: Außer in den großen Hotels (s. o.) gibt es einige einfache Unterkünfte im Zentrum.

Restaurants: Mehrere Restaurants in der Ortschaft Soujhel (am besten Nozha und Amira am Strand nahe Hotel Zephir); Les Palmiers und Restaurant de la République in Zarsis.

Die wichtigsten Sehenswürdigkeiten

auf Djerba

Guellala	S. 118 ff.
Houmt Souk	S. 104 ff.
Midoun	S. 113 f.
Synagoge La Ghriba	S. 114 f.

in Südtunesien

Bergstraße von Chebika nach Tamerza	S. 198
Chenini	S. 151 ff.
Douz	S. 175 ff.
Gabès	S. 136 ff.
Gafsa	S. 201 ff.
Ksar Soltane	S. 150
Matmata	S. 160 ff.
Nefta	S. 190 ff.
Schott el Djerid	S. 30 f., 183 f.
Tozeur	S. 185 ff.

Orte und Routen in Südtunesien

Durch die Küstenebene zum Bergland

Wohnhöhlen und Speicherburgen

Oasen am Rande der Wüste

Rund um den Schott el Djerid

Die Bergoasen nördlich des Schotts

Die Bergoase Chebika

Die Küstenebene

Mit der Kutsche durch die Oase von Gabès; Besuch in der Moschee des Sidi Boulbaba; Souvenirjagd in den Ghorfas von Medenine; romantische Bettstatt in den Tonnengewölben von Metameur; Rundfahrt zu den verfallenen Ksour des Djebel Abiod.

Die zwischen den Bergrücken des Dahar und dem Meer gelegene Küstenzone, zu der strenggenommen auch die auf S. 129 ff. beschriebene Oase Zarsis gehört, ist seit dem 7. Jahrhundert die Heimat arabischer oder arabisierter Halbnomaden. Sie bildete damit lange Zeit den Gegenpol zu den von Berbern besiedelten Bergregionen von Dahar und Matmata. Aufgrund ihrer günstigen Verkehrslage hat die Küstenebene in jüngster Vergangenheit einen starken wirtschaftlichen Aufschwung erlebt. Kulturgeographisch läßt sie sich in die unmittelbar am Meer gelegene Littoralzone und die zum Landesinneren hin abschließende Djeffara-Ebene gliedern.

Gabès

Geschichte

Die Geschichte dieser mit etwa 90 000 Einwohnern größten Stadt Südtunesiens reicht bis in römische Tage zurück: Tacapae (›der bewässerte Ort‹) war ein wichtiger Kreuzungspunkt der Karawanenrouten zwischen der Sahara und Djerba einerseits sowie Djeffara und Nordtunesien andererseits. Die Verwüstung der am Meer gelegenen Oase durch die Beni-Hilal-Nomaden im 11. Jahrhundert konnte die Bedeutung des Umschlagplatzes nur vorübergehend mindern. Noch 1820 soll Gabès etwa 30 000 Einwohner gezählt haben und damit größer gewesen sein als Tripolis. Aber bereits 25 Jahre später fand der deutsche Afrikaforscher Heinrich Barth nurmehr einen bescheidenen Ort vor, der noch ein wenig mit Datteln, Häuten und Früchten handelte. Als sich mit der Machtübernahme durch die Franzosen das Tor zur Sahara schloß (vgl. S. 192), geriet Gabès in eine kaum beachtete Randlage und mußte seine Funktion an günstiger gelegene Orte wie Sfax und Sousse abtreten. Strategische Bedeutung erhielt die Ortschaft noch einmal im Zweiten Weltkrieg, als in der Nähe die Grenze zwischen den deutschen und alliierten Truppen verlief (Mareth-Linie); die erbittert geführten Kämpfe fügten der Oase schwere Schäden zu. In der Hand des deutschen Afrika-Korps war Gabès vom 19. 11. 1942 bis zum 20. 3. 1943. 20 Jahre später, im Winter 1962, wurde die Stadt durch ein Hochwasser des Oued Gabès in Mitleidenschaft gezogen und ein Teil des alten Viertels Petite Jara zerstört.

Zum Aufschwung in unseren Tagen trugen vor allem die Lage an der nach Norden führenden Hauptstraße und die Industrialisierung auf Basis der Erdölverarbeitung bei, die von der aus Edjele in Südalgerien herangeführten Pipeline profitiert. Heute ist Gabès der mit Abstand bedeutendste Industriestandort Südtunesiens – einer der Gründe, warum sich die in den Tourismus gesetzten Hoffnungen bisher nicht erfüllt haben.

Die Oase

Hauptanziehungspunkt von Gabès ist die nördlich und westlich der Ortschaft gelegene, etwa 1000 ha große Dattelpalmenoase, in die mehrere kleine Ortschaften eingebettet sind. Bewässert werden die Gärten durch den Oued Gabès, der auch die am Rande liegenden Obst- und Olivenplantagen während der Trockenperiode mit Wasser versorgt. Wegen der hohen Luftfeuchtigkeit bleibt die Qualität der Datteln allerdings hinter den berühmten ›Deglet en nour‹ aus Nefta und Tozeur zurück. Berühmt ist die Oase hingegen für ihren ausgezeichneten Palmwein *(Laghmi)*, der an den Straßenrändern feilgeboten wird (vgl. auch S. 173). Allerdings hat der ständig steigende Wasserbedarf der Stadt bereits zum Absinken des Grundwasserspiegels geführt und damit zu einer Gefährdung der Oasenwirtschaft. Es ist nicht auszuschließen, daß die Palmenhaine einmal aus Wassermangel aufgegeben werden müssen und damit das gesamte Anbausystem der Versteppung anheimfällt. Touristen unternehmen den Ausflug in die Oase gewöhnlich mit Pferdedroschken (Calèches), die nahe dem Busbahnhof an der Ortseinfahrt parken. Ziel der Oasenrundfahrt (Circuit d'Oasis) ist der Weiler **Chenini** (ca. 5 km) mit seiner Barrage romain, den aus zwei Becken bestehenden Resten einer römischen Bewässerungsanlage. Als Attraktion wird auch der kleine Zoo mit Wüstentieren der Region angepriesen (zahlreiche Souvenirstände, Erfrischungen im Hotel Chella-Club).

Von hier lohnt es sich, ein wenig den Oued Gabès aufwärts zu wandern, wo man am Rande üppiger Gärten in den steilen Flanken des Oued auf alte Wohnhöhlen und Reste von Unterständen aus dem Zweiten Weltkrieg stößt, in denen sich die Deutschen während des Vormarschs der Alliierten 1942/43 verschanzt hatten. Einen sehr schönen Blick über die Oase hat man von einem Aussichtspunkt, den man zu Fuß vom Chella-Club oder

Reisemöglichkeiten im Süden

Reisenden stehen verschiedene Möglichkeiten offen, den Süden des Landes zu besuchen: Die meisten Touristen vertrauen sich organisierten Rundfahrten an, die in mehreren Varianten durchgeführt werden. Man kann mit einem recht bequemen Bus reisen, bewegt sich dann aber nur auf Asphaltstraßen und ist im wesentlichen auf den Besuch der Oasenstädte Gabès, Gafsa, Nefta, Tozeur und Matmata beschränkt. Großer Beliebtheit erfreuen sich ›Abenteuerreisen‹ mit dem Geländewagen, die zum Teil bis zur Oase Ksar Ghilane führen. Diese Fahrten sind vor allem in den Sommermonaten recht anstrengend, der Platz in den Fahrzeugen ist nur knapp bemessen und die Federung der Wagen sehr hart. Da die meisten Touren nur drei Tage dauern, sitzt man täglich viele Stunden im Wagen und wird auf den Pisten kräftig durchgerüttelt. Man übernachtet in einfachen Hotels, zuweilen auch in Wüstencamps wie Ksar Ghilane und El Faouar. Die Qualität der Touren hängt nicht zuletzt vom jeweiligen Fremdenführer ab (vgl. S. 225f.).

Die empfehlenswerteste Art, das Land zu bereisen, ist die Fahrt mit dem Mietwagen. Teilen sich mehrere Personen die hohen Kosten, kann der Ausflug billiger werden als mit einer organisierten Tour. Bis auf wenige Ausnahmen (z. B. Strecke Matmata–Douz, Fahrt zur Oase Ksar Ghilane) sind alle von den Geländewagen angesteuerten Sehenswürdigkeiten auch mit einem normalen Fahrzeug erreichbar. Plant man Pistenfahrten, sollte man nach Möglichkeit einen robusten Fahrzeugtyp wählen. Es dürfte allerdings schwerfallen, die enormen Tagesetappen der organisierten Touren (bis zu 500 km) zu bewältigen, auch wenn die Straßen wenig befahren und überwiegend in gutem Zustand sind.

Als Sonderform sei die Reise mit dem eigenen Fahrzeug von Mitteleuropa aus erwähnt, die durch die lange Anfahrt zwar zeitaufwendig ist, dafür aber Möglichkeiten eröffnet, von denen der Pauschaltourist nur träumen kann (nähere Angaben vgl. S. 209f.). Die preiswerteste Art der Fortbewegung, die Reise mit öffentlichen Verkehrsmitteln, gestaltet sich zwischen größeren Ortschaften problemlos, da ausreichend Busse und Sammeltaxis *(Louages)* zur Verfügung stehen, auf einigen Strecken auch die Eisenbahn. Schwierig, wenn nicht gar unmöglich ist es jedoch, auf diese Weise abgelegene Plätze wie die Ksour im Bergland des Dahar oder die Bergoasen von Chebika und Tamerza zu erreichen.

Routenvorschläge für eine Reise mit dem Mietwagen

Zweitägige Fahrt durch das Bergland von Dahar
1. Tag: Djerba (Zarsis) – Medenine (Ausflug Metameur) – Ksar Soltane – Douirat – Ksour des Djebel Abiod. Übernachtung in Tataouine. Ca. 200 km
2. Tag: Tataouine – Chenini – Guermessa – Ghoumrassen – Ksar Haddada – Tataouine – Medenine – Djerba (Zarsis). Sollte die steinige Piste zwischen Ksar Haddada und Beni Kheddache wieder für PKW befahrbar sein, erspart man sich die Rückfahrt über Tataouine. Ca. 230 km

Dreitägige Oasenrundfahrt
1. Tag: Djerba (Zarsis) – Medenine – Metameur – Toujane – Matmata (20 km schwierige Bergstraße) – Gabès. Übernachtung in Gabès. Ca. 180 km
2. Tag: Gabès – El Hamma – Kebili – Douz – Schottüberquerung – Tozeur (Abstecher nach Nefta). Übernachtung in Tozeur. Ca 280 km, mit Nefta 360 km
3. Tag: Tozeur – Chebika – Tamerza – Metlaoui – Gafsa – Djerba. Ca. 430 km

Fünftägige Südtunesienrundfahrt
Sie ergibt sich durch die Kombination der beiden voranstehenden Routen, wobei die schwierige Bergstrecke zwischen Toujane und Matmata ausgelassen wird.
1. Tag: Wie Tag 1 der Dahar-Rundfahrt. Ca. 200 km
2. Tag: Wie Tag 2 der Dahar-Rundfahrt, statt von Medenine zurück nach Djerba jedoch Weiterfahrt bis Gabès. Übernachtung in Gabès. Ca. 200 km
3. Tag: Gabès – Matmata – Gabès – Kebili – Douz. Übernachtung in Kebili oder Douz. Ca. 250 km
4. Tag: Schottüberquerung – Tozeur – Nefta – Chebika – Tamerza – Gafsa. Übernachtung in Gafsa. Ca. 350 km
5. Tag: Rückfahrt nach Djerba oder Zarsis über Gabès. Ca. 280 km

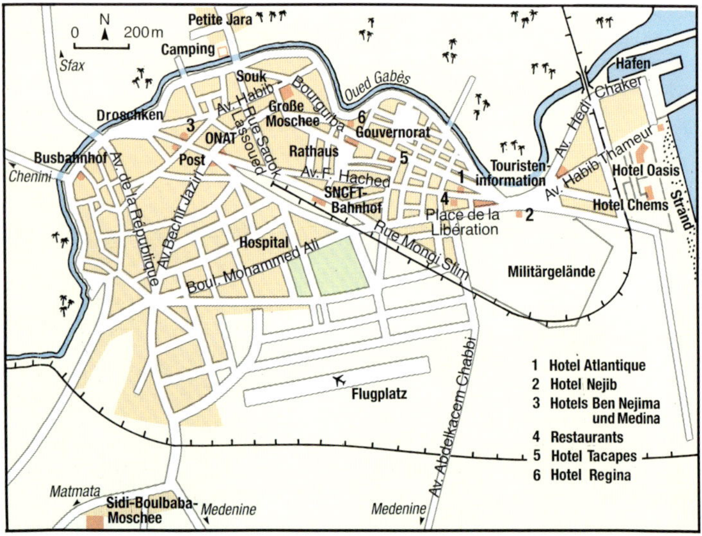

Gabès

über die Zufahrtsstraße zum Hotel (ausgeschildert) erreichen kann. Der asphaltierte Fahrweg durch die Oase führt in einem Bogen über die Ortschaft Chenini wieder zurück nach El Aoadid.

Wer mit dem Wagen unterwegs ist, kann sich statt dessen 100 m hinter dem Parkplatz der Barrage romain bei der Gabelung rechts halten und am Oasenrand zur Ausfallstraße Gabès–Matmata fahren.

Die Stadt

Um in die Stadt zu gelangen, biegt man nach links ab. Das rechter Hand sichtbare Minarett gehört zur neuen Sidi-Boulbaba-Moschee (Zufahrt von der Hauptstraße mit Musée ATP ausgeschildert). Schräg gegenüber des neuen Baus liegt das alte **Grabmal von Sidi Boulbaba**, des Barbiers des Propheten, der Gabès im 7. Jahrhundert als Altersruhesitz wählte. Der über Stufen erreichbare Hof darf auch von Fremden betreten werden. Die Wände zieren schöne Kacheln und Kufibänder. In der ehemaligen Koranschule *(Medersa)* daneben ist heute das **Volkskundemuseum** untergebracht (geöffnet täglich außer montags 9–19, im Winter 9.30–16.30 Uhr). Es zeigt in geschmackvoller Präsentation zahlreiche Textilien sowie diverse Gerätschaften für Haushalt und Feldarbeit.

Die **Neustadt** von Gabès besteht in ihrem Kern aus den beiden in spitzem Winkel zulaufenden Straßen Habib Bouguiba und Ferhat Hached, die an der Place de la Libération aufeinandertreffen. Im Umkreis befinden sich die wichtigsten Hotels und Restaurants. Die Straße führt als Route de la Plage weiter nach Osten und erreicht nach etwa 1 km den Hafen (kaum lohnend) sowie die beiden großen Strandhotels Oasis und Chems. Sehenswert sind schließlich das Marktviertel **Grande Jara** um die Große Moschee und der sich jenseits des Oued Gabès anschließende, noch sehr traditionelle Bezirk **Petite Jara**.

Verkehr: Bahnverbindung mit Nordtunesien (Sfax/Sousse/Tunis). Busverbindung mehrfach täglich u. a. mit Houmt Souk (Djerba), Matmata, Medenine, Tataouine und Kebili (häufig überfüllt).

Mietwagen: Avis (5. April zwischen Av. F. Hached und Bourguiba), Hertz (schräg gegenüber Hotel Atlantik), Europcar (Place de la Libération).

Unterkunft: *Touristenhotels*: Oasis*** (am Meer), ✆ (05) 27 03 81; Chems** (neben Oasis), ✆ (05) 27 05 47; Nejib**, Place de la Libération, ✆ (05) 27 15 87; Tacapes**, Av. Habib Bourguiba, ✆ (05) 27 07 00; Atlantic* (gegenüber Nejib), ✆ (05) 27 03 34. *Preiswerte Unterkünfte*: Regina, Av. Habib Bourguiba, ✆ (05) 27 00 95; Chella-Club (in der Oase, empfehlenswert), ✆ (05) 22 44 42. *Billigunterkunft*: Medina (Altstadt nähe Busbahnhof); Jugendherberge mit Campingplatz (Petite Jara, nördlich der Av. Bourguiba).

Restaurants: In den Hotels Oasis, Chems, Atlantic und Nejib; außerdem El Mazar (empfehlenswert, Av. Ferhat Hached, gegenüber Hotel Atlantic); Khalij (Ecke Av. Ferhat Hached/ 5. April); Les Lanternes, 4 km außerhalb Richtung Medenine am Ortseingang von Télboulbou (empfehlenswert).

Touristeninformation: Route de la Plage/Ecke Rue Hedi Chaker (geöffnet 8.30–13 und 15–17.45 Uhr, im Sommer nur vormittags).

Souvenirs: Verkaufsausstellung der ONAT (Av. Ferhat Hached, Nähe Busbahnhof).

El Hamma du Gabès

Der Name Hamma (Bad) zeigt bereits an, daß in dieser aus mehreren Ortschaften bestehenden Siedlung (ca. 27 km westlich von Gabès an der nach Kebili führenden GP16) Thermalwasser zutage tritt. Die Römer legten hier den Badeort Aquae Tacapitanae an; Reste der antiken Beckeneinfassung sind noch zu erkennen. Heute wird das 45 °C warme, schwefelhaltige Wasser von traditionellen Badehäusern, den *Hammam*, genutzt. Im 17. Jahrhundert wurden hier vor allem die halbnomadischen Beni Zid angesiedelt, die sich heute der Dattelpalmenkultivierung und der Weidewirtschaft widmen. Mit ihren Herden gehen sie zeitweise auf Wanderschaft.

Mareth

Das kleine, heute unbedeutende Straßendorf 36 km nordöstlich von Medenine war im März 1943 Schauplatz erbitterter Kämpfe. 160 000 Alliierte und 76 000 Deutsche standen sich entlang der von den Franzosen errichteten 15 km langen, stark befestigten ›Mareth-Linie‹ beiderseits des Wadi Zigzaou gegenüber. Die Deutschen zogen sich nach hohen Verlusten Ende März nach Gabès zurück. Das Musée de la Ligne Mareth (täglich außer Montag 9–17 Uhr) unweit der Abzweigung zum Fährhafen Djorf an der P 1 dokumentiert anhand von Karten, Waffen, Dioramen und Bildern diese unselige Epoche. Eine besonders im letzten Abschnitt sehr schöne, mit dem PKW befahrbare Bergstraße (25 km) führt von Mareth nach Toujane.

Medenine

Die 78 km südlich von Gabès und 52 km südwestlich von Zarsis gelegene Stadt (ca. 20 000 Einwohner) ist Zentrum der gleichnamigen Provinz, bietet aber für Touristen nur wenig Sehenswertes. Das war nicht immer so. Bis in die 50er Jahre hinein stand in Medenine die größte Ansammlung der für Südtunesien so charakteristischen Speicher *(Ghorfas)*. Die verkehrsgünstige

Touristen-Ghorfa in Medenine

Lage am Schnittpunkt mehrerer Handelsrouten hatte die zu einer Konföderation zusammengeschlossenen Ouerg-Hamma-Berber veranlaßt, hier am Rande zwischen Bergland und Küste über 30 Ksour und mehrere Tausend Ghorfas anzulegen. Leider ebneten Bulldozer über 6000 der pittoresken Kulturdenkmäler im Rahmen falsch verstandener Stadtsanierung während des französischen Protektorats, aber auch noch in den 60er Jahren ein und zerstörten damit ein bedeutsames historisches Erbe. Erhalten ist ein einziger Ghorfa-Komplex an der Ausfallstraße nach Djorf, umfunktioniert zu einer Art Shopping Centre für Souvenirs. Medenine ist guter Ausgangspunkt für den Besuch der Siedlungen im Dahar-Bergland. Mittwoch und Donnerstag wird im Zentrum ein vom Tourismus kaum geprägter Markt abgehalten. Hier haben sich auch bescheidene Reste zweier weiterer Ksour erhalten.

Verkehr: Gute Busverbindungen mit Gabès, Tataouine, Houmt Souk und Zarsis. Die umliegenden Bergdörfer sind nur mit dem Sammeltaxi (Louage) zu erreichen.

Unterkunft: Ibis***, Place 7. Novembre (Neubau 1994), ✆ (05) 64 38 78; Hana, Av. Bourguiba, ✆ (05) 64 61 90, einfach.

Metameur

Die kleine Ortschaft 6 km nördlich von Medenine abseits der Straße

Metameur

nach Gabès hat noch weitgehend ihr historisches Bild bewahrt. Sie wird von einem Ghorfa-Komplex überragt, der zum Teil in ein bescheidenes, aber malerisches Hotel umgewandelt wurde, das von Individualtouristen bevorzugt wird (Hotel El Ghorfa, ✆ (05) 64 02 94). Von Metameur führt eine einfach zu befahrende Piste weiter nach **Toujane** (ca. 32 km), von dort eine recht schwierige Bergstraße nach Matmata (ca. 29 km, vgl. S. 161 ff.).

Tataouine

Zwar erfüllt die 50 km südlich von Medenine gelegene, etwa 7000 Einwohner zählende Kleinstadt als Verwaltungszentrum und Militärbasis wichtige Funktionen für den Süden des Landes, ist touristisch jedoch nur von zweitrangiger Bedeutung. Sehenswert sind die sonntags und donnerstags stattfindenden Märkte, zu denen sich die Bewohner der umliegenden Ortschaften einfinden und Plätze und Gassen mit lebhaftem Treiben erfüllen. Tataouine empfiehlt sich als Standort für den Besuch der zahlreichen Bergdörfer in der Schichtstufenlandschaft des Dahar und als Ausgangspunkt für eine Tour in die südliche Sahararegion entlang der P 19.

Verkehr: Mehrmals täglich Busverbindungen von Djerba, Zarsis, Gabès und Medenine.

Unterkunft: *Touristenhotels*: Sangho*** (ca. 5 km außerhalb an der nach Chenini führenden Straße), ✆ (05) 86 01 24, Fax 86 21 77; Dakyanus*** (ca. 8 km außerhalb an der gleichen Straße wie Sangho, jedoch etwa 1 km hinter der Abzweigung nach Chenini), ✆ (05) 86 34 99, Fax 86 34 98; Gazelle** (im Zentrum), ✆ (05) 86 00 09, Stellplatz für Camper. *Billigunterkunft*: Residence Hôtel Hamza, Av. Hedi Chaker (Zentrum), ✆ (05) 86 20 68.

Restaurants: In den Hotels Gazelle und Sangho.

Zu den Ksour des Djebel Abiod

Der Ausflug in das Bergland des Djebel Abiod unmittelbar vor den Toren Tataouines empfiehlt sich als besonders lohnender Abstecher (insgesamt ca. 80 km), kann der Reisende hier doch abseits der Routen des Massentourismus die fremdartige Bergwelt Südtunesiens für sich selbst entdecken, wobei er berücksichtigen sollte, daß die Menschen hier wesentlich zurückhaltender sind als im vielbesuchten Chenini. Zahlreiche von den Touristen bisher kaum beachtete Speicherburgen krönen die kahlen Gipfel. Die meisten sind verfallen, einige aber werden von den Bewohnern der umliegenden Dörfer nach wie vor als Lagerräume und Stallungen genutzt.

Man folgt von Tataouine zunächst der nach Remada führenden Hauptstraße P 19 und biegt unweit des Stadtausgangs bei dem Wegweiser ›Maztouria‹ nach links auf eine Asphaltstraße ab. Nach 1,5 km weist links ein Schild nach ›Mestegrat‹. Obwohl die Straße, die bald in eine schlechte Piste übergeht, zu dem sehenswerten, hoch auf einem Berg gelegenen **Ksar Tounkett** (ca. 8 km) führt, sollte man mit einem normalen Pkw der Versuchung widerstehen.

Bleibt man auf der Hauptstraße, folgt rechter Hand kurz darauf die Abzweigung nach **Beni Barka**. Dieser nicht mehr genutzte Komplex, dessen Ursprünge auf das 14. Jahrhundert zurückgehen, thront auf einem windumtosten Bergsporn mit großartiger Fernsicht. Der letzte Abschnitt der etwa 4 km langen Zufahrt kann allerdings nur mit dem Geländewagen oder zu Fuß bewältigt werden. Aufgrund des starken Zerfalls sollte man, wie bei allen verfallenen Ghorfas, beim Herumklettern in den Ruinen sehr vorsichtig sein.

Eine weitere Möglichkeit zum Besuch verlassener Ksour ergibt sich bei der Einmündung der von Tounkett kommenden Asphaltstraße. Man fährt dort auf einer schmalen Piste, die sich in etwa 60 m Höhe für einige Kilometer parallel zur Asphaltstraße mit schöner Aussicht über das Tal des Oued Zondag hinzieht, rechts steil bergauf. Zunächst trifft man auf den zerfallenen **Ksar Elawladoun**. Nach 2 km beherrscht die eindrucksvolle dreistöckige Anlage des **Ksar El Aoidid** den Berghang. Nicht weit entfernt folgt der **Ksar El Khadim**, geschützt von einer massiven Wehrmauer, durch

Wohnhöhlen und Speicherburgen im Bergland

Die charakteristische Siedlungsform der in einen Hang gebauten Wohnhöhle, wie sie im südlichen Dahar-Bergland am Rande der Schichtstufenlandschaft zu finden ist, wird durch die besonderen geologischen Bedingungen dieser Region ermöglicht. Nur dort, wo eine weiche Mergel-, Ton- oder Sandsteinschicht zwischen zwei härtere Platten aus Kalk oder Dolomit in ausreichender Mächtigkeit eingelagert ist, ließ sich mit den einfachsten Mitteln eine Wohnhöhle anlegen, ohne auf das in dieser Region seltene Holz als Baumaterial zurückgreifen zu müssen. Bei den aus der weichen Gesteinsschicht gekratzten Grotten handelt es sich um simple, nebeneinander angeordnete Räume, die nur in Ausnahmefällen miteinander in Verbindung stehen. Komplexe Anlagen, wie wir sie etwa aus der Osttürkei oder aus Italien kennen, sucht man im tunesischen Bergland vergeblich. Ein großer Teil der Wohnanlage gruppiert sich um den davorliegenden Hof, den eine kleine Mauer vom Weg abschließt. Teilweise werden die Grotten heute nur noch als Lagerschuppen verwendet, während sich das häusliche Leben in angefügten neuen Wohnbauten abspielt. Ausschlaggebend für diesen Umzug dürften Prestigegründe sein, denn die Wohnhöhle ist in mancherlei Beziehung praktischer als ein Haus und hat ein wesentlich besseres Raumklima. Die für Höhlen typische Feuchtigkeit fehlt, so daß Rheuma und Tuberkulose, die spezifischen Krankheiten von Höhlenbewohnern, hier kaum verzeichnet werden.

Ein weiteres Merkmal Südtunesiens sind die befestigten Speicherburgen, die *Ksour* (Singular *Ksar*). Im Gegensatz zu den Höhlen findet man sie auch in anderen Gebirgsregionen Nordafrikas, vornehmlich im marokkanischen Atlas. Sie sind Ergebnis des früher vorherrschenden Halbnomadismus und der ständigen Bedrohung durch feindliche Nachbarn. Zur Sicherung ihres Besitzes während Zeiten der Wanderschaft errichteten die Sippen einen gemeinsamen Komplex aus eng nebeneinanderliegenden Speichern, den *Ghorfas*. Jede Familie besaß einen oder auch mehrere Speicherräume, die nur durch eine kleine, abschließbare Tür aus Palmholz betreten werden können. In der Regel sind die Ghorfas mehrstöckig, wobei man die oberen Stockwerke durch eingemauerte Stufen erreicht. In den luftigeren oberen Räumen lagerten in großen, häufig aus den Werkstätten Djerbas stammenden Tonkrügen Olivenöl und Datteln, in die unteren schloß man die auf der Wanderung nicht benötigten Gegenstände wie Teppiche, Truhen und Werkzeug ein. Die Eingänge der Speicher blicken auf einen Innenhof, während ihre fensterlosen Rückseiten die geschlossene Außenmauer des Gesamtkomplexes bilden, der nur einen Zugang hat.

Die einzelnen Ghorfas konnten vererbt, vermietet oder verkauft werden, der jeweilige Eigentümer war jedoch verpflichtet, die Bausubstanz zu erhalten, um die Gesamtanlage nicht zu gefährden. Kam er seiner Pflicht nicht nach, verlor er sein Besitzrecht. Im Innenhof einer Speicherburg, die für Frauen tabu war, trafen sich auch die Männer des Stammes zu ihren ›Gemeindeversammlungen‹. Böse Zungen behaupten, daß einige Männer nur deshalb noch an ihrem Ghorfa festhalten, weil sie so die dort gelagerten Vorräte dem Zugriff der Frauen entziehen können. Wie schon das Fehlen von Trinkwasserzisternen zeigt, dienten die Speicherburgen trotz ihres festungsartigen Charakters im Falle eines Angriffs nie als Zufluchtstätten für die Bevölkerung. Jede Speicherburg hatte ihren vor der Gemeinschaft bestellten und bezahlten Wächter, der auch die Funktion des ›Hausmeisters‹ ausübte und dafür sorgte, daß alle Eigentümer ihren Pflichten nachkamen.

Da die Zeiten sicherer geworden sind, der Halbnomadismus langsam ausstirbt und Geld den Naturaltausch und damit die Vorratshaltung überflüssig macht, haben sich die Speicher überlebt, die meisten wurden dem Verfall preisgegeben. Wie auf S. 144 erwähnt, hat die Regierung in ihrem Bemühen, die Neuzeit mit aller Macht einzuläuten, 1960 überdies die mehr als 30 Ghorfakomplexe von Medenine eingeebnet. Dem Tourismus ist es zu verdanken, daß einige der alten Speicheranlagen heute wieder zu neuem Leben erwachen. Statt in den schmalen, weißgetünchten Räumen mit ihren halbtonnenförmigen Dächern Olivenöl, Hirse und Datteln aufzubewahren, werden hier nunmehr Reisende für ein oder zwei spartanische, aber romantische Nächte einquartiert. In dieser Hinsicht am weitesten ausgebaut ist die Speicherburg von Ksar Haddada. Beliebt bei Rucksackreisenden ist der Ghorfakomplex von Metameur, und besonders schön gelegen ist der sich noch im Ausbau befindliche Ksar Jouamaa.

die ein Tor ins Innere führt. Obwohl der Komplex erst zu Beginn unseres Jahrhunderts von den Zeneten-Berbern angelegt worden ist, sind die Speicher stark zerfallen, zeigen aber einige schöne Details. Besser erhalten ist die letzte Speicherburg am Wege, **Ksar Daghara**, in der noch einige Gewölberäume mit Holztüren verschlossen sind. Von hier führt ein direkter Weg hinunter nach Maztouaria. Wir folgen der Hauptstraße weiter durch das Tal Oued Zondag und durchfahren nach etwa 6 km die Ortschaft Tamellest mit ihrem stark zerstörten, etwas oberhalb gelegenen Ksar. An der Gabelung kurz außerhalb der Siedlungen halten wir uns links und fahren 3 km hinauf zum **Ksar Oueld Soltane**, der sicherlich großartigsten Speicherburg dieser Region. Ungewöhnlich sind die beiden durch eine Passage miteinander verbundenen Höfe, die, obwohl im 15. und 19. Jahrhundert entstanden, keinen Bruch im Baustil erkennen lassen. Da der Komplex inmitten der Ortschaft liegt, erfüllen zahlreiche Gewölbe nach wie vor ihre ursprüngliche Funktion. In den letzten Jahren hat man den Ksar umfassend restauriert. Nur noch die knorrigen Türen aus verwittertem Palmenholz verraten sein ursprüngliches Alter.

Statt auf der Anfahrtsroute nach Tataouine zurückzukehren, sollte man auf zunächst noch asphaltierter Straße hinab zum Weiler **Mghit** fahren (ca. 3 km), um dort mitten im Ort nach links auf eine Piste (beschildert, wird z. Zt. asphaltiert) abzubiegen, die über El Gabel nach **Ezzahra** führt (8 km) und dort wieder auf eine Asphaltstraße einmündet. Besonders lohnend ist der Besuch des dortigen, noch vollständig in das dörfliche Leben integrierten Ksar, in dem man sich in vergangene Jahrhunderte zurückversetzt fühlt. Über die Asphaltstraße erreicht man nach 21 km wieder Tataouine, wobei sich der Besuch der teilweise noch genutzten Ksour von **Djelidat** anbietet.

Ezzahra

Rundfahrt durch das Bergland von Dahar

Aufstieg zu den Wohnhöhlen und Speicherburgen von Chenini und Douirat; bei den Felsabbrüchen von Ghoumrassen; auf wenig befahrener Piste zur Oase El Hallouf.

Die Fahrt von Tataouine nach Medenine durch die Berge ist nur mit einem Geländewagen möglich. Die Gesamtentfernung beträgt etwa 120 km. Einfache Unterkunft gibt es in Chenini und Ksar Haddada, Benzin nur in Tataouine und Medenine. Wer den Besuch von Guermessa auslassen will, kann auch direkt auf Asphalt von Chenini nach Ghoumrassen fahren. Für Reisende ohne eigenes Fahrzeug oder ohne Mietwagen sind die Orte nur sehr schwer zu erreichen (Taxi, Louage). Von Tataouine bestehen Busverbindungen nur mit Ghoumrassen, Ksar Haddada und Guermessa.

Chenini

Aufgrund der unvergleichlichen Lage gilt Chenini nicht zu Unrecht als schönste Speicherburg des Landes und fehlt deshalb auch in keinem Programm organisierter Rundreisen. Man verläßt Tataouine auf der nach Süden führenden Hauptstraße (P 19) und biegt nach 3 km rechts ab (beschildert, u. a. ›Chenini 16 km‹). Nach 5 km hält man sich an der Abzweigung (beschildert) nach links und erreicht zunächst das am Fuß der Berge liegende Neu-Chenini (Nouvelle Chenini), ein Stück weiter dann den Parkplatz unterhalb der Altstadt. Trotz der schwierigen Wasserversorgung und des fehlenden Stromanschlusses in den Höhlen sind nur relativ wenige den Verlokkungen der Zivilisation erlegen und haben ihr Domizil im neuen Ortsteil aufgeschlagen, den die Regierung am Fuße des ›Wohnberges‹ errichtet hat.

Um als Individualtourist den Besuch ohne Belästigung durch Kinder absolvieren zu können und in den Genuß interessanter Hintergrundinformationen über Leben und Geschichte der Bewohner zu kommen, sollte man sich einem der offiziellen Führer anvertrauen, die ihre Dienste jedem Neuan-

Blick auf Chenini ▷

kömmling bereits auf dem Parkplatz anbieten. Sie verlangen jedoch unverschämte Preise und lassen sich jedes Extra zusätzlich honorieren. In Chenini wird Nepp leider groß geschrieben. Die Höhlenwohnungen sind in die Hänge eines steil aufragenden Kalksporns gegraben, der in einem Bogen einer Schlucht folgt und zwei Ortsteile durch einen Sattel trennt. In ihm hat die leuchtendweiße Moschee ihren Platz gefunden. Die linke Erhebung trägt die stark zerstörte Speicherburg, die rechte noch bewohnte Höhlen und Reste von Behausungen. Wie im Fall vieler noch besiedelter Bergdörfer arbeitet ein Großteil der männlichen Bewohner in den nordtunesischen Städten, wo sie jedoch, anders als etwa die Djerbi, eine unterprivilegierte Stellung einnehmen. Die Männer aus Chenini waren lange Zeit überwiegend als Zeitungsausträger tätig, die aus Douirat als Markthelfer.

Vom Bergrücken mit den Höhlenwohnungen hat man den besten Blick über Chenini, die Ebenen und die Bergwelt des Dahar. Eine Besichtigung lohnt auch die am Aufstieg zur Moschee liegende **Ölmühle**, in der noch immer ein bedauernswertes Dromedar seinen Dienst tut (kleiner Obolus für den Müller). Zu den Attraktionen zählen überdies die **Gräber der Sieben Riesen**, die man erreicht, wenn man in Neu-Chenini nach rechts in eine Piste biegt, die etwa nach 2 km an der Moschee Jemaa Kedima endet. Der Legende nach soll es sich um die Ruhestätte von Christen handeln, die sich in nahen Höhlen versteckt gehalten hatten und dort in eine totenähnliche Starre verfielen. Als man sie Jahrhunderte später entdeckte, hatten sie die Gestalt von Riesen angenommen und wurden nach ihrer Bekehrung zum Islam auf dem Friedhof der Moschee beigesetzt.

Eine vom Parkplatz in das enge Tal hineinführende Piste verbindet Chenini mit Douirat (20 km, wird z. Zt. asphaltiert). Der erste Abschnitt ist etwas steinig, aber dennoch auch mit dem Pkw gut zu befahren. Nach 6 km zweigt eine schmale, nur mit dem Geländewagen befahrbare Piste nach Ksar Ghilane ab. Nach 14 km einsamer Fahrt durch schüttere Graslandschaft erreicht man Neu-Douirat. Man kann den Ort auch auf einer Asphaltstraße ansteuern, wenn man Tataouine auf der P 19 Richtung Süden verläßt, die Abzweigung nach Chenini jedoch ignoriert und nach etwa 9 km beim **Ouled Debbab** rechts abbiegt. Auf einer kurzen Stichstraße kann man zu dieser imposanten Anlage hinauffahren, die zeitweise als Hotel genutzt wurde, nunmehr aber dem Verfall preisgegeben ist.

Douirat (Douiret)

Auch diese Bergsiedlung beeindruckt durch ihre Lage hoch auf einem Bergrücken, wird bisher aber

Die Berber

Lange bevor Phönizier, Römer und Araber die tunesische Küste erreichten, lebten eigenständige Volksgruppen im Maghreb, die als ›Berber‹ zusammengefaßt werden. Der Name stammt wahrscheinlich von den Römern, die alle Fremden mit *Barbarus* bezeichneten, sich selbst hingegen für die Vertreter des göttlichen Menschen *Divus* hielten. Das römische Wort, das ja auch in den deutschen Sprachgebrauch eingegangen ist, ist wiederum aus dem griechischen *Barbaros* abgeleitet und dieses von dem altindischen *Barbarah*, womit auf dem Subkontinent der ›Stammler‹ bezeichnet wurde, derjenige also, der fremd war und damit der Sprache nicht mächtig.

Die Herkunft der Berber liegt weitgehend im dunkeln, ja die Wissenschaftler stritten lange, ob man überhaupt von einer eigenständigen Berberbevölkerung sprechen kann, da nur die Sprache als eindeutiges Abgrenzungskriterium in Frage kommt. Sie zählt zur hamito-semitischen oder afro-asiatischen Familie, zerfällt allerdings in über 4000 Dialekte, was bereits auf einen extrem ausgeprägten Partikularismus hindeutet. Wenn die Geschichtsschreibung immer wieder von Berberaufständen berichtet, erweckt sie den völlig falschen Eindruck einer geschlossenen, von Marokko bis Tunesien verbreiteten Bevölkerungsgruppe mit einem stammesübergreifenden Identitätsbewußtsein.

Der Individualismus der Berber machte es fremden Eindringlingen leicht, sich im Maghreb auch ohne große Streitmacht zu etablieren.

weniger häufig besucht als das nicht weit entfernte Chenini.

Sie wurde vor etwa 500 Jahren von einem marokkanischen Marabout gegründet und entwickelte sich recht schnell zu einem bedeutenden Handelsknotenpunkt zwischen Wüste, Bergen und Küstenebene und zu einem Zentrum der Weberei. Weit über die Region hinaus waren die Frauen für ihre farbenfrohen Umschlagtücher *(Haik)* berühmt, eine Tradition, die leider keine Fortsetzung gefunden hat. Der Ort besteht aus der für die Bergsiedlungen des Dahar typischen Kombination von befestigter Speicherburg und in die Hänge gegrabenen und teilweise in mehreren Etagen angelegten Höhlenwohnungen. Im Gegensatz zu Chenini sind die meisten Wohnhöhlen längst aufgegeben und die ehemals mauerumschlossenen Ghorfas stark verfallen, nur einige Ölmühlen sind noch in Betrieb und können mit ei-

Die Welt eines Berbers ist seine Sippe, alle anderen sind ihm bestenfalls gleichgültig, wenn nicht gar Feinde, wobei kein Unterschied zwischen anderen Berbern, Römern oder Arabern gemacht wurde. Erschwert wird die Suche nach einer eigenen Identität auch dadurch, daß die Berber heute ihre Geschichte nur im Rahmen des Islam interpretieren, der ihnen ja erst durch die Araber aufgezwungen wurde. Eine Ausnahme bilden hier die berberischen Bewohner von Djerba, die Ibaditen (vgl. S. 20f.). Diese typisch berberische Variante des Islam wirkte sowohl auf Djerba als auch im algerischen M'zab als eine starke, über den Sippenverband hinausreichende Klammer. Denn nicht weil sie Berber waren, vermochten sich die Bewohner Djerbas so lange gegen die Bevormundung aus Tunis zur Wehr zu setzen, sondern weil sie ihren ibaditischen Glauben gegen die orthodoxen Moslems zu verteidigen hatten.

Als Kriterium zur Unterscheidung zwischen dem berberischen und dem arabischen Bevölkerungsteil läßt sich in beschränktem Maß auch der Gegensatz von Stadt- und Landbevölkerung heranziehen. Vor Ankunft der Araber wurde das Städtewesen fast ausschließlich von fremden Zuwanderern, vornehmlich Karthagern und Römern, entwickelt. Die Berber dagegen lebten in Sippenverbänden auf dem Lande oder als Nomaden am Rand der Wüste und hatten keinen Anteil am urbanen Leben. Auch die im 7. Jahrhundert einfallenden Araber konzentrierten sich auf städtische Zentren. Nicht als Bauern und Kolonisten kamen sie ins Land, sondern als Händler, die in den Basaren der Medinen ihren Wirkungskreis sahen. Die ringsum lebende Landbevölke-

nem Führer besucht werden. Die etwa 1000 Einwohner leben heute in modernen Häusern am Fuß des Hügels. Unterhalb des Ksar hat man um die Moschee einige Bauten restauriert und damit einen pittoresken, authentischen Akzent gesetzt. Es gibt sogar einen Campingplatz (camping municipal) Eine nur mit dem Geländewagen zu befahrende Piste führt von Douirat in den Erg Oriental zur Oase Ksar Ghilane. Auch wer von Douirat nach Chenini fahren will, folgt zunächst dieser im ersten Abschnitt auch mit dem Pkw problemlos zu bewältigenden Route, muß dann aber auf den Wegweiser etwa 5 km außerhalb Douirats achten, wo man nach rechts abbiegen muß.

Guermessa

Auf einer neuen Asphaltverbindung, die etwa 11 km vor Chenini

rung hatte der Stadt zu dienen, die als Gegenleistung den militärischen Schutz der Bauern gegen äußere Angriffe garantierte. Diese ungleiche Verteilung der Pflichten hielt über Jahrhunderte die Spannungen zwischen Berbern und Arabern wach, münzte sie allerdings in den Gegensatz zwischen Stadt und Land um.

Daß sich auf Djerba bis in unser Jahrhundert hinein keine Stadt entwickeln konnte, ist Anzeichen dafür, daß sich der berberische Individualismus auf der Insel länger hielt als anderswo im Land. Ähnliches gilt für die Bergnester des Dahar, die Höhlenwohnungen von Matmata und die Oasen am Schott el Djerid – sie waren und blieben kleine, überschaubare Lebensräume, deren Bewohner im Gegensatz zu jenen der großen Städte an der Küste weitgehend autark lebten. (Die rein berberischen Stadtentwicklungen im algerischen M'zab sind eher eine strategisch begründete Ausnahme.)

Über ihre Sprache und die Hinwendung zum ibaditischen Ritus hinaus haben sich die Berber vor allem im religiösen Bereich zahlreiche vom orthodoxen Glauben abweichende Besonderheiten bewahrt. Als wichtigste seien Geisterglaube, Magie und Heiligenverehrung genannt (vgl. auch S. 195f.).

Die Arabisierung ist in Südtunesien heute weit fortgeschritten. Selbst in so typischen Berbersiedlungen wie Guermessa mußte der alte Dialekt längst weichen, über kurz oder lang dürfte er im ganzen Lande völlig verschwinden. Damit aber wird es in Zukunft fast unmöglich, einen Berber von den übrigen Bewohnern Tunesiens zu unterscheiden.

nahe der Abzweigung von der Straße Tataouine–Ghoumrassen beginnt, ist diese Bergsiedlung von Chenini aus leicht zu erreichen. In ihrer Anlage folgt sie dem gleichen Prinzip; auch hier beherrscht die Moschee einen Sattel, der den Ort in zwei Teile gliedert. Während die Speicherburg weitgehend zerfallen ist, sind die Höhlen größtenteils bewohnt und einige primitive Ölmühlen noch in Betrieb. Der lange, vor allem bei Hitze mühsame Aufstieg erfolgt auf einem teilweise mit Platten belegten Serpentinenweg, auf dem sich mit Wasserkanistern schwer beladene Esel oder gar Dromedare ihren Weg zu den Behausungen bahnen. Die großartige Aussicht lohnt aber die Anstrengung.

Von Guermessa knickt die Straße in nordöstliche Richtung ab, um nach 10 km auf die oben erwähnte Asphaltstraße Tataouine–Ghoumrassen–Beni Kheddache zu treffen.

Fährt man geradeaus weiter, gelangt man in das Zentrum von Ghoumrassen, rechts geht es über die Ortschaft Ferech nach Tataouine, links nach Ksar Haddada. Kurz vor Ferech liegt an der Straße eine schöne, sehr weiträumige und teilweise noch genutzte Speicheranlage mit mehreren Höfen.

Ghoumrassen

Im Gegensatz zu anderen Bergdörfern zieht sich die recht lebendige Ortschaft ein schmales Tal entlang, an dessen Hängen die Höhlenwohnungen und Ghorfa-Komplexe liegen.

Auf einer Felsspitze thront malerisch der Marabout des Sidi Arfa. Die Ortschaft war einst Sitz der Sidi-Moussa-Sekte. Nahe dem Ortsausgang liegt der Marktplatz (Freitagsmarkt). Den schönsten Blick auf die Höhlenwohnungen hat man von den links in das schmale Tal zu Füßen der Felsformationen abgehenden Straßen.

Von Ghoumrassen nach Medenine

Man verläßt Ghoumrassen auf der Straße, die man gekommen ist, und fährt an der Kreuzung geradeaus, um nach 5 km das auf einer Bergkuppe liegende **Ksar Haddada** zu erreichen. Der große Ghorfa-Komplex wurde in ein einfaches, aber pittoreskes Hotel mit Restaurant umgewandelt (Buchung über das Hotel Gazelle in Tataouine). Die Gästezimmer haben sogar ein eigenes Bad, dafür weckt der Muezzim der benachbarten Moschee den müden Touristen bereits um 4 Uhr morgens recht unsanft mit seinem Gebetsruf.

Die Asphaltstraße endet hier, die sich durch das Gebirge windende Piste nach **Beni Kheddache** (18 km) ist derzeit nur mit dem Geländewagen zu befahren. Kurz vor Erreichen des Ortes trifft man auf die Asphaltstraße Beni Kheddache–Medenine. Beni Kheddache selbst bietet wenig Interessantes; der einst berühmte Ghorfa-Komplex wurde bereits 1960 abgerissen und durch gesichtslose Neubauten ersetzt (Markt Montag und Donnerstag, dreitägiges Fest im Mai). Eine Piste, bei vorsichtiger Fahrweise auch mit robustem PKW befahrbar, führt von hier aus in den Erg Oriental nach Ksar Ghilane (65 km). Die romantische Oase **El Hallouf** läßt sich problemlos mit dem Pkw ansteuern (14 km). Die Straße steigt zunächst zu einem kleinen Paß empor und windet sich dann hinab in den Weiler Zammou. Man durchfährt nun ein sich allmählich verbreiterndes Tal bis zur Hauptpiste El Hallouf-Ksar Ghilane, in die man nach rechts einbiegt. Nach etwa 6 km wird das Grün der Oase erreicht. Auf einer Hügelkuppe mit steiler Auffahrt thront die Speicheranlage, die schon seit einigen Jahren in ein bescheidenes Hotel umgewandelt werden soll. Die von El

Hallouf weiterführende Piste stößt nach 17 km auf die Asphaltstraße Beni Kheddache–Medenine.

Verläßt man Beni Kheddache auf der Asphaltstraße Richtung Medenine (ca. 25 km), sieht man bald die hoch auf einem Felssporn liegende Speicherburg von **Ksar Jouamaa** (Djouama). Man sollte sich die Fahrt auf schmaler Piste hinauf (beschildert) nicht entgehen lassen, der Blick ist wirklich einzigartig. Am dritten Tag des Maifestes von Beni Kheddache finden im Innenhof folkloristische Veranstaltungen statt.

In spektakulären Serpentinen windet sich die Straße nach Medenine nun in die Ebene hinunter, führt an der Kreuzung mit der Strecke nach El Hallouf vorbei und stößt schließlich im Zentrum von Medenine auf die Hauptstraße Gabès–Tataouine.

Speicheranlage von El Hallouf

Das Bergland von Matmata

Zu Besuch bei den Troglodyten; Couscous und Cola unter der Erde; auf kurvigen Straßen zu Marabouts und abgelegenen Weilern; einsame Pistenfahrt durch karges Bergland ins Schluchtendorf Toujane.

Das Bergland von Matmata kann als der nördliche Ausläufer der südtunesischen Schichtstufenlandschaft angesehen werden. Da die Berge hier nicht mehr in einer steilen Stufe abfallen, sondern einen gebirgigen, in sich geschlossenen Komplex bilden, haben sich andere Lebens- und Wohnformen entwickelt als im Dahar. Die Wohnhöhlen wurden nicht in die hier weniger ausgeprägten Gebirgsflanken getrieben, sondern unter der Erdoberfläche angelegt, und auch die Ksour, die charakteristischen Speicherburgen des südlichen Dahar, sind nicht mehr anzutreffen.

Die früher nur schwer zugängliche Region gehört noch immer zu den bedeutendsten Berberenklaven des Landes, bewohnt von den Stämmen der Matmata, Douiri und Ouerg Hamma, die nach wie vor ihre Berberdialekte pflegen. Die recht dichte Besiedlung des Gebietes wird durch die relativ hohen Niederschläge von durchschnittlich 221 mm pro Jahr bei 31 Regentagen ermöglicht, was etwa den Werten von Djerba entspricht. Da in Matmata natürliche Quellen selten sind, mußte man, wie auch auf der Insel, Zisternen anlegen. Nicht weniger einfallsreich ist die Nutzung der Niederschläge durch die sogenannten Dammkulturen *(Djessur)*: Um das Regenwasser zu sammeln, werden Geländemulden mit Dämmen abgeschlossen, so daß sich dahinter zum einen die von den Hängen herabgespülte fruchtbare Bodenkrume ablagert und zum anderen die Feuchtigkeit gespeichert wird. Kleine Kanäle leiten das überschüssige Wasser auf angrenzende Felder, die terrassenförmig hintereinander angeordnet sind. In weiter Streuung stehen auf dem Kulturland Oliven-, Dattel- und Feigenbäume, dazwischen baut man im feuchten Winter Getreide, vorwiegend Gerste an. Die Viehwirtschaft bildet einen wichtigen Erwerbszweig, wird aber heute nur noch selten in halbnomadischer Weise betrieben. Man überläßt die Tiere bezahlten Berufshirten und behält das ganze Jahr über seinen festen Wohnsitz bei. Eine weitere Einkommensquelle ist die Ernte des Halfagrases, das auf den lokalen Märkten an Handwerker zur Herstellung von Matten verkauft wird.

Matmata

Matmata ist wegen seiner Höhlenwohnungen zu einem der beliebtesten Touristenziele Südtunesiens geworden. Am einfachsten erreicht man den Ort von Gabès aus auf der asphaltierten C 107 (43 km). Zunächst trifft man auf Neu-Matmata (Nouvelle Matmata), das 1960 angelegt wurde, um die Höhlenbewohner in modernen Häusern anzusiedeln – ein Versuch, der zunächst scheiterte, da sich die traditionsbewuß-

Die Wohnhöhlen der Troglodyten

Schon die Phönizier, die vor mehr als 3000 Jahren als erste Fremde die Küsten Nordafrikas besuchten, berichteten von Höhlenmenschen, den Troglodyten. Es läßt sich nicht mehr nachvollziehen, ob die Seefahrer aus Tyros die Bewohner von Matmata meinten; auszuschließen ist es nicht, hat sich doch hier das Höhlenleben besonders auffällig entwikkelt. Im Gegensatz zu den aus dem Hang herausgearbeiteten Grotten des benachbarten Berglandes von Dahar haben die Bewohner von Matmata ihre Behausungen unter die Erde verlegt.

Der in diesem Teil des Berglandes vorherrschende Lehmboden bildet die natürliche Grundlage für die recht aufwendigen Konstruktionen. Die Wohnanlage ist in einen Hügel oder einen Hang eingesenkt, wobei ein rechteckiger oder runder Schacht von über 10 m Durchmesser den Mittelpunkt bildet. Ähnlich wie bei dem Innenhof eines arabischen Hauses oder eines Haouch auf Djerba (vgl. S. 23) spielt sich hier der größte Teil des häuslichen Lebens ab. Der Zugang zu diesem Hof erfolgt durch einen Tunnel von der Hangseite her, so daß selbst große Behausungen nur an einer bescheidenen Tür erkennbar sind, sofern man nicht gerade von einem erhöhten Standort die Landschaft aus der Vogelperspektive betrachtet. Der Gang ist meist so bemessen, daß er einem beladenen Kamel Durchlaß gewährt, und ist, um die Überflutung der Wohnhöhle bei Regenfällen zu vermeiden, mit leichtem Gefälle nach außen angelegt. Wo sich diese Konstruktion nicht verwirklichen ließ, mußten geeignete Maßnahmen getroffen werden, um den sofortigen Wasserabfluß im Schacht zu gewährleisten, da die Durchtränkung der Wände zum Einsturz führen könnte. Zum Auffangen des Wassers diente in solchen Fällen eine Art Sickergrube, die man mit Salz füllte, um den Boden durchlässiger zu machen. Ein Kalkverputz soll die Erosion der Schachtwände durch Witterungseinflüsse verhindern.

An den zentralen Schacht grenzen die einzelnen Räume, zuweilen sogar in zwei Stockwerken angelegt, wobei die kleineren oberen, die auch hier den Namen *Ghorfa* tragen, als Speicher dienen. In großen, fast hallenartigen Grotten finden die Webstühle ihren Platz. Gekocht wird im Hof in aus der Wand herausgehauenen Nischen, wobei jede Familie ihre eigene Kochstelle hat. Gemeinsam nutzt man nur den ebenfalls aus Ton gefertigten Brotbackofen. Ein Großteil der häusli-

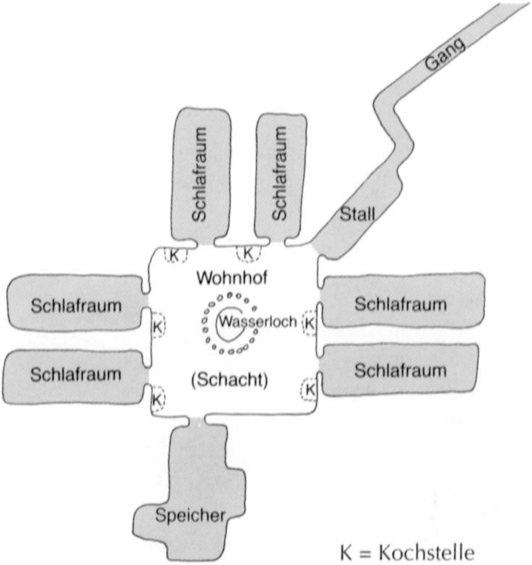

Grundriß einer Wohnhöhle in Matmata

chen Aktivitäten spielt sich auch auf dem Platz vor dem Eingang ab, wo die Wäsche trocknet, Haustiere ihre Ställe haben, Feldgeräte repariert und aufbewahrt werden. Wuchs eine Familie, grub man einfach neue Zimmer oder legte einen zweiten, mit dem ersten durch einen Gang verbundenen Schacht an.

Auch im Bergland von Matmata ist die jahrhundertealte Tradition vom Aussterben bedroht, die meisten Wohnhöhlen sind bereits verfallen und ihre Bewohner nach Neu-Matmata umgezogen. Und wie im Falle der Ghorfas von Medenine ist die Regierung daran nicht ganz unschuldig: Sie baute neue Häuser und verlagerte das Verwaltungs- und Marktzentrum ins 15 km entfernte Nouvelle Matmata, wodurch die alte Siedlung wichtige Funktionen verlor und zur bloßen Touristenattraktion wurde. Eine Erweiterung oder gar Neuanlage von Wohnhöhlen ist aus finanziellen Gründen in unseren Tagen kaum noch möglich, da die Arbeit nur von Hand ausgeführt werden kann, und das ist auch in Tunesien teuer geworden.

ten Berber mit der neuen Lebensweise nicht anfreunden konnten. Mittlerweile hat sich jedoch Neu-Matmata zur zentralen Ortschaft der Region entwickelt. Das alte, eigentliche Matmata liegt 15 km weiter in hügeliger Landschaft; es ist ganz auf den Tourismus eingestellt. Bereits am Ortseingang werden die Fremden ›abgefangen‹ und zum Besuch einer Höhlenwohnung eingeladen. Viele Bewohner haben sich mit derartigen Führungen bereits eine feste, wenn auch bescheidene Einnahmequelle erschlossen. Die größten der alten unterirdischen Komplexe werden heute von drei Höhlenhotels eingenommen, die eine Kombination von Unterkunft, Museum und Restaurant darstellen. Die Malereien sind allerdings nicht authentisch, sondern eher ein Zugeständnis an den Geschmack der Touristen. Einen guten Eindruck von der Trichterlandschaft vermittelt der ›Aussichtsberg‹, der die Ortschaft im Westen überragt. Die einzige Neuanlage einer unterirdischen Behausung, das Touristenzentrum Relais du Matmata, befindet sich zwischen Neu-Matmata und Matmata. Der weitere Ausbau zum Hotel scheiterte an den hohen Baukosten. Gleichwohl haben überirdische Neubauten, die heute auch das kleine Zentrum Matmatas beherrschen, dem Ort viel von seinem ursprünglichen Charakter genommen.

Verkehr: Mehrfach täglich Busverbindungen zwischen Gabès, Neu-Matmata und Matmata. Tankmöglichkeit, Post und Bank nur in Neu-Matmata.

Unterkunft: *Konventionelle Hotels*: Les Troglodytes*** (2 km außerhalb), ✆ (05) 23 00 88, Fax 23 01 73; Matmata**, ✆ (05) 23 00 66; Kouseila***, ✆ (05) 23 03 30. *Höhlenhotels* (alle preiswert): Marhala, ✆ (05) 23 00 15; Sidi Driss, ✆ (05) 23 00 05; Les Berberes, ✆ (05) 3 00 24.

Restaurants: In den Hotels (einige nur zu festgesetzten Zeiten geöffnet).

Die Umgebung von Matmata

Vor allem dem Mietwagenfahrer erschließen sich in der Umgebung Matmatas lohnende, vom Strom des Pauschaltourismus kaum berührte Ziele, die ein längeres Verweilen in dieser einzigartigen Bergregion durchaus rechtfertigen.

Im Norden

Das ehemalige Verwaltungszentrum **Hadej** nördlich von Alt-Matmata erreicht man über eine 3 km lange Piste, die gegenüber der touristischen Höhlenwohnung der Fatima Richtung Nordost abzweigt. Die im Zerfall begriffene Ortschaft, die kaum mehr 1000 Bewohner zählt, dokumentiert schön den Typus der ausgedehnten Höhlensiedlung, der durch Bautätigkeit in Alt-Matmata kaum noch zu erkennen ist. Da es dem Ortsfremden kaum möglich ist, die sehenswerten Höhlen ausfindig zu machen, empfiehlt es sich, einen der zahlreichen Führer zu nehmen, die ihre Dienste sofort nach Erreichen der Ortschaft anbieten (Preis vorher aushandeln, Taschenlampe nicht vergessen). Leider sind im Laufe der Zeit zahlreiche Schächte durch Witterungseinflüsse stark in Mitleidenschaft gezogen worden. Gezeigt werden dem Besucher der mehrstöckige, ehemalige Wohnsitz des Dorfoberhauptes, alte Ölmühlen und die Heiratshöhle, in der die Frischvermählten früher die Hochzeitsnacht verbrachten.

Im Westen

Leitlinie für den Besuch der westlich von Matmata liegenden Ortschaften ist die nach Tamezret führende Asphaltstraße, die dort in die Piste nach Douz übergeht.

Im Gegensatz zu Hadej gibt sich der nordwestlich gelegene Ort **Beni Aissa** noch recht lebendig, obwohl die Regierung auch hier den Versuch unternommen hat, mit der Gründung von Beni Aissa Nouvelle die Tradition der Höhlenbewohner zu brechen. Die schöne, etwa 10 km lange Anfahrt durch hügelige Landschaft erfolgt auf einer Piste, die nahe dem westlichen Ortsrand von Matmata beim Hotel Troglodyte von der nach Tamezret führenden Asphaltstraße nach rechts abzweigt. Nach etwa 4 km ergibt sich zunächst die Möglichkeit zum Besuch des kleinen Ortes **Bou Dafeur,** der sich mit Palmenhainen und weißen Marabouts malerisch in die hügelige Landschaft einfügt. Die Bewohner Beni Aissas haben ihre Höhlen in die weichen Lehmschichten beiderseits eines Trockentals gegraben, das sich winters mit Wasser füllt und bescheidene Landwirtschaft ermöglicht.

Auch das nur etwa 1 km von der Asphaltstraße entfernte **Beni Metir** (Abzweigung ca. 5 km westlich von Matmata nach rechts nicht beschildert) weist eine noch intakte Höhlengesellschaft auf. Die weiße Moschee markiert als einziges überirdisches Bauwerk das Zentrum dieser Gemeinde, in der trotz der Nähe zu Matmata die Uhren stehengeblieben zu sein scheinen.

Der Abstecher zur Bergsiedlung **Taoujout** lohnt vor allem wegen der eindrucksvollen Landschaft. Eine etwa 3 km lange asphaltierte Zufahrt schlängelt sich vom Ortseingang von Tamezret hinauf in die Berge. Im Gegensatz zu den Talsiedlungen sind die kargen Behausungen hier an den teilweise terrassierten Berghang gebaut.

Mit seinen verschachtelten Natursteinhäusern und den engen, nur für Fußgänger geeigneten Gassen mutet der Ort **Tamezret** am Ende der Asphaltstraße wie eine abweisende, staubgepuderte Festung an, die auf einem Hügel thront und einen weiten Blick ins Umland gewährt. Am höchsten Punkt setzt die Moschee als religiöses Zentrum einen leuchtenden Akzent in das ansonsten graubrau-

ne Bild. Hinter Tamezret führt eine Piste (nur für Geländewagen) nach Douz (vgl. S. 175 ff.).

Im Süden

Nach Süden verläßt die teilweise kurvenreiche Asphaltstraße C 104 Matmata in Richtung Medenine. Nach 5 km führt linker Hand eine Piste zum oberhalb der Straße liegenden **Marabout Sidi Moussa** mit schönem Blick über das Bergland. Man passiert einen weiteren Marabout, ehe man an eine Gabelung mit großem Wegweiserstein kommt. Die links abgehende Piste führt nach Toujane (s. u.). Bleibt man auf der Asphaltstraße, gelangt man nach ca. 4 km zur ausgedehnten Ortschaft Techine und schließlich in einer großen Schleife wieder zurück zur Hauptstraße.

Weiterfahrt von Matmata

Dringend abgeraten sei dem Mietwagenfahrer von der Route nach Douz (100 km), mag diese Verbindung zum Schott el Djerid auch noch so verlockend erscheinen und regelmäßig von den Jeep-Touren befahren werden. Lange Sandpassagen und Wadi-Durchquerungen ermöglichen einem normalen Pkw das Durchkommen nur mit entsprechender Ausrüstung (Sandbleche, Schaufeln, Wasservorrat). Erst kürzlich verdurstete hier eine französische Familie in ihrem gemieteten Wagen!

Die Fahrt über die Berge nach Medenine ist hingegen weniger riskant, wenn auch sehr steinig und holperig. Bei vorsichtiger Fahrweise kann man sie jedoch während der Trockenzeit auch mit einem Mietwagen bewältigen. Gute Reifen sind eine unabdingbare Voraussetzung! Man verläßt Matmata auf der asphaltierten Hauptstraße nach Süden, durchfährt für die nächsten 9 km eine schöne Berglandschaft und zweigt dann nach links auf eine Piste ab (beschildert). Der schwierige Teil mit steilen Auf- und Abfahrten erstreckt sich über 20 km bis kurz vor **Toujane.** Dieser kleine Ort, verschachtelt in einem engen Tal gelegen, ist im ganzen Süden für seinen Honig berühmt. Die Straße führt nun in Kehren ins Tal, wo man nach 10 km die neue Ortschaft **Ouled Toujane** durchquert. Am Ortsausgang zweigt in einer Kurve die Piste nach Medenine ab (beschildert). Die für jeden Wagen problemlos befahrbare Strekke erreicht nach ca. 20 km das Berberdorf **Metameur** mit seinem sehenswerten Ghorfa-Komplex (vgl. S. 145 f.). Von dort sind es noch 6 km Asphalt bis Medenine. Bleibt man in Ouled Toujane hingegen auf der Asphaltstraße, gelangt man nach Mareth an der Hauptstraße Gabès–Medenine.

Tamezret

Die Nefzaoua-Oasen

Kampf gegen Sand und Trockenheit; Abstecher zum verlassenen Wüstenort Alt-Kebili; mit Kamelen zu den Dünen des Erg Oriental; auf dem Viehmarkt von Douz; am Rande menschlicher Existenzmöglichkeiten in Zaafrane und Sabria; mit Karl May über den Schott el Djerid.

Die Region um den Salzsee gehört zu den fremdartigsten Zielen im Süden, vermittelt sie doch einen nachhaltigen Eindruck von der größten Wüste der Erde. Die touristische Infrastruktur ist hervorragend ausgebaut, gute Straßen und zum Teil erstklassige Hotels bringen auch dem verwöhnten Reisenden die einzigartige Landschaft der Sahara nahe. Man erreicht die Oasen am Schott über die gut ausgebaute, wenig befahrene GP 16, die einige Kilometer nördlich von Gabès von der Hauptstraße abzweigt. Sie berührt El Hamma du Gabès (vgl. S. 143 f.) und führt dann durch eine einsame Steppenlandschaft, begleitet vom Gebirgszug Djebel Tebaga. Deutlich macht sich nunmehr der allmähliche Übergang zur Wüste bemerkbar. Die Gruppe der Nefzaoua-Oasen liegt am Südostrand des Schott el Djerid, begrenzt vom Djebel Tebaga im Norden und von der großen Sandwüste des Erg Oriental im Süden. Ihre Existenz verdanken die Siedlungen den hier vielerorts zutage tretenden artesischen Quellen, die schon früh die Anlage zahlreicher, wenn auch kleiner und weit verstreuter Oasengärten ermöglichte. Seit Beginn unseres Jahrhunderts wurde die Landnutzung durch Tiefbohrungen erheblich ausgeweitet, was, da sich dadurch der Grundwasserspiegel absenkte, neue Probleme brachte (vgl. S. 170). Bis zur Unabhängigkeit lag im Nefzaoua der Lebensraum der wenigen tunesischen Vollnomaden, die den Stämmen der Marazig, Ghrib, Sabria, Ouled Yacoub und Adhara angehörten. Das Ende des alten Karawanenhandels mit Ghadames und Tripolis, mehr aber noch die Annehmlichkeiten des Oasenlebens bewogen viele Familien zur Seßhaftigkeit. Halbnomadismus, bei dem die Familien oder auch nur einige Angehörige zeitweise mit ihren Herden auf Wanderschaft gehen, ist allerdings nach wie vor weit verbreitet. Da die Oasen einem starken Bevölkerungsdruck ausgesetzt sind und Weideland in der Umgebung immer knapper wird, führen solche Wanderungen heute bis in die Steppenzone um Gafsa.

Oasen im Wandel

Oasen, die kleinen Lebensgemeinschaften in oder am Rande der Wüste, sind schon von alters her mit einem romantischen Flair umgeben. Allein dem lebensspendenden Wasser verdanken sie ihre Entstehung und ihre Existenz, Aufschwung oder Niedergang hängen weitgehend von diesem Faktor ab. Bis in die jüngste Vergangenheit waren die Oasen Südtunesiens weitgehend autarke Siedlungen, die, sofern sie nicht an wichtigen Haupthandelsrouten lagen, nur in loser Verbindung mit der Außenwelt standen.

Größe und Wirtschaftsform einer Oase hängen in erster Linie von der Ergiebigkeit der Wasserquellen ab. In den Regionen von Nefzaoua und Djerid erfolgt die Versorgung auf recht unterschiedliche Weise. Einige Oasen empfangen ihr Wasser aus den Bergen, indem die Bewohner dortige wasserführende Schichten angraben und in unterirdischen Kanälen mit leichtem Gefälle in den Ort führen. Dieses aus dem Iran stammende *Qanat*-System, im Arabischen *Foggara* genannt, ist allerdings außerordentlich arbeitsaufwendig und im Unterhalt kostspielig, so daß die meisten dieser Kanäle dem Verfall preisgegeben werden. Andere Oasen etablierten sich an natürlich austretendem Grundwasser, das aus prähistorischen, tief unter der Erde liegenden Reservoirs stammt und durch artesischen Druck zur Oberfläche aufsteigt, wo es sich in Quelltöpfen oder Quellhügeln sammelt. Neuerdings werden die fossilen Speicher auch durch Bohrungen erschlossen, die bis in über 1000 m Tiefe reichen, was sogar die Neuanlage von Siedlungen, wie etwa der Oase Klib Dokhan, ermöglichte.

Wichtigste Kulturpflanze ist die Dattelpalme, die das Bild der Oasen auch äußerlich prägt. Der universell nutzbare Baum (vgl. S. 172f.) bildet das obere ›Stockwerk‹ des Oasengartens. Sofern genügend Wasser zur Verfügung steht, wachsen in seinem Schatten Obstbäume, insbesondere Aprikosen, Mandeln, Granatäpfel und Feigen. Den Boden bedecken Gemüsebeete und Luzerne für die Viehfütterung.

Die Aufteilung des knappen Wassers auf die einzelnen Gärten bestimmt Ökonomie und soziale Gliederung einer Oase ganz wesentlich: Nicht der bloße Besitz von Land ist entscheidend für die Einteilung in Arm und Reich, sondern die Verfügungsgewalt über das Wasser, wird doch nur dadurch nutzloses Land zu fruchtbarem Boden.

Aber nicht nur von Quantität und Qualität der Bewässerung hängen die Ernten ab, auch die zügige Ableitung des kostbaren Nasses ist äußerst wichtig, da mit dem Drainagewasser u. a. die Bodensalze abgeführt werden. Vor allem in der Nähe des Schotts mit seinem bodennahen Grundwasserspiegel können sich dabei ernsthafte Schwierigkeiten ergeben, da das stark salzhaltige Wasser infolge von Rückstau nicht abfließt, was die Böden beeinträchtigt. Die gleiche Wirkung hat ungenügende Bewässerung, da, wenn es an zureichender ›Spülung‹ fehlt, die hohe Verdunstung die Salze an die Oberfläche treten und verkrusten läßt. Viele Oasen haben mit diesem Problem zu kämpfen, nicht immer unverschuldet, da sie die Anbaufläche ohne Rücksicht auf das Wasserangebot ausweiten.

Die Zufuhr des Wassers erfolgt nach dem uralten Wasserrecht, das der aus Tozeur stammende berühmte Gelehrte Ibn Chabbat bereits im 13. Jahrhundert kodifiziert hat. Danach steht jedem Oasenbewohner pro Monat nur eine bestimmte Stundenzahl an Wasserzufuhr zur Verfügung, deren Verteilung vom Ältestenrat beschlossen und vom Wassermeister überwacht wird. Da dieses Wasserrecht verpfändet und verkauft werden kann, spielt es eine entscheidende Rolle im sozialen Gefüge – es ist Hauptanlaß für Spannungen und Fehden innerhalb der Oasengemeinschaft sowie eine der wichtigsten Ursachen sozialer Differenzierungen.

Wenigen Großgrundbesitzern steht in der Regel eine Vielzahl von Pächtern gegenüber, die noch heute nach dem traditionellen *Khamessat*-System (*Khamsa* = fünf) ihre Erträge an den Landeigner abführen müssen. Dieser erhält ein oder zwei Fünftel der Ernte für die Pacht und ein weiteres Fünftel für Arbeitsgerät und Arbeitstiere, so daß dem Pächter nur das Lebensnotwendige bleibt und er sich nie aus der Abhängigkeit zu lösen vermag. Etwas besser geht es der ›Mittelschicht‹, die von den kleinen Händlern und Handwerkern gebildet wird.

Nur auf den ersten Blick erscheinen die ›klassischen‹ Oasen als isolierte Inseln, tatsächlich aber standen sie seit jeher in einer engen Wechselbeziehung mit den Nomaden der umliegenden Wüste: Die Kamelzüchter waren auf die Versorgung mit Agrarprodukten angewiesen, dafür stellten sie durch ihr Transportmonopol die Verbindung mit der Außenwelt her und ermöglichten den Handel, ohne den die meisten Oasen nicht hätten überleben können. Friedliche Koexistenz war aber eher die Ausnahme, unterschieden sich doch die Lebensauffassungen von Nomaden und Seßhaften grundlegend. Die militärisch überlegenen, beweglichen Kamelreiter brachten die Oasen nicht selten in ihre Abhängigkeit und wurden zu Grundeigentümern, die ihren Besitz von Pächtern oder Sklaven bewirtschaften ließen.

Die Einbeziehung der Oasen in die Gesamtwirtschaft des Landes hat manchen Wandel gebracht. Die verbesserte Infrastruktur ermöglicht die Arbeit außerhalb, vielfach sogar im Norden Tunesiens oder selbst in Frankreich. Die schönsten Häuser gehören heute nicht mehr den Familien mit den meisten Wasseranteilen, sondern den Fremdarbeitern, die nur noch besuchsweise nach Hause kommen. Transistorradios und Fernsehgeräte bringen die weite Welt in die entlegensten Winkel, die Schulen neue Ideen, Denkanstöße und Perspektiven.

Kebili

Der etwa 6000 Einwohner zählende Verwaltungsort, den man nach 120 km Fahrt auf guter Straße von Gabès aus erreicht, ist die erste und wichtigste Oase der Nefzaoua-Gruppe. Bereits die Römer unterhielten hier einen Posten zur Grenzverteidigung. Seinen zweifelhaften Ruhm verdankt Kebili dem Sklavenhandel, der bis zum Verbot im Jahre 1846 florierte. Später richteten die Franzosen eine Garnison für die Fremdenlegion ein. Bourguiba wurde 1942 in die Abgeschiedenheit von Kebili verbannt – wohl auch deshalb, weil der Ort mit Höchsttemperaturen bis zu 55 °C zu den heißesten Plätzen nicht nur Tunesiens, sondern sogar der Welt zählt (lediglich in einigen anderen Saharaorten und im kalifornischen Death Valley wurden bislang höhere Lufttemperaturen gemessen).

Sehenswürdigkeiten im klassischen Sinn sucht man vergeblich. Entspannung bietet das neu angelegte große Wasserbecken mit schattigen Palmen und einem Café an der Straße nach Douz. Biegt man etwa 200 m davor nach rechts ab, gelangt man in den alten, weitgehend verfallenen Ortsteil, dessen schmale, windgeschützte Gassen zentralsaharische Architektur andeuten. Einige Häuser sind noch von den Haratin, den Abkömmlingen schwarzer Sklaven, bewohnt; die gut erhaltene Moschee und ein strahlend weißer Marabout stehen in eigenartigem Gegensatz zu den Ruinen ringsum. Der Markt von Kebili wird jeden Dienstag abgehalten.

Verkehr: Busse von Gabès und Tozeur.

Unterkunft: Oasis Dar Kebili**** (am Ortsrand Richtung Douz), ✆ (05) 49 14 36, 49 12 95; Fort Autruches** (in einer ehemaligen Festung am Ortsrand, Thermalpool), ✆ (05) 49 02 33, Fax 49 05 37; Kitam** (am Ortsausgang Richtung Gabès), ✆ (05) 49 13 38; Ben Said (im Zentrum, einfach). Hotel Les Dunes de Nefzaoua*** (22 km entfernt in der Oase Zaouia, unmittelbar am Schott), ✆ (05) 49 92 11.

Palme und Kamel – Pfeiler der Oasenwirtschaft

Dattelernte für den Hausgebrauch

Für Reisende und wohl auch für die Bewohner der Sahara ist es heute kaum vorstellbar, daß Dattelpalme und Kamel nicht schon seit Urzeiten zur nordafrikanischen Kulturlandschaft gehören, sondern ihre ursprüngliche Heimat in den Trockengebieten Zentralasiens haben.

Die Dattelpalme *(Phoenix dactylifera)* steht nach wie vor im Mittelpunkt der südtunesischen Oasenwirtschaft. In hervorragender Weise ist die zu den Fiederpalmen zählende Art den klimatischen Bedingungen der Schott-Region angepaßt, verträgt sie doch Temperaturschwankungen von –15 °C bis +50 °C und gedeiht sie selbst bei einem extrem hohen Salzgehalt des Bodenwassers von 15 g/l. Kultiviert werden zahlreiche Arten (u. a. *Khadrawi, Halawi, Mahjoul, Deglet beida*), vor allem aber die begehrte *Deglet en nour* (›Finger des Lichts‹), die als höchste Qualität gilt und vornehmlich für den Export bestimmt ist. Sie bedarf allerdings intensiver Pflege und benötigt mit 160 m^3 pro Jahr doppelt soviel Wasser wie die gewöhnlichen Sorten. Nach der Wasserzufuhr richtet sich auch die Dichte der Pflanzungen, die zwischen 40 und 400 Bäumen pro ha schwankt. Die Mißachtung dieses Prinzips hat vor allem in Nefta zu starken Ernterückgängen geführt, denn nur unter optimalen Bedingungen kann ein Baum bis zu 100 kg Datteln pro Jahr liefern.

Aufgezogen werden die Palmen aus Schößlingen besonders ertragreicher Bäume und nicht etwa aus den in den Datteln eingeschlossenen Kernen. Die erste Ernte kann nach fünf Jahren erfolgen, die höchsten Erträge liefert der Baum, der ein Alter von 200 Jahren erreichen kann, zwischen seinem 40. und 80. Lebensjahr. Die Palme ist diözisch (zweihäusig), d. h., es gibt weibliche, Früchte tragende Bäume und männliche, an denen nur Pollen reifen, wobei eine männliche Palme zur Befruchtung von 20–30 weiblichen Exemplaren ausreicht. Die Bestäubung wird künstlich vorgenommen, indem der Bauer die abgeschnittenen Pollenwedel in die Kronen der weiblichen Bäume steckt und dann dem Wind die Verteilung der Pollen überläßt. Die Erntezeit erstreckt sich über mehrere Monate von August bis Dezember.

Wie sonst nur die Kokospalme in tropischen Regionen hat die Dattelpalme als universelle Nutzpflanze das Leben der Oasenbewohner bestimmt und ihnen eine weitgehende Autarkie gesichert. Die unterschiedlichen Dattelsorten bilden die Grundlage der Ernährung: aus den stärkehaltigen wird Mehl zum Backen und Kochen gewonnen, aus den süßen eine Art Honig, die minderwertigen dienen als Viehfutter. Die hochwertigen Deglet en nour galten früher aufgrund ihrer hohen Qualität und guten Haltbarkeit sogar als Währung im Naturaltausch zwischen Oasenbewohnern und Nomaden. Sieht man eine Palme, die nur noch einen schmalen Blätterkranz besitzt, so wird aus ihr Palmsaft gewonnen: Der Saft tropft aus der abgeschlagenen, oben zugespitzten Baumkrone in eine ringsum eingekerbte Rinne und fließt von dort in einen Sammelbehälter. Vor allem an den Zufahrtsstraßen nach Gabès wird dieser Palmsaft angeboten. Kaum weniger wichtig als die Früchte sind Blätter und Stamm. Das Holz findet vor allem als Dachbalken Verwendung (die Länge der Stämme bestimmt dabei die Hausbreite), die Blätter dienen als Dachbedeckung und Windschutz *(Djerid)*, die holzigen Blattansätze als Brennstoff, während das faserige Material der Blattrippen den Grundstoff für Besen und Seile liefert.

Die bei uns übliche Verwendung des Begriffes Kamel als Schimpfwort zeugt von einer tiefen Unkenntnis dieses einmaligen Wüstentiers, das als wahrer Überlebenskünstler im Dienst des Menschen die Besiedlung der Sahara erst ermöglichte. Strenggenommen handelt es sich bei dem nordafrikanischen einhöckerigen Kamel um das Dromedar *(Camelus dromedarius)*, über dessen Herkunft und frühere Verbreitung noch immer Unklarheit besteht. Möglicherweise stammt es vom zweihöckerigen, in Zentralasien verbreiteten Trampeltier *(Camelus bactrianus)* ab, vielleicht hatten aber auch beide Arten gemeinsame, längst ausgestorbene Vorfahren. Bereits um 3000 v. Chr. war das Dromedar in Ägypten bekannt, verschwand dann aber wieder, um erst um 300 v. Chr. erneut in Nordafrika aufzutauchen. In ganz erstaunlicher Weise ist das Tier der Trockenheit seines Lebensraums angepaßt: Auf einen Schlag vermag es bis zu 135 l Wasser aufzunehmen und den Vorrat zwischen den Gewebezellen, insbesondere im Höcker, bis zu 14 Tage lang zu speichern. Geringe Urinausscheidung mit hoher Harnstoffkonzentration, Nieren, die auch salzhaltiges Wasser verarbeiten können, sowie die Fähigkeit, die Körpertemperatur um 9 °C bis

auf 46 °C zu erhöhen, erlauben dem Kamel einen äußerst sparsamen Umgang mit dem knappen Wasser. Auch hinsichtlich der Nahrung ist das Tier nicht wählerisch: Dank seines unempfindlichen Gaumens vermag es sogar den spitzen Dornen des Kameldornbusches oder den stacheligen Akazien Geschmack abzugewinnen, sogar aus Zellulose kann es Nährstoffe gewinnen. Geduldig schleppt es wochenlang bis zu 200 kg schwere Lasten durch unwegsames Gelände – erst das ›Wüstenschiff‹ ermöglichte Handelsreisen quer durch die Sahara! Wen wundert es da, daß die männlichen Einheimischen im Kamel ganz andere Tugenden sehen als wir Mitteleuropäer und seine Eigenschaften schmeichelnd mit denen einer begehrten Frau vergleichen.

Feste: Im November findet in Kebili ein Dattelfest statt.

Douz

Schon auf der Fahrt von Kebili nach Douz (30 km) erlebt man die Wüste hautnah: Dünenketten und kleine Sandverwehungen bestimmen das Bild, hin und wieder begleiten mühsam am Leben gehaltene Palmenhaine die Straße, dann wieder geht der Blick zur flimmernden Salzkruste des nahen Schott el Djerid. Allein von dieser Atmosphäre lebt Douz, denn zu sehen gibt es nicht viel. Aufgrund seines idyllischen Oasencharakters hat Douz seit einigen Jahren einen bedeutenden touristischen Aufschwung zu verzeichnen, der seinen Niederschlag in zahlreichen Hotelneubauten und Dienstleistun-

Douz

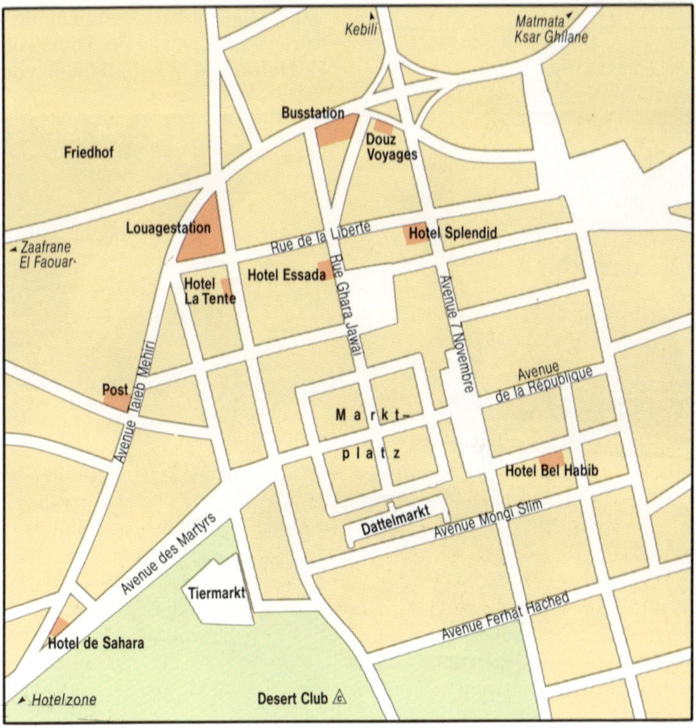

gen findet. Bequem untergebracht, können die Badeurlauber aus Djerba hier für einen Tag Wüstenabenteuer in wohldosierter Portion genießen. Über 500 Dromedare stehen zu kleinen Exkursionen in die Dünen bereit, und flackernde Lagerfeuer zaubern afrikanische Romantik in komfortable Camps. Wer den Ort besucht, sollte möglichst am Donnerstag kommen, wenn der von Arkaden gesäumte Marktplatz zu buntem Leben erwacht und sich unter den Palmen des nicht weit entfernten Tiermarktes ein zeitloses Treiben entfaltet. Zwar finden sich längst nicht mehr die Tuareg-Karawanen aus der Sahara ein, aber nach wie vor werden in Douz Kamele verkauft, und die teilweise noch immer halbnomadisch lebenden Angehörigen des Marazig-Stammes wirken durchaus ›malerisch‹. Einen recht bescheidenen Einblick in das Leben der Wüstenbewohner bietet das sich im Aufbau befindliche Musée de Sahara am Place des Martyrs. Den größten Besucheransturm erfährt Douz am späten Nachmittag, wenn Hunderte von Menschen an der **Düne von El Hofra** (ca. 4 km südlich) von

Viehmarkt in Douz

Bussen auf Kamele wechseln, um in der pittoresken Wüstenlandschaft den Sonnenuntergang zu sehen und ein wenig Abenteuer pauschal zu schnuppern. Die oft beschworene Einsamkeit der Sahara darf man dann kaum erwarten, und nicht selten versinkt die Sonne schon vor Erreichen des Horizonts im Grau bodennaher Sandschleier.

So richtig erwacht die einst abgelegene Oase aus ihrem noch immer recht beschaulichen Alltag aber erst während des **Festival International du Sahara**, das alljährlich zwischen Weihnachten und Neujahr veranstaltet wird. Das sehenswerte Spektakel bietet mit Fantasias, Dromedarrennen, Tänzen, Musikdarbietungen und Paraden einen farbigen Querschnitt der Nomadenkultur von Nefzaoua. In dieser Zeit erhöhen sich die Hotelpreise, und Vorausbuchungen sind unerläßlich. Ein ähnliches Fest in kleinerem Stil (Festival de Tourisme) findet seit 1995 (am 10. November) statt. Am Hotel Caravanserail wurde ein kleiner Zoo eingerichtet.

Verkehr: Busverbindungen mit Kebili, Gabès, Tozeur und Tunis sowie mit den umliegenden Orten Sabria, El Faouar und Zaafrane.

Unterkunft: Die Hotels der gehobenen Klasse liegen außerhalb der Ortschaft in der Oase. Melia El Mouradi**** ✆ (05) 47 03 03, Fax (05) 47 09 05; Mehari***, ✆ (05) 49 50 88; Caravanserail***, ✆ (05) 47 01 23; Touareg***, ✆ (05) 47 05 57; Sahara Douz***, ✆ (05) 47 00 64; Sun Palm***, ✆ (05) 47 01 23; Saharien**, ✆ (05) 49 53 37; Rose de Sable (einfach), ✆ (05) 47 14 84. *Billigunterkünfte* im Zentrum: La Tente, Essada, Bel Habib du 20 Mars. Weitere *Touristenhotels* in den Oasen Zaafrane (Hotel Zaafrane, ✆ (05) 9 50 74) und El Faouar (Hotel El Faouar, ✆ (05) 9 50 85). *Camping:* Camping Desert Club (am Tiermarkt in der Stadt), auch Hütten, ✆ (05) 47 05 75.

Restaurants: In den Hotels; Restaurant Oasis neben dem Touristenbüro; Restaurant La Rosa am Markt.

Touristeninformation: An der Zufahrt zur Oase. Monsieur Amor, der deutschsprachige , umtriebige Chef, zeigt sich bestens informiert und äußerst hilfsbereit (8.30–13 und 15–18 Uhr, Freitag und Samstag nur bis 13.30 Uhr), ✆ (05) 47 03 51.

Ausflüge: Kaum ein Tourist wird dem Angebot von Kameltouren entgehen. Als erfahrenste Anbieter gelten Douz Voyages, ✆ (05) 47 01 78, Fax 47 03 15 und Ghilane Travel Service, ✆ (05) 47 06 92, Fax 47 06 82, die auch mehrwöchige Kamel- und Jeepsafaris anbieten. Ultraleichtflüge über die Oase (Piste am Festplatz).

Impressionen vom Sahara-Festival ▷

Die Oasen von Zaafrane, Sabria und El Faouar

Diese winzigen Siedlungen südwestlich von Douz markieren den Grenzbereich menschlicher Niederlassungen am Rande der großen Sandwüste des Erg Oriental. Mit Windzäunen aus Palmwedeln, den *Djerid,* die dem Schott seinen Namen gegeben haben, versuchen die Bewohner, der immer weiter fortschreitenden Versandung Herr zu werden, ein mühevoller, auf lange Sicht wohl auch vergeblicher Kampf gegen die zunehmende Austrocknung des nördlichen Afrika. Immer häufiger säumen Wanderdünen und trockenliegende Salzseen die Straße. Auf der Fahrt in südwestlicher Richtung berührt man zunächst die Ortschaft **Zaafrane**. Von Dünen umgeben kämpfen auch hier die Palmenhaine gegen den Sand. Wie in vielen Orten des Südens hat auch hier die Regierung mit einem Neubauprogramm den Versuch unternommen, die Nomaden zur Seßhaftigkeit zu bewegen und vor allem die Angehörigen des Adhara-Stammes anzusiedeln. Daß Zaafrane aber bereits seit langem besiedelt ist, beweisen die Reste des alten Ortes jenseits eines Dünenkamms. Besonderer Beliebtheit erfreut sich dort ein romantisch inmitten des Sandmeers liegender kleiner Teich, ein Quelltopf, der mit seinen Schilfbeständen und schattigen Palmen den Urtyp der Oase verkörpert. Er ist bevorzugtes Ziel der Kamele, die bereits zu Dutzenden auf die Touristen warten.

Nomaden aus Sabria

Etwa 20 km weiter führt ein asphaltierter Abstecher nach links in die Oase **Sabria,** die vom Sand hart bedrängt wird und den Angehörigen des gleichnamigen Nomadenstammes als Siedlungsgebiet zugewiesen wurde. Die bei der Gabelung in der Ortsmitte nach links führende und dann ansteigende Piste führt den Besucher zum Friedhof mit seinem Marabout und den Resten alter Bausubstanz. Abgestorbene Palmen künden vom Absinken des Grundwasserspiegels.

Zur Hauptstraße zurückgekehrt, erreicht man bald darauf den Ort **El**

Erg Oriental bei Ksar Ghilane

Faouar, den am weitesten vorgeschobenen Außenposten der Zivilisation (41 km von Douz). Hier bemüht sich die Regierung, die Stammesangehörigen der Ghrib-Nomaden seßhaft zu machen. Auf den Touristen übt El Faouar aufgrund der modernen Gebäude kaum große Anziehungskraft aus, auch wenn ein Hotel vor den Toren der Ortschaft liegt. Lebensgrundlage sind zwei Quelltöpfe *(Gueltas),* in denen das Grundwasser in Form kleiner Seen zutage tritt. Aber auch hier sind die Dünen des nahen Erg Oriental immer weiter auf dem Vormarsch und bedrohen die Existenz der Bewohner.

Mit dem Geländewagen kann man auf einer stellenweise sehr sandigen Piste am Rande des Schott el Djerid zurück in Richtung Douz oder Kebili fahren.

Fahrt nach Matmata und in den Erg Oriental

Die 100 km lange, zum Teil sehr staubige, von Querrinnen und Felsbrocken durchsetzte und in der zweiten Hälfte sandige Piste sollte **nur** mit einem Geländefahrzeug ›erobert‹ werden, nicht mit Mietwagen (vgl. S. 211 f.). Auch dieses letzte Pistenabenteuer wird bald der Vergangenheit angehören, ist doch die Asphaltierung der Strecke bereits voll in Gang. Wüstenfahrer können auf dieser Route auch die

Am Rand der Oase von Sabria

Oase **Ksar Ghilane** erreichen, müssen dann aber genug Wasser und Brennstoff mitführen (dort keine Tankmöglichkeit; Übernachtung in Hütten und 3 Campingplätzen in der Oase; Thermalquelle). Infos über den Pistenzustand und Erfrischungen bei km 50 an der Abzweigung nach Ksar Ghilane.

Fahrt über den Schott el Djerid

Von Kebili führt eine asphaltierte Straße nach Nordwesten auf die in den Salzsee ragende Halbinsel Menchi. Sie passiert mehrere kleine Oasen, ehe sie auf einem 50 km langen, gut ausgebauten Damm den Schott el Djerid überquert. So weit das Auge reicht, bestimmen nun Sandfelder, Salzkrusten und tiefgrüne Wasserlachen das Bild der völlig ebenen Landschaft. Hin und wieder laden aus Palmwedeln improvisierte Erfrischungsbuden zu kurzem Halt, den man auch zu einem Spaziergang auf dem ›See‹ nutzen kann. Man sollte sich allerdings hüten, die vermeintlich feste Fläche mit dem Wagen zu befahren. Bricht das Auto durch die harte Deckschicht in den weichen Salzschlamm, bringt auch ein Vierradantrieb keine Rettung mehr! Interessant ist zu beobachten, wie der jeweils vorherrschende Wind das Gesicht der Randzonen beeinflußt: Während auf der Südostseite vegetationslose, gewellte, vom Wind angehäufte Sandflächen den Übergang zum Salzsee bilden, schieben sich an der meist im Windschatten liegenden Nordwestseite Palmen- und Grasbestände bis unmittelbar an den Schott (vgl. S. 30f.).

Kara ben Nemsis Ritt über den Schott

»Halef streckte die Hand aus und deutete hinab. ›Siehst du den Schott, Sidhi? Hast du ihn schon einmal überquert?‹ – ›Nein.‹ – ›So danke Allah, denn sonst wärst du vielleicht bereits zu deinen Vätern versammelt! Und wir wollen wirklich hinüber?‹ – ›Allerdings‹ – ›B'smillah, in Gottes Namen‹.«

Im zweiten Kapitel seines ersten Buches, dessen Titel ›Durch die Wüste‹ wohl jedem Jungen vertraut ist, hat Karl May dem Schott el Djerid ein literarisches Denkmal gesetzt. Obwohl der Volksdichter die Länder seiner Abenteuer nie sah, sind seine Landschaftsbeschreibungen ausgesprochen präzise und dazu äußerst lebendige Momentaufnahmen aus dem 19. Jahrhundert: »Die Einsenkung des Schottgebiets ist heutzutage zum großen Teil mit Sandmassen gefüllt, und nur in der Mitte der einzelnen Vertiefungen hat sich eine ziemlich beträchtliche Wassermasse erhalten, . . . Das Wasser dieser Schotts ist grün, dickflüssig und bei weitem salziger als das des Meeres . . . Die eigentliche Gefahr beim Einbrechen durch die Salzdecke ist bedingt durch Massen eines flüssigen, beweglichen Sandes, der unter der hellgrünen Wasserschicht schwimmt und eine Folge der jahrtausendelangen Arbeit des Samums ist, der den Sand aus der Wüste ins Wasser trieb . . . Der Djerid verschlang bereits Tausende von Kamelen und Menschen, die in seiner Tiefe spurlos verschwanden. Im Jahre 1826 mußte eine Karawane, die aus mehr als tausend Lastkamelen bestand, den Schott überschreiten. Ein unglücklicher Vorfall brachte das Leitkamel vom schmalen Weg ab. Es versank im Abgrund des Schotts, und ihm folgten alle anderen Tiere. Kaum war die Karawane untergegangen, so nahm die Salzdecke wieder ihre frühere Gestalt an, und nicht die kleinste Veränderung verriet den gräßlichen Unglücksfall.«

Das Szenario für den ›Todesritt‹ war bereitet – Kara ben Nemsi, sein treuer Begleiter Hadschi Halef Omar und der einheimische Führer Sadek konnten sich ins Abenteuer stürzen. Sie nahmen den schwierigen Weg zwischen Kriz und Kebili und damit genau jenen Übergang, der heute von der asphaltierten Dammstraße eingenommen wird.

»›Nimm dich in acht, Effendi! Jetzt kommt die schlimmste Stelle des ganzen Weges. Der Pfad geht oft durch hohes Wasser und wird dabei auf einer langen Strecke so schmal, daß man ihn mit zwei Händen bedecken kann.‹ . . . Es war fürchterlich! Jetzt kamen wir an eine Stelle, die uns auf wohl zwanzig Meter Länge kaum einen fünfundzwanzig Zentimeter breiten, halbwegs zuverlässigen Pfad bot. ›Effendi aufgepaßt! Wir stehen mitten im Tod‹, rief der Führer.«

Natürlich war dies der geeignete Ort für den Überfall des bösen Hamt el Amasat, bei dem der treue Führer Sadek den Tod fand und Hadschi Halef Omar in Lebensgefahr geriet. »Gerade an der Stelle, wo ich festen Fuß gefaßt hatte, kämpfte Halef um sein Leben. Er war zwar eingebrochen, hielt sich aber doch an der dort sehr starken Salzkruste fest. Ich sprang hinzu, riß den Bärentöter herab, warf mich platt nieder und streckte dem Versinkenden die schwere Büchse hin. ›Faß den Riemen!‹ – ›Ich habe ihn, Sidhi! Oh Allah, Allah!‹«

Wie jeder Leser weiß, ging die Sache gut aus, die beiden Helden erreichten wohlbehalten das Ufer und zogen weiter nach Kebili, wo sie neue Abenteuer zu bestehen hatten. Wie weit sind doch die Touristen unserer Tage von so gefährlichen Schottüberquerungen entfernt!

Die Djerid-Oasen

Im Oasentrubel von Tozeur; orientalische Prachtentfaltung im Museum Dar Cherait; Spaziergang im Schatten der Dattelhaine zum ›Paradies‹; Blick über den Talkessel von Nefta; auf den Spuren heiliger Sufis im Oasengrün.

Wegen ihres Wasserreichtums, der auf artesischen Quellen beruht, und der hervorragenden Qualität ihrer Datteln nehmen die am Nordwestrand des Schott el Djerid gelegenen Oasen eine wirtschaftlich weitaus wichtigere Stellung ein als die Siedlungen im Nefzaoua. Schon der Name ›Djerid‹ weist auf die herausragende Bedeutung der Dattelpalme hin, die hier von alters her im Mittelpunkt der Agrarwirtschaft steht. Vornehmlich in dieser Region werden die berühmten *Deglet en nour,* die ›Finger des Lichts‹, geerntet.

Tozeur

Geschichte

Die heute etwa 35 000 Einwohner zählende Oase, die größte der Schott-Region, diente unter dem Namen Thusuros bereits den Römern als vorgeschobener Posten zur Sicherung der tunesischen Provinz gegen Einfälle kriegerischer Wüstenvölker. Der überlieferte Briefwechsel zwischen dem Bischof von Thusuros und dem hl. Augustinus läßt vermuten, daß sich im Djerid eine Hochburg des frühen Christentums befand, auch wenn dies nicht durch Baudenkmäler belegt wird. Erst der Einfall der islamischen Heere zwang die christianisierten Berber, sich der neuen Religion zu beugen. Als Umschlagplatz des Karawanenhandels zwischen Schwarzafrika und dem Mittelmeer erlebte die Oase im 13. und 14. Jahrhundert ihre wirtschaftliche Blütezeit und entwickelte sich zu einem Hort islamischer Gelehrsamkeit, der Männer wie Ibn Chabbat hervorbrachte (vgl. S. 170). Fortgesetzte Überfälle kriegerischer Wüstenbewohner sowie um sich greifende Seuchen leiteten im 15. Jahrhundert den Niedergang ein.

Heute ist Tozeur Sitz der Provinzregierung, wichtiger Marktflekken (Dienstag) und Zentrum des Tourismus. Das stark auf den Fremdenverkehr eingestellte Handwerk bietet vor allem die bunten Webteppiche mit traditionellen Nomadenmustern, aber auch Lederartikel und Schmuck an. Wie bei Wüstensiedlungen üblich, besteht Tozeur aus der eigentlichen Ortschaft und der Oase.

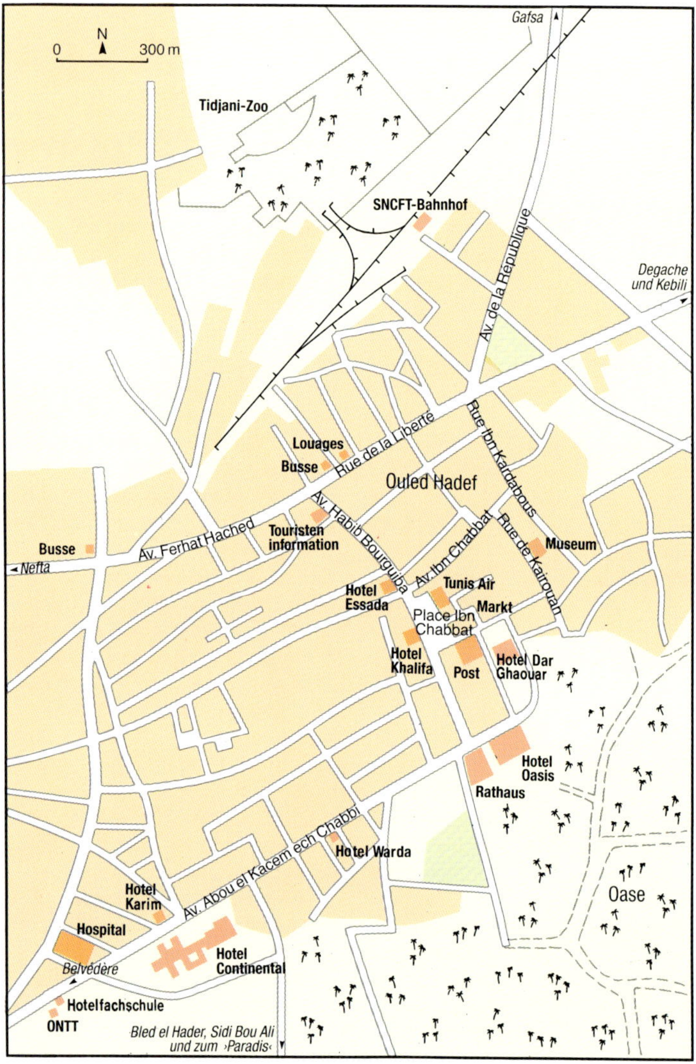
Gafsa
N
0
300 m
Tidjani-Zoo
SNCFT-Bahnhof
Degache
und Kebili
Av. de la République
Rue de la Liberté
Louages
Busse
Ouled Hadef
Rue Ibn Kardabous
Av. Habib Bourguiba
Av. Ferhat Hached
Touristen
information
Busse
Nefta
Av. Ibn Chabbat
Rue de Kairouan
Museum
Tunis Air
Hotel
Essada
Markt
Place Ibn
Chabbat
Hotel
Khalifa
Post
Hotel Dar
Ghaouar
Hotel
Oasis
Rathaus
Av. Abou el Kacem ech Chabbi
Hotel Warda
Oase
Hotel
Karim
Hospital
Hotel
Continental
Belvédère
Hotelfachschule
ONTT
Bled el Hader, Sidi Bou Ali
und zum ›Paradis‹

Tozeur

Die Stadt

Im Ort verdient die Backsteinarchitektur Beachtung, die vor allem im renovierten **Altstadtviertel Ouled Hadef** sehr eindrucksvoll repräsentiert ist. Grundmaterial sind gebrannte Tonziegel des einheitlichen Formats 25 × 10 × 4 cm. Der angefeuchtete Brei wird durchgeknetet und mit einem Holzrahmen in die gewünschte Form gebracht. Je nach Witterung trocknen die Steine dann zwei bis fünf Tage in der Sonne, um anschließend für 24–36 Stunden in den Brennofen zu wandern. Die Eigenart der Architektur liegt in den unverkleideten Fronten, die durch hervorstehende Steine in vielfältige geometrische Muster aufgelöst werden. Diese dienen nicht nur der Dekoration, sondern tragen durch den Schatten, den sie werfen, auch zur Kühlung der Wand bei. Um die starken Klimaschwankungen auszugleichen, sind die Grundmauern und Außenwände mit 60–80 cm außergewöhnlich dick. Die Breite der Räume wird, wie auch beim Haouch auf Djerba (vgl. S. 22 ff.), durch die maximale Länge der als Deckenbalken verwendeten Palmenstämme bestimmt: Sie liegt zwischen 3 und 4 m. Die Räume gruppieren sich in teilweise zweistöckiger Anordnung um einen Innenhof. Wie bei vielen islamischen Stadtbehausungen fehlen Fenster zur Straßenseite hin. Überdies ist der Zugang zum Hof abgewinkelt, um den Einblick von der Gasse aus zu verwehren. Größere Häuser haben ein überdachtes Fremdenzimmer und einen Vorhof, der die Privatsphäre der Familie, insbesondere der Frauen, wahrt und im Winter zugleich als geschützter Arbeitsplatz dient. Vielfach schieben sich die Räume des ersten Stocks über die Gasse, oft berühren sie dort sogar die Bauwerke der Nachbarn auf der anderen Straßenseite, so daß tunnelartige Durchgänge entstehen.

Rings um den Hauptplatz Ibn Chabbat konzentriert sich das öffentliche Leben. Hier liegen die Restaurants, Souvenirläden, Banken, die Post und der überdachte Markt, überragt vom Backsteinminarett der Großen Moschee. Die Nahtstelle zwischen Oase und Stadt bildet die schnurgerade, von Hotels und Verwaltungsgebäuden gesäumte Av. Abou el Kacem.

Einen hervorragenden Eindruck traditioneller Baukunst und Lebensweise vermittelt das etwa 2 km südlich des Zentrums nahe dem Hotel El Jerid gelegene Privatmuseum ›**Dar Cherait**‹ (täglich geöffnet 8–24 Uhr). Der Bau verkörpert mit seinen prachtvollen säulenumstandenen Innenhöfen, den reichen Kachel- und Stuckverzierungen sowie aufwendigen Holzmalereien den Typus des Feudalanwesens aus dem 19. Jahrhundert. Aber auch die prunkvoll ausgestatteten Räume versetzen den Besucher in die Welt von Tausend-und-einer-Nacht und lassen ihn leicht vergessen, daß sich das Leben des weitaus größten Teils der Bevölkerung in

Fassadengestaltung mit Ziegelreliefs

ganz anderem Rahmen vollzog. Gezeigt werden Möbel, kunstvoll gearbeitete Waffen, Festtagsgewänder, eine Puppensammlung, Bücher und Handschriften. Besonders gelungen sind die naturgetreuen Nachbildungen eines türkischen Bades, einer traditionellen Küche, einer Koranschule und eines Schlafgemachs. Angeschlossen ist ein Disneyland nachempfundener Märchenpark, ›Medina 1001 Nuit‹, der Erzählungen aus 1001 Nacht mit lebensgroßen Figuren vor orientalischer Kulisse thematisiert. Mit der Geisterbahn durchfährt man die Höhle Aladins, wirft einen Blick auf den Sklavenmarkt und in den Harem und bewundert das Schiff Sindbads. Museum und Park sind Teil des Centre d'Animation Culturelle et Touristique, zu dem auch ein maurisches Café, das Nobelrestaurant Sheherazade und das Luxushotel Dar Cherait zählen.

Das kleine Musée Archéologique et Traditionelle in der Altstadt (geöffnet 8–12 und 15–18 Uhr, montags geschlossen) nimmt sich gegen das Privatmuseum Dar Cherait wie ein Trödelladen aus, obwohl es einige bemerkenswerte Exponate vorweisen kann, darunter eine Handschrift Ibn Chabbats über das Bewässerungswesen und Relikte der römischen Epoche. Aber weder läßt sich eine Systematik der Fundstücke erkennen, noch ist eine mehrsprachige Beschriftung angebracht. Dafür erhält der Besucher eine persönliche Führung durch den Museumsaufseher.

Die Oase

Das etwa 1000 ha umfassende Kulturland von Tozeur wird durch etwa 200 Quellen und artesische Brunnen versorgt. Trotz neuer Bohrungen reichen diese aber nicht aus, um überall das viel Wasser benötigende Gemüse als Unterkultur anbauen zu können. So bestimmen Dattelpalmen das Bild der von sandigen Wegen durchzogenen Gartenlandschaft, in die kleine Weiler eingebettet sind. Biegt man vor dem Hotel Continental von der Av. Abou el Kacem in die Oase ein, erreicht man zunächst die ebenfalls von Backsteinbauten geprägte Siedlung **Bled el Hader** mit der auf römischen Grundmauern ruhenden, weitgehend zerfallenen Moschee. Von hier führt der Weg weiter zum Marabout des Ibn Chabbat, des berühmtesten Sohns der Stadt (gest. 1282). Ihm verdanken die Oasen Nordafrikas ihr ausgeklügeltes System zur Bemessung des knappen Wassers (vgl. S. 170). Da das Wasserrecht verpachtet und verkauft werden konnte, hat sich im Laufe der Zeit eine recht komplizierte Besitzstruktur herausgebildet. Etwa ein Drittel der Palmen befindet sich in Händen von 60 Familien, weitere 10% gehören der religiösen Gemeinschaft Zaouiya Tidjaniya, den Rest teilen sich unzählige Kleinbauern. Bemerkenswert ist, daß sich das traditionelle Prinzip der Oasenwirtschaft, eigenes Land nicht selbst zu bearbeiten, in Tozeur bis heute gehalten hat. Es entstammt den Zeiten, als kriegerische Viehzüchter große Teile des Kulturlandes in Besitz nahmen, ihr gewohntes Leben deshalb aber keineswegs aufgaben. Für echte Wüstennomaden galt Handarbeit seit jeher als verachtenswerte Beschäftigung, die sie lieber den Pächtern und schwarzen Sklaven überließen.

Folgt man der gewundenen Piste durch die Oase weiter, gelangt man zu dem fast verfallenen Marabout des Sidi Ali Bou Lifa, den ein jahrhundertealter, mittlerweile abgestorbener Brustbeerbaum (›Le Grand Jujubier‹; *Sizyphus spina Christi)* bewacht. Hier zweigt eine Piste zur vielgepriesenen Attraktion **›Le Paradis‹** ab, einem touristisch aufgemachten Garten mit einigen Wüstentieren (Eintritt). Erwähnt, aber nicht empfohlen sei der ›Zoo du Desert‹ (oder ›Zoo du Tidjani‹) im Norden der Stadt, wo in wenig artgerechter Weise Tiere als Unterhaltungsobjekte vorgeführt werden.

Ein zweiter lohnender Abstecher in die Oase beginnt links neben dem Hotel Dar Cherait. Die Piste schlängelt sich durch schattige Palmenhaine zum 2 km entfernten **Belvédère,** einem durch Sandsteinformationen gebildeten Aussichtspunkt, zu dem man hinaufklettern kann. Unterhalb liegen die Ras el Aioun (30 °C), eine der Hauptquellen von Tozeur.

Der noch vor wenigen Jahren sehr schöne Blick über das Meer der Palmen stimmt heute eher traurig, offenbart er doch nunmehr ein erschreckendes Ausmaß abgestorbener Bäume und ausgetrockneter Bewässerungsgräben an den Randzonen der Oase. Verantwortlich für diesen Verfall jahrhundertealten Kulturlandes ist der stark angewachsene Wasserbedarf infolge der Bevölkerungszunahme und nicht zuletzt durch die wasserverschwendenden Pools und Klimaanlagen immer neuer Luxushotels. Mit viel Aufwand werden nun neue Kanäle angelegt, um der Oase ihren alten Charakter zurückzugeben.

Flugzeug (Flughafen 6 km vom Ort nahe der Straße nach Nefta): Verbindung mit Tunis, Djerba, Lyon, Paris.

Eisenbahn: Der Personenverkehr ist seit 1990 eingestellt. Der nächste Bahnhof befindet sich in Metalaoui. Von dort 1× täglich Verbindung mit Tunis über Gafsa.

Busse: Abfahrten an der Straße nach Nefta; **Louages:** nahe Kreuzung Av. Habib Bourguiba/Av. Ferhat Hached). Busverbindungen u. a. mit Tunis (über Kairouan), Nefta, Gafsa und Douz, zu den Bergoasen Chebika, Tamerza und Mides nur Louages.

Mietwagen: Filialen (Straße nach Nefta) von Hertz, Avis, Europcar.

Unterkunft (Auswahl): *Hotels am Oasenrand (Zone Touristique:* Dar Cherait*****, ✆ (06) 45 48 88; Palm Beach Palace*****, ✆ (06) 45 31 11; Abou Nawas****, ✆ (06) 45 27 00; La Palmerai****, ✆ (06) 45 21 16; Basma***, ✆ (06) 45 24 88; Phedra***, ✆ (06) 45 21 85. *Stadthotels:* Oasis***, ✆ (06) 45 05 22; Continental***, ✆ (06) 45 05 26; Dar Ghaouar**, ✆ (06) 45 27 82; Splendid, ✆ (06) 45 00 53; Warda, ✆ (06) 45 25 97; Khalifa (einfach); Karim, ✆ (06) 45 45 74 (einfach); *Camping:* Les Beaux Rêves (1,5 km vom Zentrum an der Av. Abou Kacem neben Hotel Continental); ein sehr schöner Platz liegt in der Oase Degache (Bedouine Camping, ca. 10 km in Richtung Schott, ausgeschildert).

Restaurants: In den Hotels; Le Petit Prince (gehobene Klasse, Oasenzufahrt nahe Hotel Oasis); billige Restaurants am Place Ibn Chabbat (u. a. République).

Touristeninformation: Hauptbüro an der Av. Abou Kacem neben dem Hotel Continental, Zweigstelle (Syndicat d'Initiative) an der Av. Habib Bourguiba, ✆ (06) 45 15 00. Markttag ist Sonntag.

Feste: Festival International des Oasis (zweite Dezemberhälfte), Festival de Tourisme (11. November).

Ausflüge: Ballonfahrten (Aero-oasis, Av. de Chabbi, ✆ (06) 45 15 00); Geländewagenausflüge (Reisebüros, ONTT); Kutschfahrten durch die Oase (Standplatz: Hotel Continental).

Nefta

Die 23 km westlich von Tozeur nahe der algerischen Grenze gelegene Oase (ca. 15 000 Einwohner) besticht durch ihre reizvolle landschaftliche Lage in einem Talkessel und durch ihr Flair einer echten Wüstenstadt. Daß sich der Tourismus in den letzten Jahren hier nicht in gleichem Maße entwickelt hat wie in den anderen Orten der

Der Transsaharahandel

Das Beladen der Karawane; Darstellung aus dem 19. Jahrhundert

Ihren Aufstieg zu wichtigen Handelszentren verdanken viele Oasen Südtunesiens nicht zuletzt dem Transsaharahandel, der bis ins 19. Jahrhundert hinein blühte und erheblich zum Reichtum der nordafrikanischen Städte beitrug. Erstmals erwähnt wird die Befahrung der Sahara mit Kampfwagen von dem griechischen Geschichtsschreiber Herodot (ca. 490–430 v. Chr.). Er berichtet von dem Berbervolk der Garamanten, die mit vierspännigen Kampfwagen Jagd auf »höhlenbewohnende Aithiopiden« machten. Felszeichnungen mit Wagendarstellungen mitten in der Sahara beweisen, daß Herodot keineswegs einem Märchen aufgesessen war. Die Funde lassen zwei Hauptrouten durch die Wüste erkennen, eine von Marokko ausgehende und eine in Tripolis beginnende. Beide hatten den Nigerbogen zum Ziel, von wo aus die Jagd auf schwarze Sklaven betrieben wurde.

In römischer Zeit dürften Transsaharareisen noch sehr selten gewesen sein, zumal die Austrocknung der Wüste bereits weit fortgeschritten war und das Kamel als wichtigstes Transportmittel erst seit der Zeitenwende in Nordafrika domestiziert wurde. Die Kontakte zu Schwarzafrika intensivierten sich jedoch, als die Araber die Macht im

Maghreb übernahmen und auf ihren Eroberungs- und Handelszügen bis Westafrika vordrangen. Für Tunesien und Djerba wurde bald die alte, am Hoggar-Gebirge vorbei nach Gao am Niger führende Route zur wichtigsten Verbindung. Gold und Elfenbein fanden ihren Weg zur Küste des Mittelmeers, vor allem aber, wie schon im Altertum, die schwarzen Sklaven. Menschenjagd und Karawanenhandel lagen in den Händen der Tuareg, die sich bald ein Monopol zu sichern wußten, das erst durch den massiven Druck der Europäer während der Kolonialzeit endete. Vor allem das Verbot des Sklavenhandels, 1846 in Tunesien und 1848 in Algerien erlassen, verdarb den Tuareg das Geschäft und machte sie zu Todfeinden der ›Ungläubigen‹.

Zu gern hätten die Franzosen die bestehende Infrastruktur genutzt, um selbst ins Transsaharageschäft einzusteigen, wenn auch nicht mehr in Verbindung mit dem Sklavenhandel. Im April 1881, unmittelbar vor Abschluß des Protektoratsvertrages von Bardo, trat der französische Capitaine Bordier mit einem entsprechenden Plan vor die in der Sorbonne versammelten Wissenschaftler und Politiker, obwohl das Massaker an der Expedition des Obersten Flatters kaum zwei Monate zurücklag: Tuareg hatten dessen Truppe im Hoggar-Gebirge in den Hinterhalt gelockt und fast bis zum letzten Mann aufgerieben. Aber mit Gewalt und Geld, so meinte Bordier, ließe sich auch dieses Problem lösen. Sein Ziel war es, in Tunesien einen Gegenpol zum damals noch türkisch beherrschten Tripolis zu schaffen, dem traditionell wichtigsten Ausgangspunkt für den Karawanenverkehr durch die Wüste. Aus strategischen und geographischen Gründen befürwortete Bordier Houmt Souk, das er zu einem gewaltigen Umschlagplatz ausbauen wollte, um die Warenströme aus Innerafrika zu kanalisieren und nach Europa zu lenken. Alle Bewohner Djerbas sollten in das Wirtschaftssystem eingebunden werden, ihr Öl, vor allem aber auch ihre handwerklichen Erzeugnisse als Tauschmittel Verwendung finden. Doch bald stellten erbitterte Gegner Bordiers andere Lösungen zur Diskussion. Als Endhäfen waren nun auch Bou Grara (das alte Gightis) und vor allem die Küstenoase Gabès im Gespräch. Aber bevor die Pläne zu Taten heranreiften, fiel das Projekt Transsahara zusammen wie ein Kartenhaus: Im Juni 1896 massakrierten die Tuareg, wohl auf Betreiben der arabischen Händler, erneut eine französische Expedition und schlugen damit den Europäern das Tor nach Schwarzafrika zu, bevor es richtig geöffnet war. Nie mehr sollte die große Wüste für den Warenverkehr die Rolle spielen, die sie unter den arabischen Herrschern gehabt hatte.

Man könnte meinen, der Karawanenhandel sei im Zeitalter des Automobils ohnehin gänzlich zum Erliegen gekommen, aber er ›blüht‹ im Verborgenen, hat sogar eine nur für Eingeweihte bemerkbare Renaissance erlebt. Nach Aussage eines Militärkommandanten wird der kaum zu kontrollierende und für Fahrzeuge unpassierbare Erg Oriental tief im Süden Tunesiens heute wieder regelmäßig von Karawanen durchquert, die Luxusgüter wie Fernseher und Videorecorder von Libyen nach Algerien schmuggeln. Da die Grenzen zwischen den beiden Nachbarländern südlich des Erg gut bewacht sind, nehmen die ›Wüstenschiffe‹ den Weg durch den unbewohnten Dünengürtel und überqueren irgendwo südlich von Ksar Ghilane die tunesisch-algerische Grenze. Nur durch Zufall gerät eine derartige Karawane einmal in die Hände der tunesischen Militärpatrouillen, die ebenfalls mit Kamelen unterwegs sind und sich wie ihre Kontrahenten bei der Navigation allein auf den Spürsinn lokaler Führer verlassen.

Schott-Region, liegt u. a. am Abriß eines Großteils der alten Bausubstanz, der die Stadt einst ihren besonderen Charme verdankte. Ähnlich wie die südlichen Siedlungen des Nefzaoua ist auch Nefta stark der Versandung ausgesetzt.

Geschichte

Die historische Entwicklung zeigt deutliche Parallelen zum benachbarten Tozeur: Auch hier unterhielten die Römer ein Militärlager (Aggasel Nepte), das die Handelsrouten nach Süden sicherte, auch hier folgten die Wandalen, die Byzantiner und schließlich im 8. Jahrhundert der Islam. Wohl bedingt durch die Nähe der Wüste hat der Sufismus, die mystische Ausprägung der Lehre Allahs, in Nefta lange das religiöse Leben geprägt. Über 100 verstreut gelegene Marabouts (Heiligengräber) zeugen von der hohen Wertschätzung der islamischen Gelehrten, denen die Landbevölkerung auf Wallfahrten bis heute ihre Reverenz erweist. Aber auch der ›orthodoxe‹ Islam dokumentiert sich mit 24 Moscheen deutlicher als in anderen Ortschaften des Landes. An einer der Hauptkarawanenrouten durch die Sahara gelegen, war Nefta viele Jahrhunderte ein wichtiger Handelsplatz, ehe sich auch hier das Blatt wendete. Der durchaus sehenswerte Donnerstagsmarkt vermittelt nur noch einen schwachen Abglanz vergangener Zeiten, als vor den Toren die schwerbeladenen Karawanen aus den Oasen des algerischen Souf lagerten.

Der Ort

Der Ort gliedert sich in drei Teile, in die Neustadt, die Altstadt und

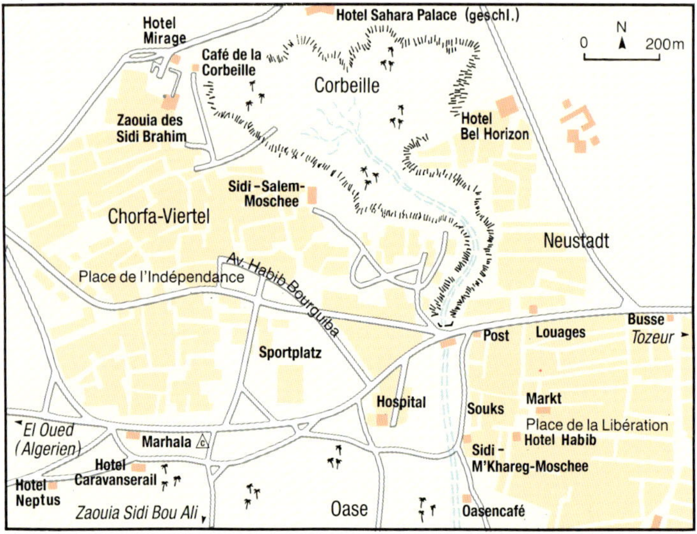

Nefta

die Oase. Neu- und Altstadt werden durch die **Corbeille** (Korb) voneinander getrennt, einen Talkessel, der im Halbkreis von einer Quelle aufsteigt. Die einst sehr malerischen, von Palmengärten umgebenen kleinen Quellteiche haben durch Betoneinfassungen und Rohrleitungen leider viel von ihrem ursprünglichen Reiz verloren.

Östlich der Corbeille zieht sich die immer mehr von Neubauten bedrängte **Altstadt** den Hang hinauf. Wie in Tozeur prägen auch hier Ziegelsteinhäuser und überdachte, schmale Gassen das Bild, wobei allerdings Zeichen des Verfalls weit deutlicher sind. Verheerende Folgen für die empfindliche Lehmarchitektur hatten die Unwetter im Januar 1990, die zahlreiche Bauwerke zum Einsturz brachten und der Altstadt damit viel von ihrer Ursprünglichkeit genommen haben. Am zur Corbeille hin abfallenden Rand reihen sich religiöse Bauten aneinander, darunter die Sidi-Salem-Moschee aus dem 16. Jahrhundert. Einen besonders schönen Blick auf Ortschaft und Oase hat man von dem ein Stück weiter oberhalb liegenden ›Café de la Corbeille‹. Vom Hang schräg gegenüber blickt das deplaziert wirkende Luxushotel ›Sahara Palace‹, ein Lieblingskind seines Initiators Habib Bourguiba, hinüber zu den Kuppeln der Sakralbauten. Schöne

Sufis und Marabouts, die Heiligen im Islam

Die islamischen Heiligen *(Marabouts)* haben ihren Platz vornehmlich in der Volksreligion der ländlichen Gebiete. Zum einen bestand die Notwendigkeit, der meist schreib- und leseunkundigen Bevölkerung den Koran nahezubringen und ihn für sie zu interpretieren, zum anderen galt es, den noch aus vorislamischer Zeit wirkenden Glauben an überirdische Kräfte zu befriedigen. Beide Funktionen erfüllte der islamische Heilige in ganz ähnlicher Weise wie z. B. der Sadhu im indischen Kulturkreis. Und wie in Indien ist auch im Islam die Gestalt des Heiligen eng mit der des Mystikers verknüpft, des *Sufi* (die Bezeichnung leitet sich von dem Wort *Suf* für das Wollgewand des Asketen her). Durch persönliche Hingabe, Askese und Weltentsagung versucht der Mystiker, in direkten Kontakt mit Gott zu treten. Denn nach Auffassung der Sufis existiert neben den allgemeingültigen, im Koran und in der Sunna niedergelegten Regeln noch eine spirituelle Ebene, die den Weg zu Allah zeigt. Als *Tariqa* (Pfad) wurde diese ›Geheimwissenschaft‹ vom Propheten selbst über die Heiligen weitergegeben. Höchstes Ziel ist die Nachvollziehung der Begegnung Mohammeds mit Allah während der in der 17. Sure beschriebenen ›Nachtfahrt‹ des Propheten in den Himmel.

Die Bemühungen eines Sufi verliehen ihm bei der ländlichen Bevölkerung nicht selten das Flair des Heiligen, zumal wenn ihm Wundertaten nachgesagt werden konnten. So wurde der Marabout über seine lehrende Funktion hinaus zum Mittler zwischen Himmel und Erde und damit zum geeigneten Medium der Wunschübermittlung: Über ihn konnte der fromme Moslem in Kontakt mit dem Göttlichen treten, ohne selbst den dornenvollen Weg des Sufi gehen zu müssen. Höchste Verehrung genossen vor allem jene Marabouts, die ihre Herkunft bis auf den Propheten zurückverfolgen konnten und sich daher mit dem Beinamen *Sharif* schmücken durften. In solchen Familien wurde das Amt des Marabout sogar erblich, woraus sich zuweilen politische Führungsansprüche ableiteten. Einige der großen Dynastien des Maghreb – so etwa die der Almohaden, die Marokko bis heute regieren – hatten ihre Keimzelle im religiösen Eifer und politischen Ehrgeiz eines Marabout. Vor allem bei den Nomadenstämmen, die in stetigen Fehden lagen, spielte der Heilige auch gesellschaftspolitisch eine sehr bedeutende Rolle als Schlichter und Schiedsrichter. Er gewährte den reisenden Händlern gegen Abgaben Schutz, und im Wirkungsbereich seines Heiligtums herrschte Waffenruhe, so daß sich der Warenaustausch zwischen ländlicher Bevölkerung, zugereisten Händlern und Nomaden ungestört entfalten konnte.

Aber auch über seinen Tod hinaus wirkt der Heilige. Seine Grabstätte, die ebenfalls den Namen Marabout trägt, spiegelt in ihrer einfachen Architektur die Funktion des frommen Mannes als Bindeglied zwischen Gott und den Menschen. Die Kuppel symbolisiert den Himmel, der quadratische Unterbau die Erde. Eine gewisse Ähnlichkeit mit einem buddhistischen Stupa ist nicht von der Hand zu weisen, zumal der Sufismus entscheidende Impulse aus dem asiatischen Raum empfangen hat. Die kleinen weißen Gebäude, denen man überall in Südtunesien begegnet, sind aber nicht unbedingt Grabstätten eines Marabout, oftmals wurden sie auch an Orten seines Wirkens oder nur an einem Rastplatz auf seinem Weg errichtet. Da die Kraft des Heiligen auch nach seinem Tode im Marabout ›gespeichert‹ bleibt, ja sich sogar verstärkt, werden die Gedenkstätten längst verstorbener Sufis auch heute noch aufgesucht, um den Segen *(Baraka)* zu erhalten, ohne den ein Leben kaum möglich ist. So verwundert es nicht, daß selbst in verfallenen Oasenstädten, etwa in Alt-Kebili oder Tamerza, der Marabout nach wie vor im frischen Glanz erstrahlt.

überdachte Souks mit teilweise verzierten Hausfronten findet man auch südlich der **Neustadt** rings um den kleinen Marktplatz.

Die Oase

Jenseits der Hauptstraße schließt die dichte, aus über 350 000 Dattelpalmen bestehende Oase an, in der vornehmlich die berühmten Deglet en nour gedeihen. Die hohe Qualität der Datteln täuscht leicht darüber hinweg, daß das 800 ha umfassende Kulturland mit Strukturproblemen zu kämpfen hat. Wassermangel, starke Zerstückelung der Parzellen und zu dichte Bepflanzung haben die Erntemenge drastisch reduziert. Die nach modernen Gesichtspunkten neu angelegten Palmenhaine von El Hamma bei Tozeur produzieren beispielsweise die 10fache Menge. Eingebettet in die Oase liegt der **Marabout des Sidi Bou Ali,** eines marokkanischen Sufi, der im 13. Jahrhundert nach Nefta kam und sich großes Ansehen als Schlichter religiöser Streitigkeiten erwarb.

Verkehr: Häufige Bus- und Louageverbindungen mit Tozeur.

Unterkunft: *Gehobene Klasse:* Sahara Palace*** (derzeit geschlossen); Bel Horizon***, ✆ (06) 43 00 88 (über der Corbeille); Caravanserail***, ✆ (06) 43 03 55;

Blick auf Nefta mit dem Schott el Djerid im Hintergrund

Neptus***, ✆ (06) 43 03 21; La Rose de Nefta***, ✆ (06) 43 06 96, (alle am westlichen Ortsausgang); Le Mirage**, oberhalb der Corbeille, ✆ (06) 43 06 22. *Preiswerte Unterkünfte:* Habib* (im Zentrum), ✆ (06) 43 04 97; Le Nomad (am Ortseingang), ✆ (06) 43 00 52; Touringclub Marhala (am westlichen Ortsausgang), ✆ (06) 43 00 27. *Camping:* Im Marhala und Le Nomad.

Restaurants: In den Hotels, Café de la Corbeille, Les Sources (nahe Ortseingang); Paradis am Souk.

Märkte: Markttag ist Donnerstag. Ein Mineralienmarkt (vorwiegend Sandrosen) liegt 10 km entfernt an der Straße zur algerischen Grenze.

Feste: Zahlreiche islamische Moussems (Wallfahrten), Dattelfest (Nov./Dez.); Folklorefest im April.

Die Bergoasen

Fahrt zu den römischen Wachtposten am Rande der Wüste, zu Chebikas verwunschener Oase im Schatten hoher Berge, den erfrischenden Wasserfällen von Tamerza und dem schwindelerregenden Canyon von Midès; Abstieg in die Schlucht von Seldja; kleine Pause an den römischen Bädern von Gafsa.

Chebika, Tamerza und Midès

Ein sehr zu empfehlender Ausflug führt von Tozeur in die nördliche Bergregion des 907 m hohen Djebel Negueb, der zu jenem Gebirgssystem gehört, das die Grenze zwischen Süd- und Mitteltunesien markiert. Auf der Hauptstraße G P 3 gelangt man zunächst in die Oase **El Hamma du Bled** (auch El Hamma du Djerid; ca. 2500 Einwohner), deren Name bereits auf die Existenz von Thermalquellen hinweist (37 °C). Hier erzielt die Gesellschaft ›Oasis‹ durch neuartige Methoden des Dattelanbaus wesentlich höhere Erträge als die Bauern mit ihrer traditionellen Wirtschaftsweise.

Unmittelbar hinter der Oase zweigt nach links (Nordwesten) eine Straße ab, die zunächst durch die Randzone des Schott el Rharsa führt, einer etwa 10 m unter dem Meeresspiegel gelegenen Depression. Die einst schwierige Piste ist nun durchgehend asphaltiert, die nächste Tankstelle liegt allerdings erst in Redeyef (85 km).

Nach 46 km trifft man auf die Bergoase **Chebika,** einst ein römischer Militärposten (Ad Speculum). Der lateinische Name ›Spiegel‹ deutet auf die einstige Funktion als Relaisstation in der römischen Befestigungskette, die den wichtigen Karawanenweg zwischen Gabès und dem algerischen Tébessa sicherte. Bereits die Karthager hatten diese Verbindung mit Gründung Thevestes im 7. Jahrhundert v. Chr. als Handelsroute zwischen der Sahara und der Küstenniederung genutzt, ehe die Römer nach ihrem Sieg über Karthago die Infrastruktur übernahmen und ausbauten. Über Spiegel, nachts mit Signalfeuern, übermittelten die Besatzungen die Informationen in Form von Lichtsignalen von Posten zu Posten. Die römische Nachrichtentechnik wurde später von den muslimischen Wehrburgen entlang der Küste, den Ribats, übernommen und fand auch

Alt-Tamerza

auf einigen der im 16.–18. Jahrhundert von Piratenüberfällen bedrohten Mittelmeerinseln Anwendung, etwa bei den Wachtürmen auf Mallorca.

Vom Ende der Ortsstraße (Parkplatz, Café) kann man in das dichte Grün der Oase hinabsteigen. Sie empfängt ihr Wasser von Quellbächen aus den Bergen, die sogar einen kleinen Wasserfall bilden (einfache Unterkunft im Café L'Oasis).

Die Hauptpiste führt weiter durch das eindrucksvolle Durchbruchstal des Oued Khanga in unmittelbarer Nähe der algerischen Grenze. In engen Kehren windet sie sich durch die kahle Bergwelt und stößt nach 20 km auf die Ortschaft **Tamerza** (ca. 1500 Einwohner), das römische Ad Turres. Am Oaseneingang kann man mit dem Geländewagen den schmalen Oued Khanga durchfahren und zu einem kleinen, etwa 200 m entfernten Wasserfall gelangen (Souvenir- und Erfrischungsbuden). Die Hauptstraße steigt an und führt in einem Bogen in den Ort. Das nahe dem Zentrum am Fluß gelegene, recht romantische Hotel Les Cascades bietet einfache Unterkunft und Campingmöglichkeiten in der Nähe eines meist ausgetrockneten Wasserfalls. Noch weiter flußauf liegt die zerfallene Altstadt, die mit

Schlucht bei Midès

ihrer Ummauerung von weitem den Eindruck einer Festung erweckt.

Ab Tamerza ist die über Redeyef und Moulares nach Metlaoui weiterführende Straße asphaltiert und gut ausgebaut. Wenige Kilometer nach Verlassen von Tamerza zweigt links eine Piste in die unmittelbar an der algerischen Grenze liegende Oase **Midès** ab, die ehemalige römische Grenzfeste Mades.

Wie eine Insel war die Ortschaft früher durch drei tiefe Schluchten geschützt, die nur mit Seilen überwunden werden konnten. Erst später hat man durch Zuschütten eines Canyons einen bequemeren Zugang geschaffen. Dennoch ist auch das alte Midès vor zwei Jahrzehnten aufgegeben und durch eine neue Siedlung in einiger Entfernung ersetzt worden. Gleichwohl lohnt der Rundgang durch den alten Ortsteil mit seinen teilweise noch gut erhaltenen traditionellen Bau- und Wohnformen. Am Ortsrand befindet sich ein derzeit geschlossener Grenzübergang nach Algerien. Die nächste Grenzabfertigung erfolgt ein Stück entfernt bei Rmitta. Wanderer sollten vorsichtig sein. Das Überschreiten der nicht markierten Grenze nahe des Canyon-Endes kann äußerst unbliebsame Folgen haben!

Verkehr: Mehrfach täglich Busverbindung Redeyef–Tozeur, bis zur Fertigstellung der Asphaltstraße El Hamma–Chebika auf diesem Abschnitt nur Louages.

Unterkunft: Tamerza Palace**** (gegenüber der Altstadt), ✆/Fax (06) 45 37 22; Les Cascades (am Fluß, einfach), ✆ (06) 24 85 20. Campingmöglichkeiten in Midès.

Feste: Festival des Cascades (in Tamerza, Ende März).

Ausflüge: Die Region eignet sich hervorragend für Wanderungen durch wilde, farbenprächtige Gebirgsszenerie. Besonders empfehlenswert ist eine etwa 5–6stündige Rundwanderung von Tamerza nach Midès und zurück. Überdies sind die Berge des Djebel Negueb ein wahres Paradies für Mineraliensammler. Teilweise recht gute Stükke werden in Tamerza angeboten.

Die Hauptroute durchquert nun das für die tunesische Wirtschaft so wichtige Phosphatgebiet mit den stark industrialisierten Bergbauorten **Redeyef** und **Moulares.** Gewaltige Abraumhalden in leuchtendbunten Farbschattierungen verleihen der Landschaft den Charakter eines fremden Planeten, und wie ein Lindwurm begleitet ein Förderband viele Kilometer über Berge und durch Täler die Straße. In Moulares trifft man wieder auf die recht stark befahrene Straße Tozeur–Gafsa.

Biegt man in Metlaoui rechts nach Tozeur ab und folgt dem nach rechts weisenden Schild ›Selja 7 km‹, gelangt man zur **Seldja-Schlucht.** Man hält sich an der Pistengabelung rechts und fährt hinauf zur bereits von weitem sichtbaren Pumpstation, wo der Weg endet. Der Zugang zur Schlucht erfolgt entweder durch den Eisenbahntunnel (Vorsicht vor Zügen) oder auf einem schmalen Pfad, der entlang einer Rohrleitung hinab zum Schluchtausgang führt. Sollte der Zugang durch die Industrieabwässer, die man neuerdings durch die Schlucht leitet, versperrt sein, kann man den nur wenige Meter breiten Engpaß, der den bezeichnenden Namen ›Säbelhieb‹ trägt, auf der höher gelegenen Eisenbahntrasse problemlos umgehen. So ist es möglich, fast 10 km tief in die faszinierende Bergwelt vorzudringen (im Sommer Vorsicht vor Schlangen). Weniger abenteuerlich, dafür aber nostalgischer läßt sich die Schlucht auch mit dem ›Lézard Rouge‹ besuchen, einem holzverkleideten Salonzug (1910) des Bey Mohammed Naceur Pacha. Die sechs Wagen, darunter Salonwagen des Bey und ein Restaurantwagen, wurden renoviert und erstrahlen im alten Glanz. In der Vorsaison verläßt der Zug dienstags und freitags um 11 Uhr den Bahnhof von Metlaoui zu einer fast zweistündigen Fahrt durch die Schlucht. In der Hauptsaison verkehrt er auch öfter. Auskünfte und Buchungen im Hotel Tamerza Palace.

Gafsa

Die in ein Durchbruchstal der südlichen Ausläufer des Sahara-Atlas eingebettete Stadt, die heute etwa 65 000 Einwohner zählt, nimmt durch ihre Lage an der Nahtstelle

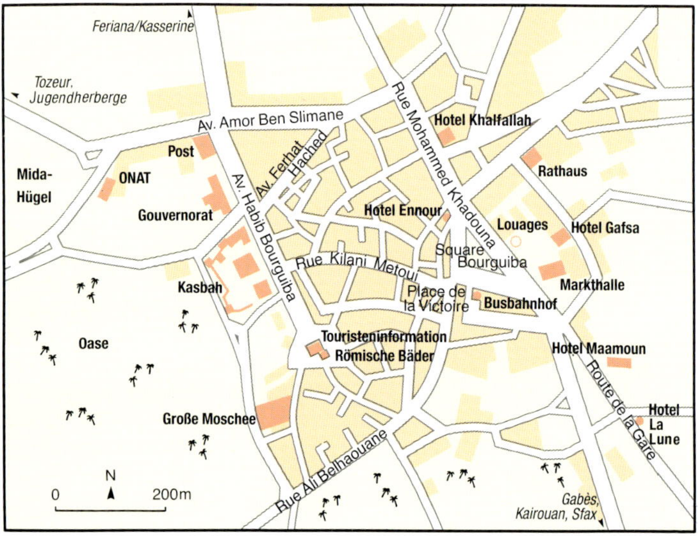

Gafsa

zwischen Steppe und Wüste seit jeher eine wichtige Vermittlerfunktion ein. Sie ist Provinzhauptstadt, Garnison, Verwaltungszentrum der Phosphatminen, Verkehrsknotenpunkt, Handwerkszentrum und ein bedeutender Markt (am Mittwoch).

Geschichte

Die ersten Spuren menschlicher Besiedlung reichen etwa 8 Jahrtausende zurück, als in den umliegenden Bergen prähistorische Jäger lebten. Sie prägten eine ganze Epoche, die nach dem römischen Capsa, auf das auch der heutige Ortsname zurückgeht, die Bezeichnung Capsien erhielt. Diese prähistorische Kultur, die den Zeitraum von 6450 bis 5000 v. Chr. umfaßte, hatte ihren Schwerpunkt in Südtunesien, ohne sich jedoch nach heutigen Erkenntnissen jemals bis zum Meer ausgebreitet zu haben. Kennzeichen sind große Muschelhaufen am Rande längst ausgetrockneter Seen, die einen Rückschluß auf die Ernährung zulassen, aber auch die ersten Ansätze künstlerischer Betätigung durch Steinritzungen und die Verzierung von Straußeneiern. Im zweiten vorchristlichen Jahrhundert kontrollierten die Numider den Zugang nach Süden. Die Römer, die den numidischen Posten 107 v. Chr. in der Auseinandersetzung mit Jugurtha zerstörten, gründeten im

1. Jahrhundert n. Chr. ihre Garnison Capsa. Fast unverändert hat sich der antike Name bis heute erhalten, auch wenn die Byzantiner im 6. Jahrhundert eine Umbenennung in Justiniania vornahmen. Um 680 fielen islamische Heere ein und legten die Stadt erneut in Schutt und Asche. Nur allmählich erfolgte der Wiederaufbau, bei dem die geschleifte byzantinische Festung in eine Kasbah umgewandelt wurde. Die starken Mauern konnten den Piraten Dragut freilich nicht abwehren, der den Ort 1556 im zweiten Versuch eroberte und vorübergehend besetzt hielt. Der wirtschaftliche Aufschwung Gafsas begann erst zu Beginn unseres Jahrhunderts mit der Entdeckung der Phosphatvorkommen in der Umgebung, die auch den Anschluß an das Eisenbahnnetz brachte. Während des Zweiten Weltkriegs stand Gafsa noch einmal im Brennpunkt kriegerischer Auseinandersetzungen, als das deutsche Afrika-Korps und die Alliierten um die Stadt kämpften und ihr schwere Zerstörungen zufügten. 1980 brachte ein angeblich von Libyen unterstützter blutiger Aufstand von Angehörigen der ›Résistance Rebellion Tunesienne‹ den Ort letztmalig in die Schlagzeilen.

Die Oase

Die Früchte der rund 100 000 hier wachsenden Dattelpalmen erreichen infolge der häufigen Kälteeinbrüche aus der nördlichen Steppenzone nicht die Qualität derjenigen aus der Region um Schott el Djerid; sie müssen überwiegend an das Vieh verfüttert werden. Aus diesem Grund kommt der Ölbaumkultivierung eine wachsende Bedeutung zu. Für den Reisenden lohnt der Besuch der eigentlichen Oase kaum, kann sie sich doch mit der von Tozeur oder Nefta nicht messen. Empfehlenswert ist eigentlich nur der Ausflug zum Vorort **Lalla** (ca. 6 km; Richtung Gabès über die Brücke fahren, dann links). Dort findet sich in dem dichten Palmenhain mit seinen artesischen Quellen ein schönes Café.

Der Ort

Die Stadt zeigt ein überwiegend modernes Gesicht und hat ihr Zentrum im weiträumigen Square Bourguiba mit der von ihm abzweigenden Rue Mohammed Khadouna. Als weitere wichtige innerstädtische Achse verläuft parallel dazu die Av. Habib Bourguiba. An dieser dominiert die noch immer im Stadium der Renovierung befindliche Kasbah, die 1434 von den Hafsiden angelegte mittelalterliche Stadtbefestigung. Sie ruht auf byzantinischen Grundmauern, wurde mehrfach erobert, zerstört und wieder aufgebaut. Den größten Schaden erlitt sie 1943, als das dort untergebrachte deutsche Munitionslager bei einem alliierten Angriff in die Luft flog. Während die sorgfältig restaurierten Außenmauern einen authentischen Eindruck ver-

Römische Bäder in Gafsa

mitteln, hat man das Innere wenig geschmackvoll in ein Forum für Großveranstaltungen umgewandelt. Ein Stück weiter, am Ende der Av. Habib Bourguiba, trifft man auf die Reste der römischen Stadt: zwei gemauerte und miteinander verbundene Wasserbecken, die als **Piscines romaines** (Römische Bäder) den touristischen Hauptanziehungspunkt Gafsas bilden. Gegen ein Trinkgeld stürzen sich Jugendliche vom Beckenrand oder gar von den daneben aufragenden Palmen in das 4 m tiefe Thermalwasser. Der angrenzende ehemalige **Dar el Bey** (Gouverneurspalast) wird heute als Verwaltungsgebäude genutzt. In dem kleinen Museum neben dem Tourismusbüro sind Exponate aus der prähistorischen Epoche und römische Mosaike ausgestellt. Zwischen Av. Bourguiba und Rue Mohammed Khadouna drängt sich um die Große Moschee das Gewirr der **Altstadt,** die nach den Kriegszerstörungen wieder ihr ursprüngliches Gesicht erhalten hat. Jeden Mittwoch findet im Zentrum ein lebhafter Wochenmarkt statt, ergänzt durch einen Tiermarkt auf einem 5 km außerhalb liegenden Gelände an der Straße nach Tunis.

Verkehr: *Eisenbahn:* Bahnhof etwa 3 km nördlich an der Straße nach Gabès; Verbindungen mit Gabès, Metlaoui/Tozeur und Tunis über Sfax. *Bus:* (Busbahnhof hinter Hotel Maamoun) gute Verbindungen mit Gabès, Tozeur und Sfax. *Mietwagen:* Avis, Hertz, Europcar.

Unterkunft: *Touristenhotels* (alle im Zentrum): Maamoun***, ✆ (06) 22 24 32; Gafsa**, ✆ (06) 22 22 12; Lune*, ✆ (06) 22 22 12. *Billigunterkünfte:* Alay Pacha (Square Bourguiba); République, Oasis; El Bechir (Place de la Victoire, abgehend vom Square Bourguiba); Ennour (Square Bourguiba); Khalfallah (Rue Mohammed Kadouna); *Jugendherberge:* 2 km außerhalb beim Mida-Hügel Richtung Tozeur.

Restaurants: In den Hotels Jughurta, Maamoun und Gafsa; außerdem im Semiramis (neben dem Hotel Gafsa).

Touristeninformation: Touristenbüro gegenüber den Piscines romaines, ✆ (06) 22 16 64; ONAT mit Werkstätten (Ausfallstraße nach Tozeur).

Tips und Adressen

Reisevorbereitungen
Informationsstellen 206
Diplomatische Vertretungen der Republik Tunesien . . 206
Einreisebestimmungen . . . 206
Gesundheitsvorsorge 207
Reisezeit 208
Reisekasse 208
Reisekleidung 209

Anreise
... mit dem Flugzeug 209
... mit dem eigenen Wagen . 209
Weiterreise 210

Reisen in Tunesien
... mit öffentlichen Verkehrsmitteln 211
... mit dem Mietwagen . . . 211
... mit organisierten Rundfahrten 212

Unterkunft und Essen
Hotels 213
Die tunesische Küche 213

Sprachführer 215
von Michael Köhler

Informationen von A bis Z
Apotheken 220
Ärztliche Versorgung 220
Auskünfte 220
Geld und Geldwechsel . . . 220
Diebstähle und Betrügereien 221
Diplomatische Vertretungen 221
Einkauf und Souvenirs 222
Feste und Feiertage 222
Feilschen 223
Fotografieren 224
Fremdenführer 225
Gesundheit 226
Moscheebesuch 227
Nachtleben 227
Öffnungszeiten 227
Post 227
Radio/Fernsehen 228
Stromspannung 228
Telefon 228
Trinkgelder 228
Verhaltensregeln 229
Zeit 229
Zeitungen 229
Zoll bei der Ausreise 230

Weiterführende Literatur . . 230
Abbildungsnachweis 231
Register 232

Informationsstellen

Tunesische Fremdenverkehrsämter

... in der Bundesrepublik Deutschland
60329 Frankfurt/Main
Am Hauptbahnhof 6
✆ (0 69) 23 18 91/92, Fax 23 21 68
10707 Berlin, Kurfürstendamm 171
✆ (0 30) 8 85 04 57
Fax (0 30) 8 85 21 98

... in Österreich
1010 Wien, Landgerichtsstraße 22
✆ (02 22) 40 83 94 40
Fax (02 22) 4 08 39 10 18

... in der Schweiz
8001 Zürich, Bahnhofstr. 69
✆ (01) 2 11 48 30/31
Fax 2 12 13 53

Deutsch-Tunesische Gesellschaft: 53115 Bonn 1, Meckenheimer Allee 87, ✆ (02 28) 65 69 69

Diplomatische Vertretungen der Republik Tunesien

... in der Bundesrepublik Deutschland
Botschaft: 53175 Bonn, Godesberger Allee 103, ✆ (02 28) 37 69 81

Konsulate: 13187 Berlin, Esplanade 12, ✆ (0 30) 4 72 20 87
40213 Düsseldorf, Graf-Adolf-Platz 7, ✆ (02 11) 3 00 68 74/75; 22085 Hamburg, Overbeckstr. 19, ✆ (0 40) 2 20 17 56; 80335 München, Seidelstraße 28, ✆ (0 89) 55 46 35

... in Österreich
Botschaft: 1010 Wien, Opernring 5
✆ (02 22) 5 81 52 80

... in der Schweiz
Botschaft: 3005 Bern, Kirchfeldstraße 63, ✆ (0 31) 3 52 82 26

Einreisebestimmungen

Reisepapiere: Für Deutsche, Österreicher und Schweizer ist ein bis zum Ausreisedatum gültiger Paß erforderlich. Kinder bis zu 16 Jahren können in den Paß der Eltern eingetragen werden oder mit einem Kinderausweis einreisen. Für deutsche Pauschalreisende genügt der Personalausweis (Auskünfte im Reisebüro). Deutsche dürfen sich ohne Visum bis zu vier Monate, Schweizer und Österreicher bis zu drei Monate in Tunesien aufhalten.

Devisenbestimmungen: Die Einfuhr von Devisen ist in unbegrenzter Höhe möglich, die Ein- und Ausfuhr tunesischer Dinare (TD) ist allerdings untersagt. Wer Devisen im Wert von mehr als TD 500 (ca. DM 1000) wieder ausführen will, muß bereits bei der Einreise eine Devisendeklaration ausfüllen. Dinare können unter Vorlage der Umtauschquittungen in Devisen rückgewechselt werden, jedoch nur bis zu einem Drittel des Gesamttauschbetrages oder maximal TD 100.

Zollbestimmungen: Neben persönlichen Gebrauchsgegenständen dürfen u. a. zwei Fotoapparate und 20 Filme eingeführt werden, wobei die Regelung hinsichtlich der Filme sehr großzügig gehandhabt wird. Wer besonders große Mengen mit sich führt, sollte die Filme aus den Originalverpackungen nehmen, wodurch sie ihren kommerziellen Wert verlieren. Videokameras werden in den Paß eingetragen. Zollfrei ins Land bringen darf man auch Surfbretter, Schlauchboote, Campingausrüstung und Fahrräder. Die Einfuhr von Tauchausrüstungen unterliegt Sonderregelungen, Auskünfte erteilt das ›Centre Nautique Internationale de Tunisie‹, 22 Rue de Medenine, Tunis. Genußmittel dürfen in folgenden Mengen importiert werden: 1 l Alkohol über 25 % und 2 l unter 25 %, 400 Zigaretten oder 100 Zigarren oder 500 g Tabak. Verboten ist die Einfuhr von einheimischer Währung, pornographischen Schriften, Rauschgift, Waffen (außer Jagdwaffen, die vor Abreise gesondert angemeldet werden müssen) und Gold (ausgenommen Schmuck bis 500 g). Streng untersagt ist auch der Import von Dattelprodukten aus Algerien. *Kraftfahrzeugpapiere vgl. S. 210.*

Haustiere: Die Mitnahme von Tieren ist gestattet, sofern ein Gesundheitszeugnis mit der Bestätigung über Tollwut- und Staupeimpfungen (nicht älter als sechs und nicht jünger als einen Monat) vorgewiesen werden kann. Hundebesitzer müssen sich jedoch auf eine schlechte Behandlung ihrer Tiere und ein erhöhtes Gesundheitsrisiko für diese gefaßt machen.

Gesundheitsvorsorge

Der hygienische Standard Südtunesiens entspricht etwa dem der anderen Mittelmeerländer. Die größte Gefahr geht von ungewohnten, ölhaltigen Speisen sowie von Wasser aus. Es bestehen zwar keine **Impfvorschriften**, eine Vorbeugung gegen Typhus/Paratyphus ist jedoch ratsam. Die Schutzimpfung gegen Hepatitis A (Gelbsucht) mit Gammaglobulin, das aus Blutserum gewonnen wird, ist durch Aids ins Gerede gekommen und kann nicht ohne Vorbehalt empfohlen werden, zumal die Impfung ohnehin keinen vollständigen Schutz bietet. Seit kurzem steht mit HAVRIX der erste aktive Hepatitis-A-Impfstoff mit langer Schutzwirkung zur Verfügung. Die Impfung erfolgt in drei Schritten über einen Zeitraum von 6–12 Monaten. Bereits nach der zweiten Impfung nach zwei Wochen besteht ein 90%iger Schutz. Unabdinglich hingegen sind Impfungen gegen Polio (Kinderlähmung) und Tetanus (Wundstarrkrampf), die auch hierzulande zur Selbstverständlichkeit gehören sollten.

Für die **Reiseapotheke** empfehlen sich Mittel gegen Durchfall (Kohletabletten, Metifex, Imodium und für schwere Fälle ein Sulfonamid wie z. B. Bactrim), gutes Sonnenöl mit hohem Lichtschutzfaktor, antibiotische Wundsalbe, Halstabletten, Augentropfen, Desinfektionsmittel für Wasser (Micropur), Schmerztabletten und Grippemittel.

Aufgrund eines bilateralen Abkommens erstreckt sich der **Versicherungsschutz** der deutschen Krankenkassen auch auf Tunesien. Man muß sich allerdings vor Reiseantritt einen Auslandsberechtigungsschein besorgen. Da aber nicht alle tunesischen Ärzte diesen anerkennen, sollten Sie zusätzlich eine Reisekrankenversicherung abschließen, die gegen eine recht geringe Gebühr von den privaten Krankenkassen angeboten wird und auch in den meisten Reisebüros abgeschlossen werden kann.

Reisezeit

Das Land wird das ganze Jahr über bereist, wobei die heißen Sommermonate (Anfang Juni bis Mitte September) wegen der tunesischen Schulferien und der vielen französischen Besucher als Hauptsaison gelten. Die angenehmste Reisezeit liegt zwischen Mitte April und Ende Mai sowie von Mitte September bis Ende Oktober. Ungetrübten Badegenuß hat man zwischen April und Oktober. Für den Besuch der Wüstengebiete eignen sich besonders auch die Wintermonate, obwohl dann mit Regenfällen und teilweise sogar Überschwemmungen zu rechnen ist.

Reisekasse

Pauschalarrangements decken den größten Teil der Reisekosten ab, die Höhe der zusätzlichen Ausgaben hängt also von den persönlichen Ansprüchen ab. Allgemein liegt das Preisniveau jedoch recht niedrig, lediglich für importierte Waren muß deutlich mehr veranschlagt werden als in Europa. Für ein gutes Essen zahlt man zwischen DM 10 und DM 20, für eine Flasche einheimischen Wein etwa DM 5, ein Mietwagen kostet etwa DM 100 pro Tag, für 100 km Busfahrt sind etwa DM 5 zu entrichten, für eine Taxifahrt von 10 km etwa DM 10. Individualtouristen mit geringen Ansprüchen können sehr billig reisen. Bereits für DM 7–8 ist ein passables Hotel zu bekommen, ein einfaches Essen für DM 3–4. Grundnahrungsmittel sind teilweise subventioniert und sehr preiswert.

Als Grundlage der Reisekasse empfehlen sich Eurocheques, die in den Touristenzentren problemlos eingetauscht werden können und ein hohes Maß an Sicherheit bieten. DM-Reiseschecks erfüllen den gleichen Zweck, kosten aber 1 % Gebühr. Ergänzt werden sollten die Schecks durch einen geringen Bargeldbetrag in kleinen Noten, die in Geschäften und Hotels sehr willkommen sind und den Umtausch auch an Sonn- und Feiertagen sichern. Wer einen Wagen mieten will, sollte eine Kreditkarte in der Brieftasche haben, um die Hinterlegung einer größeren Kaution zu vermeiden.

Reisekleidung

Am sinnvollsten ist eine pflegeleichte Ausstattung aus Baumwolle oder Mischgewebe. Frauen sollten auch Blusen mit Ärmeln im Gepäck haben, um bei Stadtausflügen nicht unangenehm aufzufallen. Während am Strand europäische Bademoden üblich sind und innerhalb der Hotelanlagen auch ›Oben ohne‹ toleriert wird, muß man außerhalb der Hotels auch in bezug auf seine Kleidung die Sitten des Landes respektieren. Kurze Hosen bei Frauen gelten als anstößig und sind auch bei Männern nicht gern gesehen. Für Fahrten in Wüsten- und Bergregionen benötigt man warme Kleidungsstücke, Regenkleidung nur im Winter.

Anreise

... mit dem Flugzeug

Djerba wird einmal wöchentlich von Tunis Air auf der Strecke Frankfurt–Tunis–Djerba angeflogen; das Jahresticket (Hin- und Rückflug) kostet etwa DM 700. Neuerdings können auch bei den Chartergesellschaften Flüge ohne Hotelarrangement zu wesentlich günstigeren Preisen gebucht werden. Verzeichnet sind sie in den Broschüren »Tip-Flugprogamm« (Neckermann) und »Fly and Smile« (LTU); TUI bietet sie über die Reisebüros an. Die Chartergesellschaften sind seit einigen Jahren darauf eingestellt, auch sperriges Sportgerät, etwa Surfbretter und Fahrräder, gegen eine geringe Gebühr oder sogar kostenlos zu transportieren. Das Zusatzgepäck muß bereits bei der Buchung angemeldet werden.

... mit dem eigenen Wagen

Tunesien mit dem eigenen Fahrzeug zu erreichen ist verhältnismäßig einfach, da das Land regelmäßig von modernen Autofähren (roll-on/roll-off-Schiffe) angelaufen wird. Die französische SNCM und die tunesische CNT-Line befahren die Strecken Marseille–Tunis und Genua–Tunis, die italienische Tirrenia verkehrt auf der Route Cagliari (Sardinien)–Trapani (Sizilien)–Tunis. Die Abfahrten erfolgen in der Regel einmal wöchentlich, die Fahrzeiten betragen zwischen Marseille/Genua und Tunis etwa 22–24 Stunden, zwischen Trapani und Tunis etwa 8 Stunden. Die Hin- und Rückfahrt auf der Route Marseille/Genua–Tunis kostet pro Person zwischen DM 495 (Sitzplatz ohne Verpflegung) und DM 1 014 (Zweibettaußenkabine mit Verpflegung). In der Nebensaison gibt es überdies Sondertarife für 2 Personen (ab DM 700).

Nicht einfach ist es, den günstigsten Tarif für Autos ausfindig zu machen, insbesondere dann, wenn man ein Campingfahrzeug verschiffen will. Es bestehen Längen- und Höhengrenzen für diesen Fahrzeugtyp (6 m bzw. 2,30 m), und überdies gibt es die Vorschrift, daß es sich um serienmäßig ausgebaute Campingfahrzeuge handeln muß. Wagen, die diesen Bestimmungen nicht entsprechen, werden nur zu dem sehr teuren Frachttarif verschifft. Die Praxis hat bisher jedoch gezeigt, daß die Vorschriften recht großzügig gehandhabt werden. Achten sollte man auf die Sondertarife außerhalb der Hochsaison (1. 1.–31. 5. und 1. 11.–31. 12.). Auskünfte und Buchungen: Seepassagen und Touristik Agentur GmbH, 60327 Frankfurt, Postfach 11 18 21, ✆ (0 69) 73 04 71/72. SNCM Germany GmbH, Berliner Str. 31–35, 65760 Eschborn, ✆ (0 61 96) 4 29 11-13, Fax (0 61 96) 48 30 15.

Die Abfertigung der Fahrzeuge bei der Ankunft in La Goulette, dem Hafen von Tunis, ist durch die Einrichtung von Extraspuren für Touristen entscheidend beschleunigt worden.

Bei der Einreise ist neben den üblichen Kfz-Papieren auch eine Kfz-Versicherung vorzuweisen; man prüfe also, ob die eigene Versicherung für Tunesien gilt. Sollte eine Erweiterung des Geltungsbereichs der grünen Versicherungskarte nicht möglich sein (einige deutsche Gesellschaften verweigern sie), muß man bei der Ankunft eine Versicherung abschließen (Bank und Versicherungsbüro befinden sich im Hafen). In diesem Fall kann man sich den Betrag später von seiner deutschen Versicherung gutschreiben lassen. Der Wagen wird in den Paß eingetragen und darf nach Ausstellung eines Zolldokuments vier Wochen in Tunesien bleiben. Die Genehmigung ist bei den Zollämtern des Landes verlängerbar. Internationale Zulassung und Internationaler Führerschein sind nicht erforderlich. Der Auslandsschutzbrief des ADAC gilt auch für Tunesien. Eine temporäre Vollkasko-Versicherung ist dringend zu empfehlen, da die Dekkungssummen in Tunesien weit unter denen Mitteleuropas liegen und nicht jeder tunesische Autofahrer versichert ist.

Weiterreise

Derzeit sind die Grenzen zu den Nachbarländern Algerien und Libyen geöffnet. Für den Besuch beider Staaten ist ein Visum erforderlich, das noch vor Reiseantritt besorgt werden sollte. Die Einreise nach Algerien ist darüber hinaus mit einem Zwangsumtausch verbunden.

Reisen in Tunesien

... mit öffentlichen Verkehrsmitteln

Busse: Südtunesien ist durch Buslinien recht gut erschlossen. Alle größeren Orte lassen sich mit ihnen erreichen, kaum jedoch abgelegene Regionen (etwa die Ksour im Dahar-Bergland). Djerba verfügt über ein sehr gut ausgebautes Busnetz mit einer rund um die Insel führenden Linie, die speziell für die Touristen eingerichtet wurde und alle Hotels berührt.

Louages: Diese Sammeltaxis, überwiegend Peugeot-Kombis, verkehren entlang fester Routen zwischen den Städten, bedienen aber auch abgelegene Orte ohne Busanschluß. Das Reiseziel muß man erfragen, das kleine Schild auf dem Dach bezeichnet nur den Heimatort des Fahrzeugs. Die Wagen starten erst, wenn sie voll sind. Ihren festen Standplatz haben sie meist in unmittelbarer Nähe des Busbahnhofs. Auf selten befahrenen Strecken ist es mitunter schwer, einen Platz zu bekommen.

Eisenbahn: Die tunesische Eisenbahn kommt allenfalls für die Reise von Gabès nach Tunis in Betracht (ca. 7 Stunden; auch klimatisierte Wagen) und für die Fahrt von Sfax über Gafsa nach Metlaoui (ca. 6 Stunden, nur nachts).

Taxis: Sie sind sehr preiswert und lassen sich nach Absprache auch für ganztägige Ausflüge mieten (z. B. von Tataouine ins Bergland von Dahar). Bei Kurzstrecken sollte man darauf achten, daß der Taxameter eingeschaltet wird.

... mit dem Mietwagen

Ausflüge mit dem Mietwagen sind die ohne Zweifel angenehmste Art, Land und Leute auf eigene Faust kennenzulernen. Da sich die Straßen in Südtunesien überwiegend in gutem Zustand befinden und der Straßenverkehr – abgesehen von der großen Nord-Süd-Verbindung Tunis–Sfax–Gabès–Medenine–Tataouine – gering ist, verspricht die Fahrt mit dem Auto ungetrübte Reisefreuden, sofern man einige Grundsätze beachtet: nie in abgelegene Wüstengebiete fahren, nur in Ausnahmefällen Anhalter mitnehmen, nicht in der Dunkelheit fahren. Geschwindigkeitsbegrenzungen strikt beachten (viele Polizeikontrollen!).

Den Mietwagenmarkt teilen sich mehrere internationale und nationale Firmen. Aufgrund der Preisunterschiede, mehr aber noch wegen der Serviceleistungen, sollte man sich vor Vertragsabschluß verschiedene Angebote einholen und die Fahrzeuge begutachten. Es handelt sich vornehmlich um Modelle der Firmen Peugeot (305, 505), Citroën (Visa) und Fiat (Uno). Wer eine längere Tour plant, sollte unbedingt darauf achten, in welchen Ortschaften ›seine‹ Mietwagengesellschaft Niederlassungen unterhält, da der Tourist im Falle einer Panne den Transport des Wagens zur nächstgelegenen Zweigstelle aus eigener Tasche zahlen muß. In Südtunesien hat Avis das weitaus dichteste Netz, gefolgt von Hertz. Bei ein- und zweitägiger Mietdauer zahlt man einen relativ geringen Grundpreis zuzüglich eines Kilometergeldes, bei mehr als drei Tagen beinhaltet die Mietgebühr eine unbegrenzte Kilometerleistung. Für einen Kleinwagen (Visa, Uno) muß man mit etwa DM 100 pro Tag (ohne Benzin) rechnen. Der Mieter muß mindestens 21 Jahre alt sein und den Führerschein länger als ein Jahr besitzen. Auf die in den Prospekten aufgeführten Tarife sind 17% Steuer zu entrichten, hinzuzurechnen sind überdies eine Vollkasko- und eine Insassenversicherung. Der Benzinpreis pro Liter liegt bei DM 1. Günstiger als vor Ort ist die Reservierung des Fahrzeugs bereits bei der Buchung im heimischen Reisebüro. Am preiswertesten ist derzeit TUI, die mit dem lokalen Vermieter EuroRent zusammenarbeitet.

Das Anmieten eines Fahrzeugs ist für Kreditkartenbesitzer besonders einfach, da keine Kaution hinterlegt werden muß. Kontrollieren Sie vor der Abfahrt Ersatzreifen und Wagenheber, und versuchen Sie, ob sich mit dem Radschlüssel die Radmuttern öffnen lassen. Die Wahl des Fahrzeugs hängt natürlich auch von den Ansprüchen an den Komfort ab, sollte sich aber vorrangig nach der Geländetauglichkeit richten, sofern man Pistenfahrten plant.

Auf Djerba kann man auch Motorräder (sehr teuer), Mofas und Fahrräder (ca. DM 12/ Tag) mieten.

... mit organisierten Rundfahrten

Rundreisen in großen und kleinen Gruppen mit Bus oder Geländewagen werden in zahlreichen Varianten angeboten (vgl. S. 138). Sie bieten die Möglichkeit, in kurzer Zeit sehr viel zu sehen, bringen aber einen beträchtlichen Streß mit sich.

Unternehmungslustige Touristen können bereits in Deutschland Geländewagenreisen buchen, bei denen sie selbst das Steuer eines Landrover 110 übernehmen. (J & J Tours, Aachener Str. 336, 50933 Köln, ✆ (02 21) 54 49 51, Fax 54 47 93.)

Unterkunft und Essen

Hotels

Das Hotelangebot Südtunesiens ist mit etwa 30 000 Betten zwar insgesamt gesehen recht groß, konzentriert sich jedoch vornehmlich auf Djerba und Zarsis, wo mehr als 26 000 Betten zur Verfügung stehen. Seit einigen Jahren werden allerdings vermehrt Anstrengungen unternommen, in vielbesuchten Orten wie Tozeur, Nefta, Douz und Gabès ausreichend Unterkünfte unterschiedlicher Kategorien einzurichten. Engpässe bestehen noch in Tataouine und Matmata.

Die Klassifizierung der Hotels reicht von ***** (Luxus) über **** (Erster Klasse) bis zu unklassifizierten Unterkünften, wobei die Realität nicht immer mit der offiziellen Kategorie übereinstimmt. In den meisten der von den Pauschalurlaubern frequentierten Strandhotels kann man auch als Individualreisender absteigen. Je nach Klasse und Saison bewegen sich die Preise dort zwischen DM 30 und 80 pro Person (mit Frühstück).

Eine besonders reizvolle und landestypische Unterkunftsmöglichkeit bieten die in ehemaligen Karawanenlagern (Fondouks), Speichern (Ghorfas) und Höhlen eingerichteten, überwiegend sehr einfachen und preiswerten Marhalas. Genannt seien hier die Fondouk-Hotels in Houmt Souk, die Ghorfa-Hotels von Metameur und Ksar Haddada sowie die Höhlenhotels von Matmata. Campingplätze gibt es in Adjim, Gabès, El Faouar (südlich von Douz), Tozeur und Degache, Unterstellmöglichkeiten für Campingfahrzeuge u. a. auch in den Hotels Sidi Slim auf Djerba, Amira in Zarsis, Gazelle in Tataouine und Marhala Touring Club in Nefta. Freies Kampieren ist in der Regel problemlos möglich, meiden Sie jedoch privates Land und vor allem ausgetrocknete Wadis, die sich nach Regenfällen schnell in reißende Flüsse verwandeln können.

Die tunesische Küche

Tunesien ist nicht unbedingt ein Land für Gourmets, bietet aber höchst interessante, schmackhafte und abwechslungsreiche Gerichte. Grundlagen der Küche sind Gemüse, Hammel, Huhn und Fisch. Von Olivenöl, frischen Kräutern und Gewürzen wird reichlich Gebrauch gemacht. Als Beilage gibt es immer Brot (Fladenbrot oder Baguette).

Die außerhalb des Hotels liegenden Restaurants bieten zum Teil ein wesentlich besseres Essen als die großen Hotels mit ihren Standardmenüs. Besonders groß ist das Angebot im Basar von Houmt Souk rings um die Place Hedi Chaker.

Geöffnet sind die Restaurants in der Regel mittags zwischen 12 und 14 Uhr sowie abends zwischen 19 und 22 Uhr, manchmal auch erst ab 20 Uhr.

Frühstück: Das normale Hotelfrühstück besteht aus Café (entweder schwarz oder au lait), französischem Weißbrot, Butter und Einheitsmarmelade. In den Strandhotelanlagen ist ein Frühstücksbüfett üblich.

Hauptspeisen: *Brik*: in Teig eingebackenes Ei mit Spinat, zuweilen auch mit Thunfisch und Fleisch, in Öl frittiert. Wird oft als Vorspeise gereicht. *Brochette:* Fleischspieße vom Holzkohlegrill. *Chakchouka:* Tomaten, Paprika und Zwiebeln mit Spiegelei. *Chorba:* Suppe aus Nudeln und Lamm oder Tomaten, Fleisch oder Fisch. *Couscous:* Nationalgericht, bestehend aus gedämpftem Weizengrieß mit gedünsteten Gemüsen, zuweilen auch mit Fleisch und/oder Fisch, variiert in der Qualität sehr stark. *Harissa:* Vorspeise in Form einer roten Paste aus Tomatenpüree, Pfefferschoten, Paprika und Gewürzen. Wird mit Weißbrot getunkt, ist aber auch in vielen Hauptgerichten zu finden. *Kammounia:* geschnetzelte Leber und gekochtes Fleisch mit Kümmel gewürzt. *Koucha:* mit Pfefferschoten und Kartoffeln gebratenes Schaffleisch, im Tontopf serviert. *Mechoui:* gebratener Hammel am Spieß. *Mechouia:* ›Bauernsalat‹ aus Tomaten, Pfefferschoten, Thunfisch, hartgekochten Eiern und Zwiebeln, häufig als Vorspeise serviert. *Merguez:* gegrillte, scharf gewürzte Hammelfleischwürste. *Odja:* eine Art Eintopf aus kleinen Fleisch-, Fisch- und Hirnbällchen, gewürzt mit Koriander und Pfefferminz in einer dicken Sauce aus Pfefferschoten, Ei, Knoblauch und Tomaten. *Tajine:* Auflauf aus durchgedrehtem Fleisch, Gemüse, Ei, Spinat und Käse; zahlreiche Varianten.

Nachspeisen: Angeboten werden meist Crème caramel, Eis (meiden!) und Obst. Versuchen sollte man auch das landestypische, sehr süße Gebäck wie *Baklawa* (mit Mandeln, Nüssen oder Pistazien), *Doigt de Fatma* (mit Mandelmasse gefüllt), *Makrout* (mit Dattelpaste gefüllt) und *Bouza* (Nüsse, Hirn und Sesam). Hingewiesen sei in diesem Zusammenhang auf die ausgezeichneten Bäckereien.

Getränke: Die tunesischen *Weine* (überwiegend rot oder rosé) haben sehr gute Tischweinqualität, sie sind preiswert. Als einer der besten gilt Magon. Bekannt sind überdies die Sorten Chateaux de Tebourba, Chateaux Changuet, Sidi Saad, Gris (rosé) sowie die auch in Deutschland bekannten Weine Haut Mornag und Chateaux Mornag. Zuweilen kann man in den Restaurants auch 0,35-l-Flaschen bestellen. Das *Bier* der Marke Celtia schmeckt gut, sieht man von der in Dosen abgefüllten Variante ab. Mit Vorsicht zu genießen ist der klare Feigenschnaps *Boukha*, während sich der nach Kräuterlikör schmeckende *Thibarine* gut als Verdauungsschnaps eignet.

Alkoholfreie Getränke: Verschiedene Mineralwassersorten in Pfandflaschen sind überall erhältlich, ebenso Limonaden und Cola in der bei uns üblichen Qualität. Sehr beliebt und überaus empfehlenswert ist der Pfefferminztee (thé à la menthe), der aus kleinen Gläsern getrunken wird. Verbreitet sind auch Expresso und Milchkaffee (café au lait).

Sprachführer

Von Michael Köhler

Wer einen Pauschalurlaub auf Djerba bucht und an organisierten Ausflügen nach Südtunesien teilnimmt, kommt mit **Deutsch** gut aus: Die meisten der im Tourismusgewerbe tätigen Tunesier und auch viele Ladenbesitzer und Straßenhändler in den Fremdenverkehrszentren beherrschen inzwischen die Sprache ihrer wichtigsten Kunden, oft sogar in überraschender Perfektion; Speisekarten, Werbeschilder und z.T. auch schon offizielle Beschriftungen sind vielfach in (manchmal recht eigenwilligem) Deutsch abgefaßt. Als Individualtourist benötigt man hingegen zumindest Grundkenntnisse im **Französischen**, das seit der Kolonialzeit als zweite Bildungs-, Verkehrs- und Handelssprache dient und von den meisten Tunesiern gut bis fließend gesprochen wird. Wer nicht wenigstens die wichtigsten Grußformeln, Grundbegriffe und für Reisen notwendigen Redewendungen auf Französisch beherrscht, wird außerhalb der Touristenzentren und Reisegruppen auf große Verständigungsprobleme stoßen.

Tunesische Staatssprache und die Muttersprache fast aller Bewohner ist **Arabisch**, eine der großen Weltsprachen, die von fast 200 Millionen Menschen in Afrika und Vorderasien gesprochen wird. Die von rechts nach links verlaufende Schrift, von der es verschiedene Varianten gibt, ist nur schwer zu erlernen: Jeder Buchstabe hat verschiedene Formen, die sich danach richten, ob er isoliert, am Anfang, in der Mitte oder am Ende eines Wortes steht. Niedergeschrieben werden nur die 28 Konsonanten, die Vokale fallen entweder völlig weg oder werden lediglich durch Auslassungszeichen angedeutet.

Die Umschreibung des Arabischen in die lateinische Schrift wird sehr verschieden gehandhabt – vor allem bei Ortsnamen und geographischen Begriffen, wo die offiziell gültige Schreibweise oft von dem jeweils ersten dort befindlichen Kolonialbeamten nach dem Gehör notiert wurde, was Irrtümern und Uneinheitlichkeiten natürlich Tür und Tor öffnete. Auch die französische Transliteration, die – da ortsüblich – im vorliegenden Band durchgängig gewählt wurde, ist deshalb in sich nicht stimmig: So wird z. B. der Laut ›dsch‹ wechselnd mit ›j‹ und ›dj‹ wiedergegeben (Djerba oder Jerba), das ›u‹ meist als ›ou‹, oft aber auch als einfaches ›u‹. Stimmhaftes (›weiches‹) und stimmloses (›scharfes‹) ›s‹ werden meist durch ›z‹ bzw. ›s‹ unterschieden, aber keineswegs nach einem einheitlichen Prinzip (Zarzis oder Zarsis), für die verschiedenen arabischen Kehllaute finden ›h‹, ›gh‹, ›kh‹ und ›rh‹ recht willkürlich Anwendung. Wundern Sie sich also nicht, wenn z. B. auf Straßenschildern die verschiedensten Varianten eines Ortsnamens auftauchen – z.B. Ghoumrassen/Ghoumerasen, Ksar Ghilane/Ksar Rhilane, Douiret/Douirat etc.

Vom Arabischen gibt es sehr verschiedene Varianten: Das ›klassische‹ Schrift- oder Hocharabisch ist die Sprache des Koran, die zwar als heilig gilt (vgl. S. 73), aber stets nur von einer kleinen Elite beherrscht wurde. Als tunesische Umgangssprache dient hingegen der maghrebinische Dialekt (*Maghreb* = ›Der Westen‹ = Sammelbegriff für Tunesien, Algerien, Marokko und das westliche Libyen). Dieser enthält zahlreiche berberische und auch eine Reihe spanischer Lehnworte (letzteres, weil zwischen dem 15. und 17. Jahrhundert zahlreiche Moslems aus Spanien nach Nordafrika flohen) und weicht auch in der Aussprache stark vom Hocharabischen ab (so werden z. B. Vokale häufig zu Umlauten verändert – etwa ›a‹ zu ›ä‹ – oder ganz verschluckt). Ein Tunesier kann sich deshalb in seinem Dialekt z. B. mit einem Syrer kaum verständigen. Allerdings verstehen die meisten Araber inzwischen auch den ägyptischen Dialekt, der wegen der überragenden Stellung Ägyptens im Medienbereich (Radio, Film), seiner ungefähren Mittelstellung zwischen den verschiedenen arabischen Idiomen und wegen seiner relativ unkomplizierten Grammatik immer mehr zum Universalarabisch der Gebildeten wird.

Berbersprachen, die in Algerien und vor allem in Marokko noch große Bedeutung haben und ursprünglich auch von den Bewohnern Tunesiens gesprochen wurden, spielen kaum noch eine Rolle. Nur eine kleine Minderheit unter den Ibaditen Djerbas und den Bergbewohnern des Dahar – zusammen maximal 200 000 Menschen bzw. weniger als 3 % der Gesamtbevölkerung – verwendet noch dieses älteste bekannte nordafrikanische Idiom, das zur selben Sprachfamilie zählt wie Arabisch, Hebräisch und Altägyptisch, selbst aber wiederum in viele verschiedene, stark voneinander abweichende Mundarten zerfällt.

Zusammenfassend gilt, daß sich Pauschalurlauber im allgemeinen problemlos auf Deutsch verständigen können und für Individualreisende Französischkenntnisse völlig ausreichen. Es wird aber stets einen guten Eindruck machen, wenn Sie einige arabische Worte – insbesondere Grußformeln – beherrschen. Wer sich intensiver mit (ägyptischem) Arabisch befassen möchte, sollte sich den gut lesbaren Band ›Kauderwelsch Arabisch‹ von Hans-Günther Semsek besorgen (Peter-Rump-Verlag, Hauptstr. 198, 33647 Bielefeld).

Ausspracheregeln

ch	entspricht dem deutschen **sch**
dh	entspricht dem weichen englischen **th**
e	am Ende wird nicht gesprochen
eu	entspricht dem offenen deutschen **ö**
gue und **gui**	werden **ge** bzw. **gi** gesprochen
h	ist ein stark gehauchtes **h**, niemals stumm
j und **dj**	werden als weiches **dsch** (wie in (›**J**ournalist‹) ausgesprochen
kh	wird etwa wie **ch** in ›Nacht‹ ausgesprochen, nur stärker (ähnlich dem spanischen j)
ou	entspricht dem deutschen **u**
q	ist ein tief in der Kehle gesprochens **k**
rh oder **gh**	wird als Zäpfchen-**r**-gesprochen (etwa wie in ›warum‹)
r	ist ein Zungenspitzen-**r** (rollendes r)
s	wird als stimmloses **s** gesprochen (wie in ›essen‹)
w	entspricht dem englischen **w**
y	entspricht dem deutschen **j**
z	wird als stimmhaftes **s** gesprochen (wie in ›Süden‹)

Begrüßungsformeln und wichtige Redewendungen

Guten Tag, Willkommen	marhaba
Gruß für alle Gelegenheiten	salam, assalama (›Friede‹), förmlicher: assalam-eleikum (›Friede sei mit dir‹)
Guten Morgen	s'bah el kheir
Guten Abend	msa el kheir
Gute Nacht	litek saida
Auf Wiedersehen	beslama
Bis bald	filaman
Danke	shukran, förmlicher: barak-allahu fik (›Allah segne dich‹)
Verzeihung	sahmani
ja	n'am
nein	la
entschiedene Verneinung	makasch
Nein danke	la barak-allahu
Guten Appetit	bismillah (›im Namen Allahs‹)
Sie sind sehr freundlich	inti nas mlah
Ich freue mich	ana ferhan
Wie geht es Ihnen?	kief halek?
Achtung	balek
gut	uakha
schön	mezian
schlecht	duni
Wieviel?	asch-hal, qaddash
viel	ktir
zu teuer	rali jasser

wenig	shu'ia
genug	barka oder ikfi
Geld	flus
Geh' weg	sir oder (sehr grob) barra
Herr	sidi
Frau	lalla
Deutscher	Almani
Österreicher	Nimsewi
Schweizer	Swissri

Tunesische Begriffe von A bis Z

Adrar	Gebirge
Aid	Fest
Ain (Plural Aioun)	Quelle
Ait	berberisch für ›Die Söhne von‹ ..., wird dem Stammesnamen vorangestellt (vgl. auch Beni und Ouled)
Attar	Gewürz- und Parfümhändler
Aziz (weiblich Aziza)	Liebling, Geliebte(r)
Bab	Tor
Babouches	pantoffelartige Schuhe (von babouch = ›Schnecke‹)
Baraka	heilige, segensbringende Kraft
Ben, Bel	›Sohn von ...‹ (Bel ist die Zusammenziehung von Ben el ...)
Beni	›Die Söhne von ...‹ (wird dem Stammesnamen vorangestellt, vgl. auch Ait und Ouled)
Bhar	Meer
Bedonville	Slum (französisch für ›Kanisterstadt‹)
Bir	Brunnen
Bled	Land (im Gegensatz zu Stadt)
Bordj	Fort, kleinere Festung (vgl. auch Kalaa und Kasbah)
Bou (Abou)	Vater von ...
Burnus	weiter, schwerer Kapuzenmantel
Dar	Haus
Djebel	Berg, Gebirge
Derb	Gasse
Divan	Ratsversammlung, auch Bezeichnung für die Thronräume eines Palastes
Djama (Djema)	Volksversammlung, auch Bezeichnung für den Freitag und die Freitagsmoschee
Djellabah, Djebbah	leichtes Übergewand, typische städtische Männerbekleidung
Djezira	Insel
Djihad	Heiliger Krieg
Djin	Geist
Douar	Nomadenzeltlager
Dragoman	türkisch für ›Fremdenführer, Dolmetscher‹
El	bestimmter Artikel (er, sie, es; wird oft mit dem Anfangskonsonanten des folgenden Wortes zu ›er‹, ›es‹ oder ›ech‹ zusammengezogen bzw., wenn das folgende Wort mit ›a‹ beginnt, zu al verändert)
Erg	Sandwüste
Fantasia	Reiterspiel bei Festen
Fellah	Bauer
Foggara	unterirdischer Bewässerungskanal
Fondouk	einfache Herberge, Großhandelslager
Foum	enges Durchbruchstal
Ghar	Höhle
Ghorfa	Tonnengewölbe aus Lehm, im tunesischen

	Süden Grundbaustein des Ksar
Girba	Wassersack aus Ziegenfell
Gourbi	einfache, ärmliche Lehm-/Strohhütte
Hadj	Pilgerfahrt nach Mekka
Hadji	Mekkapilger
Haik	weiter Überwurf der Frauen
Hammada	Geröllwüste
Hammam	heiße Quelle, Dampfbad (›Türkisches Bad‹)
Haouch	Gehöft auf Djerba
Hara	Judenviertel
Haratin	dunkelhäutige Oasenbewohner, Nachkommen schwarzer Sklaven
Harem	Privat- und Frauengemächer eines Palastes
Henchir	Bauernhof
Houmt	Viertel
Imam	Vorbeter in der Moschee, eine Art ›Gemeindeleiter‹
Kabila	Stamm
Kadi	Richter
Kaftan	besticktes wertvolles Kleid
Kalaa	Festung
Kasbah	große Festung, Stadtfestung
Kebir	groß
Khaima	Nomadenzelt
Khamsa	fünf, auch Bezeichnung für Silberamulett (›Hand der Fatima‹)
Khammes	Kleinpächter, der ein Fünftel (Khammes) der Ernte erhält
Koubba	kuppelbedeckter Grabbau
Ksar (Plural Ksour)	befestigtes Dorf
Mahdi	gottgesandter Glaubenskämpfer, Erlöser
Makhzen	Regierung
Marabout	Heiliger, auch Grabstätte eines Heiligen
Marsa	Hafen
Medersa (Medresse)	theologische Hochschule
Medina	Altstadt
Menzel	Garten
Mesdjid	Moschee
Mihrab	Gebetsnische in der Moschee
Minarett	Moscheeturm
Minbar	Gebetskanzel in der Moschee
Moussem	jährliches Fest für einen Heiligen
Muezzin	Gebetsausrufer in der Moschee
Muqaddam	Aufseher (über Wohnviertel, Dörfer oder den Markt)
Oued	Fluß, Flußbett (in englischer Schreibweise Wadi)
Ouled	›Kinder von ...‹ (wird dem Stammesnamen vorangesetzt, vgl. auch Ait und Beni)
Qibla	nach Mekka gerichtete Gebetsmauer, in bzw. an ihr befinden sich Mihrab und Minbar
Ras	Kap, Gipfel
Razu	Raubzug der Nomaden (davon abgeleitet unser ›Razzia‹)
Riad	Innenhof, Garten
Ribat	›Wehrkloster‹, Küstenfestung mit religiös-militärischen Orden als Besatzung
Sahel	Ufer, Küste (auch für Randgebiete der Wüste verwendet, die ja gleichsam Ufer des Sandmeeres sind)
Sebkha	Salzsee
Seghir	klein

Seguia	Bewässerungskanal in den Oasen	Zaouia	Religiöser Orden, gleichermaßen aber auch der Stammsitz einer religiösen Bruderschaft
Sheikh	Führer einer Sippe, entspricht ›Scheich‹		
Si, Sidi	Herr (Ehrentitel)		
Ulema (Singular Alim)	Gelehrte des islamischen Rechts	Zitouna	Olive, Ölbaum

Informationen von A bis Z

Apotheken

Die Apotheken *(Pharmacie)* in den größeren Ortschaften sind gut sortiert und führen die gängigen Mittel aus französischer, Schweizer und deutscher Produktion (niedrige Preise, meist keine Verschreibungspflicht). Öffnungszeiten: montags–freitags 9–13 und 15–19 Uhr, samstags 9–13 Uhr.

Ärztliche Versorgung

Die großen Touristenhotels können in der Regel gute Ärzte vermitteln; sehr große Anlagen haben sogar eine eigene Krankenstation. Krankenhäuser befinden sich u. a. in Houmt Souk und Zarsis. Obwohl ein bilaterales Abkommen besteht, werden deutsche Krankenscheine u. U. nicht anerkannt (vgl. S. 207 f.).

Auskünfte

In allen touristisch bedeutsamen Orten gibt es ein regionales Fremdenverkehrsbüro *(Syndicat d'Initiative)*, in größeren Städten zusätzlich noch ein staatliches Fremdenverkehrsbüro *(Office Nationale du Tourisme Tunisienne* ONTT). Die örtlichen Fremdenverkehrsämter haben in der Regel ein Hotelverzeichnis ausliegen und sind gut über die lokalen Verkehrsverbindungen informiert. Öffnungszeiten: montags–freitags 9–12 und 15–17 Uhr, samstags nur vormittags.

Geld und Geldwechsel

Die tunesische Währung ist der Dinar (TD), unterteilt in 1000 Millimes. Im Umlauf sind Scheine zu 20, 10, 5, 1 und $^1/_2$ TD sowie Münzen zu 1 TD, $^1/_2$ TD, 100, 50, 20, 10 und 5 Millimes.

Öffnungszeiten der Banken: montags–donnerstags 8–11 und 14–16 Uhr, freitags 8–11 und 13–15.15 Uhr, im Sommer zum Teil nur vormittags. In Houmt Souk hat an Samstagen die Banque de Sud (Place Ferhat Hached) geöffnet, am Sonntagvormittag versehen die dortigen Banken im Wechsel einen Notdienst; die Bankschalter am Flughafen wechseln bei Ankunft und Abflug aller Maschinen Geld. Außerdem gibt es in den meisten der großen Ferienhotels einen Bankschalter, der zu bestimmten Stunden, meist vormittags, geöffnet ist. Die Wechselkurse sind bei allen Banken gleich. Die Quittungen sollte man auf jeden Fall für einen eventuellen Rücktausch in Devisen sorgfältig aufbewahren (vgl. S. 206f.).

Wechselkurs (Sommer 1997):
1 Tunesischer Dinar = ca. 1,60 DM
1 DM = ca. 640 Millimes

Diebstähle und Betrügereien

Verglichen mit manchen anderen Mittelmeerländern ist Tunesien ausgesprochen sicher. Dennoch sollte man Papiere, Flugtickets und Geld nicht arglos in der Handtasche aufbewahren. In fast allen Hotels kann man kleine Schließfächer mieten. Bei Reisen mit überfüllten öffentlichen Verkehrsmitteln bietet ein verdeckt getragener Brustbeutel oder ein Geldgürtel die größte Sicherheit. Niemals Kindern oder Jugendlichen Geld wechseln. Es handelt sich vielfach um Trickbetrüger, die dann mit der Geldbörse verschwinden oder unbemerkt einige Scheine herausziehen. Auch sonst muß man sich auf kleinere und größere Betrügereien einstellen, wobei dieser Tatbestand von Einheimischen und Fremden unterschiedlich interpretiert wird (vgl. S. 224).

Besondere Vorsicht sollte man beim Erwerb von Schmuck walten lassen, dessen Silbergehalt nicht immer der Angabe des Verkäufers entspricht. Größte Zurückhaltung ist beim Erwerb von Antiquitäten geboten. Sind sie wirklich echt, darf man sie nicht ausführen, sind es Fälschungen, liegt der geforderte Preis in aller Regel zu hoch. Bei den vielerorts angebotenen römischen Grabungsfunden und Münzen handelt es sich ohnehin meist um Nachbildungen.

Diplomatische Vertretungen in Tunesien

... der Bundesrepublik Deutschland
Botschaft: 1 Rue el Hamra
Tunis-Mutuelleville
✆ (01) 78 64 55

... von Österreich
Botschaft: 16 Rue Ibn Hamadis
Tunis-El Menzah
✆ (01) 76 78 24

... der Schweiz
Botschaft: 12 Rue Chankiti
Tunis-Mutuelleville
✆ (01) 28 19 17 und 28 01 32

Einkauf und Souvenirs

Das Angebot an Souvenirs ist breit gefächert und stützt sich auf eine lange Handwerkstradition (vgl. S. 83 ff.). Neben dem unvermeidlichen Touristenkitsch lassen sich daher auch sehr schöne, landestypische Andenken erwerben. Im Vordergrund stehen geknüpfte und gewebte Teppiche, die zumeist allerdings aus der Region des Sahel stammen. Eine Ausnahme bilden die dicken Nomadenteppiche mit ihren ansprechenden geometrischen Mustern. Sie haben ihre Heimat in den Oasen des Djerid, werden aber auch auf Djerba gefertigt und angeboten. Detaillierte Auskünfte erteilen die Verkaufsstellen der staatlichen ONAT, die streng über die Einhaltung der Qualitätsnormen wachen und eine Liste mit Richtpreisen bereithalten. Nach Anzahl der Knoten pro m^2 sind die Teppiche in die Klassen ›*supérieure*‹ (90 000 bis 250 000 Knoten), ›*premier choix*‹ (über 40 000 Knoten) und ›*deuxième choix*‹ (über 12 000 Knoten) unterteilt und mit einem entsprechenden Gütesiegel auf der Rückseite versehen. Wer direkt bei der ONAT kauft, geht kein Risiko ein (feste Preise), hat aber nur eine beschränkte Auswahl. Bei 30 % Anzahlung übernehmen die Teppichgeschäfte den Versand per Nachnahme nach Europa, wo allerdings nochmals 25 % Zoll zu zahlen sind. Dazu muß die Kaufquittung vorgelegt werden. Sehr reichhaltig ist auch das Angebot an Silberschmuck im Berberstil (insbesondere Armreifen, Ketten, Broschen und Haarklammern); alte Stücke sind jedoch selten und nicht immer so alt wie sie aussehen. Mit Guellala als einem der Zentren der tunesischen Töpferei ist auf Djerba natürlich auch die Auswahl an Keramik sehr vielfältig. Das größte Angebot findet man in Guellala selbst und in Houmt Souk gegenüber der Hauptpost.

Im Gebiet des Schott el Djerid werden ›Sandrosen‹ *(Roses de sable)* angeboten, zu bizarren kristallinen Strukturen geformte Gipsausblühungen, die sehr zerbrechlich sind. Im Gebiet des Phosphatabbaus lassen sich schöne Mineralien und Versteinerungen erwerben.

Feste und Feiertage

Staatsfeiertage: 1. Januar Neujahr; 18. Januar Tag der Revolution; 20. März Tag der Unabhängigkeit; 9. April Tag der Märtyrer; 1. Mai Tag der Arbeit; 1. Juni Nationalfeiertag; 2. Juni Tag der Jugend; 25. Juli Tag der Republik; 13. August Tag der Frau; 7. November Tag der Erneuerung (Ende der Bourguiba-Ära).

Religiöse Feiertage: Die islamischen Feiertage richten sich nach

dem Mondkalender und sind daher beweglich.
Aid es Seghir: die beiden letzten Tage des Fastenmonats Ramadan (1998 am 30. Januar, 1999 am 19. Januar, 2000 am 8. Januar)
Aid el Kebir: ›großes Hammelfest‹ in Gedenken an das Opfer Abrahams (1998 am 8. April, 1999 am 28. März, 2000 am 17. März)
Rais el Am: Islamisches Neujahrsfest (1998 am 28. April, 1999 am 18. April, 2000 am 6. April)
Le Mouled: Geburtstag des Propheten (1998 am 7. Juli, 1999 am 26. Juni, 2000 am 15. Juni).

Lokale und Familienfeste: Zu den überregionalen Feiertagen treten noch lokale Feste, einmal als Wallfahrt *(Moussem)* zum Grab eines Heiligen *(Marabout)*, zum anderen als bäuerliche Feste in Verbindung mit den Jahreszeiten (z. B. Dattelbestäubung und Olivenernte). Angeschlossen ist meist ein großer Markt; zuweilen finden auch folkloristische Darbietungen und Umzüge statt. Unter den Familienfeierlichkeiten nimmt die Hochzeit als mehrtägiges Fest den wichtigsten Platz ein. Begleitet von Musik und Tanz werden Braut und Bräutigam in getrennten Umzügen durch das Dorf geführt. Den Höhepunkt bildet die eigentliche Vermählung, die mit einem prächtigen Festmahl verbunden ist, das es den Familien ermöglicht, ihren sozialen Status demonstrativ zur Schau zu stellen. Kaum minder bedeutsam ist die feierliche Beschneidung *(Khitan)* der etwa siebenjährigen Knaben, mit der die Aufnahme in die islamische Gesellschaft vollzogen wird. Der Eingriff wird meist im Elternhaus von einem Arzt, auf dem Land zuweilen aber auch von einem ›Heiligen‹ vorgenommen. Die Feierlichkeit endet mit der Überreichung von Geschenken an den Jungen.

Festivals: Speziell auf Touristen abgestimmt sind die Festivals, bei denen folkloristische Darbietungen die Hauptattraktion bilden. Am bekanntesten sind das *Festival d'Ulysse* (Juli/August) auf Djerba und das *Festival de Douz* (Ende Dezember) in der gleichnamigen Oase. Kleinere Folkloreveranstaltungen finden auch in Nefta, Tataouine und Gabès statt.

Feilschen

Im arabischen Raum ist das Handeln wesentlicher Bestandteil eines jeden Kaufs. Sieht man einmal von Produkten mit fixierten Preisen ab (etwa Grundnahrungsmittel, Fahrkarten oder Briefmarken), unterliegt die Preisgestaltung allein dem ›Kräftespiel‹ zwischen Käufer und Verkäufer, das wie ein Ritual nach ganz bestimmten Regeln abläuft. Die Tasse Tee, der Lob des Heimatlandes, ein kleines Kompliment – all das gehört zu der Klaviatur, auf der ein Verkäufer virtuos zu spielen weiß, vor allem dann, wenn ihm ein Tourist gegenübersitzt. Man sollte sich als Käufer klar darüber sein, daß die ausgesuchte, in unserem Geschäftsleben kaum anzutreffende Freundlichkeit der Händler geschickte Verkaufspsychologie ist, und daher die Schmeicheleien nicht zu wörtlich nehmen. Ziel des Verkäufers ist es, unabhängig vom tatsächlichen Wert des Objekts einen maximalen Kaufpreis zu erzielen, Ziel des Käufers, die Schwelle zu erreichen, wo der Händler unter keinen Umständen mehr Interesse am Verkauf hat. Das Verkaufsgespräch kann durchaus zu einer bühnenreifen Aufführung ausarten, angereichert mit Freundschaftsbekundungen, der Versicherung, sich für den Fremden zu ruinieren und der fast tränenerstickten Klage über die hungrigen Münder zu Hause.

Über den Handelsspielraum lassen sich kaum verbindliche Angaben machen. Grundsätzlich ist er in Touristengeschäften größer als in kleinen Läden, kann aber wegen der vielen Fremden, die stark überhöhte Preise zahlen, nur selten ausgeschöpft werden. Als grobe Richtlinie für einen reellen Preis können ein Drittel bis die Hälfte des ursprünglich geforderten Preises gelten. Beim Erwerb kostbarer Stücke sollte man keineswegs sofort kaufen, selbst wenn der Nachlaß großzügig erscheint und der Händler noch so jammert. Tatsächlich steigt derjenige in seinem Ansehen, der wiederkommt und sich zwischendurch einen Marktüberblick verschafft hat. Beim nächsten Mal wird man wie ein alter Freund begrüßt, und der Preis ist schon wieder ein Stück gesunken, weiß der Verkäufer nun doch genau, daß er sich mit seiner Preisgestaltung in einem realistischen Rahmen bewegen muß, um das Geschäft nicht an seine Konkurrenten zu verlieren. Eine gute Gelegenheit zur ›Marktforschung‹ bieten die staatlichen ONAT-Niederlassungen mit ihren reellen und fixen Preisen. Man sollte nie den Anfangspreis nennen, wie es Verkäufer von Touristen gern verlangen, kann man sich damit doch leicht den Weg zum weiteren Feilschen verbauen, denn der einmal genannte Preis kann nicht mehr nach unten korrigiert werden. Es ist auch nicht ratsam, zu großes Interesse an einem bestimmten Stück zu bekunden, da dies den Preis natürlich ungünstig beeinflußt. Trotz allem wird es kaum ausbleiben, daß der Tourist hin und wieder übervorteilt wird. Das Wort ›Betrug‹ ist hierfür nicht zutreffend, da es ja stets dem Geschick des Käufers überlassen bleibt, den ›richtigen‹ Preis herauszufinden.

Fotografieren

In Anbetracht der vielen exotischen Motive sollte man genug Filme mitnehmen. Man kann diese zwar auch in Tunesien kaufen (meist nur Farbnegative), sie sind jedoch wesentlich teurer und möglicherweise durch unsachgemäße Lagerung bereits verdorben. Nicht benutztes Material läßt sich zu Hause einfrieren und so auch nach Ablauf des Verfallsdatums verwenden. Da die Filme recht wärmeempfindlich sind, dürfen sie nie in der Sonne oder im Handschuhfach des Wagens liegen. Bewahrt man sie in klimatisierten Räumen auf, so sollten sie in geschlossener Dose eine Weile der neuen Umgebungstemperatur ausgesetzt werden, um ein Beschlagen beim Öffnen zu vermeiden.

Vor Abreise sollte man die Kamerabatterien testen und im Zweifelsfall erneuern oder Ersatzbatterien mitnehmen. Es empfiehlt sich, die Objektive mit UV-Filtern gegen Salzwasser, Staub und Blaustich zu schützen. Sehr hilfreich ist ein Polarisationsfilter, mit dem sich auch bei grellem Mittagslicht unter bestimmten Umständen eine gute Farbsättigung erzielen läßt.

Beim Fotografieren von Menschen sollte man immer bedenken, daß man sich in einem islamischen Land befindet, wo das Abbild des Menschen traditionsgemäß mit einem Tabu belegt ist. Insbesondere gilt dies für die Aufnahme von Frauen. Nach Möglichkeit sollte man vor der Ablichtung von Menschen um Erlaubnis bitten und notfalls auch einmal auf ein Foto verzichten.

Bei Folkloreveranstaltungen und auf vielbesuchten Märkten ist das Fotografieren hingegen meist problemlos möglich. Zum Fotografieren in Museen muß man ein gesondertes Ticket lösen (TD 2). Es ist allerdings auch dann verboten, Blitzlicht oder ein Stativ zu verwenden.

Fremdenführer

Die Vielzahl der Touristen bringt es mit sich, daß das Fremdenführergewerbe unter allen Berufen des Landes die wohl größte Zuwachsrate aufweist. Die Qualitätsunterschiede sind allerdings gewaltig. Da vom Fremdenführer das Gelingen einer organisierten Rundfahrt ganz wesentlich abhängt, sollte man vor Buchung einer derartigen Fahrt andere Hotelgäste nach ihren Erfahrungen fragen.

Selbst unter den Profis gibt es nämlich genug Führer, die ihre Hauptaufgabe darin sehen, die Touristen in Souvenirläden zu schleppen, um eine Kommission zu kassieren. Andere dagegen verstehen es, der Fahrt Leben einzuhauchen und den Reisenden durch interessante Details das Land nahezubringen.

An bedeutenderen Sehenswürdigkeiten bieten sich häufig staatliche Fremdenführer an, die sich durch einen entsprechenden Ausweis legitimieren können. Ihr Wissen ist in der Regel außerordentlich fundiert. Probleme gibt es allerdings zuweilen mit der Sprache, zumal nur wenige Deutsch sprechen. Neben diesen professionellen Führern tummelt sich ein ganzes Heer von ›Amateuren‹, meist Kinder und Jugendliche, die sich mit allerlei Tricks um die Touristen bemühen. Man sollte sich auf keinen Fall auf das Angebot eines unentgeltlichen Freundschaftsdienstes einlassen, der Weg endet unausweichlich in einem Souvenirladen, für den der ›Führer‹ als Schlepper arbeitet. Auch bei Kindern, die sich als Führer z. B. durch die Bergdörfer im Dahar anbieten, handle man den Preis vorher aus, um vor unliebsamen Überraschungen sicher zu sein.

Gesundheit

Magen- und Darmverstimmungen sind die häufigsten Touristenkrankheiten. Meiden sollte man deshalb ungeschältes Obst, frischen Salat, Muscheln, Leitungswasser, eiskalte Getränke und Speiseeis. Wenn es einen dennoch erwischt, sollte man mit der Einnahme von Kohletabletten oder Metifex beginnen, viel ungesüßten Tee trinken und sich ausruhen. Tritt nach einem Tag keine Besserung ein, kann man zu Imodium greifen. Bei blutigem Stuhl liegt eine ernsthafte Infektion vor, die eventuell eine Behandlung mit Sulfonamid (z. B. Baktrim) notwendig macht. In diesem Falle sollte man den Arzt aufsuchen.

Die starke Sonneneinstrahlung wird häufig unterschätzt, insbesondere wenn eine kühle Meeresbrise weht. Die Folge kann nicht nur ein Sonnenbrand sein, sondern in ernsten Fällen auch Hitzschlag oder ein Kreislaufkollaps. Wichtig als Schutz sind eine Kopfbedeckung, die auch den Nacken bedeckt, und Sonnenöl mit hohem Lichtschutzfaktor.

Vor allem bei klimatisierten Hotelzimmern besteht die Gefahr der Erkältung durch die starken Temperaturgegensätze, denen der menschliche Organismus nicht gewachsen ist. Man sollte die Kühlung nur sehr vorsichtig dosieren und nachts abschalten.

Die starke Dehydrierung des Körpers durch die trockene Hitze erfordert eine erhebliche Flüssigkeitszufuhr und den Ausgleich der verlorenen Mineralstoffe durch gut gewürztes und gesalzenes Essen. Vor allem bei längeren Busfahrten oder organisierten Land-Rover-Touren sollte man deshalb nie die Wasserflasche vergessen. Zur Desinfektion von Leitungswasser eignet sich insbesondere das geschmacksneutrale Micropur, das u. a. in Tablettenform für jeweils 1 l in deutschen Apotheken erhältlich ist.

Wird man von einem Tier gebissen, sollte man unverzüglich den Arzt aufsuchen, da Tollwutgefahr besteht. Vor Schlangen braucht man sich nicht zu fürchten, sie sind nachtaktiv und keineswegs angriffslustig. Skorpione sind hingegen vor allem in steinigen Regionen häufig anzutreffen, verstecken sich jedoch tagsüber an schattigen und kühlen Plätzen. Deshalb nie unter Steine oder in Büsche und Erdhöhlen greifen!

Es ist ratsam, so wenig wie möglich barfuß zu laufen, um sich nicht unnötig den Sandflöhen (Tetanusgefahr!) bzw. in der Wüste den Skorpionen auszusetzen. Zu vermeiden ist auch das Baden in stehenden Gewässern und Oasenkanälen (Gefahr von Bilharziose und Hepatitis).

Bei Fahrten in die Wüste und die Schott-Region ist eine dunkle Sonnenbrille ratsam, um Bindehautentzündungen zu vermeiden.

Moscheebesuch

Generell dürfen Andersgläubige in Tunesien die Moscheen *nicht* betreten, selbst wenn entsprechende Verbotstafeln fehlen; Ausnahmen gelten lediglich für die Höfe einiger besonders bedeutender Bauten z. B. in Tunis, Kairouan und Sousse. In abgelegenen Regionen können Einzelreisende, vorausgesetzt sie sind dezent gekleidet, einen anwesenden Wächter um Erlaubnis fragen; möglicherweise wird er den Zutritt gestatten. Ein kleines Trinkgeld für den Wächter ist in einem solchen Fall angebracht. Vor Betreten der Gebetshalle sind die Schuhe auszuziehen.

Nachtleben

Von einem Nachtleben in unserem Sinne kann man selbst in den Touristenzentren Djerba und Zarsis kaum sprechen. Als Mittelpunkt der Aktivitäten gilt das ›Centre d'animation‹ beim Hotel Al Jazira. Die meisten großen Ferienanlagen haben jedoch eine eigene Diskothek und ein eigenes abendliches Unterhaltungsprogramm.

Öffnungszeiten

Geschäfte: 9–12 und 14–18 Uhr, freitagnachmittags und sonntags geschlossen.

Läden in den Souks öffnen meist etwas später und schließen in Houmt Souk gegen 19 Uhr, in anderen Städten auch später. Viele sind auch sonntags geöffnet.

Behörden: montags–donnerstags 9–13 und 15–18 Uhr. Im Sommer (Juli–September) und während des Ramadans nur vormittags.
Wochenmärkte: nur vormittags.

Museen: In der Regel 9–12 und 14–17.30 Uhr, montags geschlossen (es gibt Ausnahmen, die in den Ortsbeschreibungen erwähnt sind). Allgemein sollte man Besorgungen (Behörden, Post, Bank) möglichst auf den Vormittag verlegen.

Apotheken vgl. S. 220, Banken vgl. S. 220f., Post s. u.

Post

Öffnungszeiten: montags–freitags 8–12 Uhr und 15–18 Uhr, samstags 8–12 Uhr, im Sommer nur vormittags. Briefmarken werden auch in

Tabakläden *(Tabac)* und in den großen Hotels verkauft. Briefe und Karten in die Heimat (Porto: 500 Millimes) sollte man nur beim Postamt einwerfen oder an der Rezeption seines Hotels abgeben.

Radio/Fernsehen

Die Deutsche Welle läßt sich im Kurzwellenbereich auf den Frequenzen 15.275 MHz (25-m-Band) und 6.115 MHz (49-m-Band) nach Einbruch der Dunkelheit gut empfangen. Ein Programm erhält man von der Deutschen Welle, 50968 Köln, Postfach. Auf 901 KHz (Mittelwelle) sendet die ›Chaine International‹ stündlich Nachrichten auch in Deutsch. Fernsehen wird auf einem arabischen und einem französischen Kanal zwischen 16 und 24 Uhr ausgestrahlt. Viele Hotels verfügen über eine Satellitenantenne, die den Empfang deutscher Programme (meist RTL) ermöglicht.

Stromspannung

Überwiegend 220 Volt, die deutschen zweipoligen Flachstecker passen.

Telefon

Ortsgespräche und Verbindungen mit anderen Städten Tunesiens können zu einer Geduldsprobe werden und aufgrund der schlechten Übertragungsqualität manche Verständigungsprobleme aufwerfen. Wer etwa ein Hotel reservieren oder eine Auskunft einholen will, sollte die Rezeption seiner derzeitigen Unterkunft um Hilfe bitten. Bei Ferngesprächen ins Ausland treten diese Probleme hingegen nicht auf, sofern man sich zur Telefonzentrale der jeweiligen Stadt bemüht, von wo aus die Leitung ins Ausland direkt geschaltet wird. Wer sich vom Hotel aus ein Gespräch ins Ausland vermitteln lassen will, muß mit zusätzlichen Kosten rechnen. Neuerdings schießen private, bis spät abends geöffnete Telefonbüros unter der Bezeichnung ›Taxiphone‹ wie Pilze aus dem Boden, obwohl der Dienst etwas teurer ist als die staatliche Telefongesellschaft der Post. Über Münzfernsprecher läßt sich problemlos eine gute Verbindung nach Europa herstellen (Wechselmöglichkeit in den Büros).

Vorwahl in die Bundesrepublik Deutschland 00 49, nach Österreich 00 43, in die Schweiz 00 41. Die Telefonzentrale in Houmt Souk (neben der Hauptpost) ist montags bis samstags von 8–19 Uhr geöffnet, sonntags von 8–11.30 Uhr.

Trinkgelder

Trinkgeld ist in Tunesien im Dienstleistungsbereich üblich. Insbesondere Fremdenführer, Kellner besserer Restaurants und Zimmerpersonal erwarten eine zusätzliche Entlohnung, die für sie eine wichtige Einnahmequelle darstellt. Aber auch kleine Gefälligkeiten sollte man honorieren. Bei Taxifahrten rundet man den auf dem Taxameter angezeigten Betrag auf, es sei denn, man hat vorher einen festen Preis ausgehandelt. Bei ganztägigen Ausflugsfahrten hingegen wird ein zusätzliches Trinkgeld erwartet, und es versteht sich von selbst, daß man den Fahrer anläßlich der eingelegten Pausen zum Essen einlädt.

Verhaltensregeln

Besucher sollten sich immer wieder vor Augen führen, daß sie sich als Gäste in einem islamischen Land befinden, dessen Sitten und Gebräuche erheblich von denen in Westeuropa abweichen. Leider ist zu beobachten, daß viele Touristen, sei es aus Unwissenheit, sei es aus Gleichgültigkeit, diese islamischen Traditionen mißachten und sich dann noch über die Zurückhaltung oder aber Aufdringlichkeit der Einheimischen beschweren. Daß die Moscheen für Fremde geschlossen wurden, ist allein diesem Fehlverhalten zuzuschreiben. Es sei nochmals auf dezente Kleidung außerhalb der Hotelanlagen hingewiesen. Wer sich als Frau mit allzu luftiger Kleidung in die Öffentlichkeit begibt, sollte sich nicht über Belästigungen beklagen. Als eklatanter Verstoß gegen die guten Sitten gilt auch der Austausch von Zärtlichkeit in der Öffentlichkeit. Die Mißachtung der traditionellen Sitten hat bereits zu der weit verbreiteten Ansicht geführt, daß es die Europäer mit der Moral nicht so genau nähmen und viele Frauen mit eindeutigen Absichten ins Land kämen. Durch lautes Schimpfen kann man sich unliebsamer Annäherungsversuche am besten erwehren. Zimperlichkeit ist hier nicht am Platze.

Es ist streng darauf zu achten, die Privatsphäre der Wohnhäuser nicht zu verletzen. Selbst das Betreten des Gartens, der auf Djerba nur durch einen Erdwall markiert wird, bedarf der ausdrücklichen Genehmigung des Besitzers.

Besondere Zurückhaltung sollten sich Touristen während des Fastenmonats Ramadan auferlegen, wenn die Atmosphäre ohnehin recht angespannt ist. Selbst das Essen, Trinken und Rauchen in der Öffentlichkeit sollte man dann tagsüber unterlassen.

Zeit

Das ganze Jahr über gilt unverändert die Mitteleuropäische Zeit (MEZ). Während unserer Sommerzeit muß man in Tunesien die Uhr also um eine Stunde zurückstellen.

Zeitungen

In den großen Badehotels sind deutschsprachige Zeitungen (überwiegend Boulevardblätter), Zeitschriften und Taschenbücher erhältlich. Die größte Auswahl findet man im Hotelkomplex Dar Djerba und im ›Centre d'animation‹ beim Hotel Al Jazira.

Zoll bei der Ausreise

Kontrollen werden auf dem Flughafen Djerba nur stichprobenartig durchgeführt. Erwähnt sei nochmals das Verbot der Ausfuhr von einheimischer Währung und von Antiquitäten. Auf dem Flughafen befindet sich der übliche Duty-free-shop. Beachten sollte man aber die Bestimmungen bei der Einreise nach Europa. Zollfrei eingeführt werden dürfen: 200 Zigaretten (oder 50 Zigarren oder 250 g Tabak), 1 l Spirituosen und 2 l Wein, 50 g Parfüm, 100 g Tee und 250 g Kaffee. Der Wert der Souvenirs darf 100 DM (in Österreich 650 ÖS, in der Schweiz 200 Franken) nicht übersteigen. Auf Teppiche ist ein Zoll von 25 % des Kaufpreises zu entrichten.

Weiterführende Literatur

Aubert, H.-J.: ›Richtig Reisen: Tunesien‹, DuMont Buchverlag Köln, 1996

Dollkopf, H./Neumann, R.: Tunesien, Kulturlandschaft zwischen Meer und Wüste (Bildband), Stürtz, Würzburg 1990

Haarmann, M. (Hrsg.): Der Islam, Ein historisches Lesebuch, Beck, München 1995

Herzog, W.: Der Maghreb (Aktuelle Länderkunde), Beck, München 1990

Lampert, H. M.: Tunesische Spezialitäten, Kunstverlag Weingarten 1989

Mensching, H.: Tunesien, eine geographische Landeskunde, Wissenschaftliche Buchgesellschaft, Darmstadt, 3. A. 1979

Mensching, H./Wirth, E. (Hrsg.): Nordafrika und Vorderasien, Fischer Länderkunde, 2. A. 1989

Merian-Heft: Tunesien, 1995

Osman, N.: Kleines Lexikon deutscher Wörter arabischer Herkunft, Beck, München 1991

Roli, G. Mellah, F. u. a.: Tunesien, Landschaft, Kultur, Geschichte (Bildband), Belser Stuttgart 1994;

Schimmel, A.: Der Islam, Eine Einführung, reclam, Stuttgart 1991;

Schimmel, A.: Die Zeichen Gottes, Die religiöse Welt des Islam, Beck, München 1995

Schliephake, K.: Tunesien (Ländermonographie, Bd. 14), Thienemann Verlag, Stuttgart 1984

Studienkreis für Tourismus: Tunesien verstehen (Sympathiemagazin Nr. 4), Starnberg 1984

Topper, U.: Sufis und Heilige im Maghreb, Diederichs, München 1991

Abbildungsnachweis

Hans-Joachim Aubert, Bonn Umschlaginnenklappe vorn, Umschlaginnenklappe hinten, Umschlagrückseite, S. 1, 8, 10/11, 17, 28, 41, 57, 58/59 (sw), 67 78/79, 82, 86, 91, 96, 101, 109, 110, 112, 115, 116, 119, 122, 124, 126, 131, 132, 134/135, 140 unten rechts, 141 unten rechts u. links, 144/145, 146, 150, 152/153, 159, 161, 166, 176, 177, 181, 188, 191 (sw), 197, 199, 200, 204

Ulf Müller-Moewes, Bonn S. 2/3, 26, 36, 140 unten links

Christian Heße, Köln S. 54 rechts u. links

Klaus D. Francke/Bilderberg, Hamburg S. 22

Werner Gartung/Wings, Freiburg Umschlagvorderseite, Umschlagrückseite

Helga Lade Fotoagentur, Frankfurt a. M. S. 33

Okapia, Berlin/Frankfurt a. M. S. 35

Martin Thomas, Aachen S. 38, 40, 42/43, 63, 70/71, 84, 88/89, 98/99, 106, 140 oben, 141 oben, 172, 174, 178/179, 180, 182

Die Abbildung auf Seite 13 wurde entnommen aus: F. Christoph de Scheyb, Tabula Itineraria Peutingeriana, Leipzig 1824

Karten und Pläne: DuMont Buchverlag Köln

Zitat S. 9 aus: Hassouna Mosbahi, So heiß. So kalt. So hart. Tunesische Erzählungen, Frankfurt a. M. 1991, S. 199. Mit freundlicher Genehmigung des Eichborn Verlags, Frankfurt a. M.

Der besondere Dank des Autors gilt Frau Isabelle Febvay (SNCM, Eschborn), Herrn Gustav Berger (Deutsch-Tunesische Gesellschaft Bonn), Herrn Raouf Gadhoumi (Fremdenverkehrsamt Tunis), Frau U. Bosse (TUI Hannover).

Register

Hauptverweise erscheinen halbfett. Sachbegriffe, die über das Inhaltsverzeichnis S. 5 ff. erschlossen werden können, sind nicht erfaßt.

Personen und Sachbegriffe

Abbasiden 75
Abd al Wahab 48
Abd al Wahid ibn Abi Hafs 48
Abdallah ben Wahb 21
Abdallah ibn Abad 21
Abderrahman ben Rustam 21
Abou Fares 111
Abu Bekar (1. Kalif) 74, 75
Abu Yazid 21, 48
Aga Khan 76
Aghlabiten 48
Aisha 69, 74
Akazie 34, 174
Alba, Herzog von 50
Alexander der Große 79
Ali (Mohammeds Schwiegersohn) 20, 21, 74, 75
Ali Bach-Hamba 53
Ali ben Khilfa 53
Ali Pascha 52
Almohaden 48, 195
Ammeln 21
Andalusier 51
Araber 35, 47, 117, 155, 156, 191
Arabische Liga 58
Arafat, Yassir 58
Architektur 22ff., 78, 80ff., 127f., 187f.

Banu Gallud (Familie) 52
Barth, Heinrich 136
Basare s. Souks
Belisar (byzant. Feldherr) 45
Ben Ali, Zine el Abidine 56, 58, 60, 61
Ben Moussa, Ahmed 111
Ben Salah, Ahmed 56, 60, 62
Ben Salah, Moussa 111
Ben Youssef, Salah 18, 56, 60
Berber 18, 20, 44, 45, 47, 116, 117, 114, 155ff., 185
– Douiri 160
– Matmata 160
– Sanhaja 21
– Zeneten 147ff.
Berbersprachen 216
Bildungswesen 65f.
Bordier, Capitaine 192
Bourguiba, Habib 18, 56, 58, **60ff.**, 72, 79
Byzantiner 45, 66, 77, 126, 193, 203

Cäsar 45
Chehili 15
Cheikhats 13
Chergui 15
Christen, Christentum 14, 45, 67, 70, 125, 126, 185
Couscous 37, 214

Dar 23
Dattel, Dattelpalme 16, 22, 24, **25**, 26, 37, 39, 47, 129, 137, 143, 148, 160, 169, **172f.**, 185, 189, 196, 203
Deglet en nour 47, 137, **172**, 185, 196
Din Tlatli, Salah ed 18
Doria, Andrea 49, 50, 122
Dornschwanzagame 34
Dragut 49, **50f.**, 111, 122, 123, 203

Dromedar 34, 173, 176
Dünen 175, 177

El Moezz 48
Elissa (Gründerin Karthagos) 44
Erdöl 41
Erster Weltkrieg 53
Esel 25

Fatima 68, 74, 75
Fatimiden 48
Ferdinand II. (span. König) 49
Fischerei 24
Fondouk 107f.
Franzosen 18, 41, 51, 53, 56, 72, 171, 192
Fundamentalisten, islamische 56, 58f., 62, 73

Gesundheitswesen 66
Gewerkschaft 56, 57, 60, 65
Geyserich (wandal. Führer) 45
Gezeiten 12
Ghorfa 23, 144, 145, 147, **148f.,** 155, 158, 162, 167
Grima, Alexander 108
Großgrundbesitz 60, 62, 170
Grundwasser s. Wasser

Hached, Ferhat 56
Hafsiden 48, 49, 51
Halfagras 34
Hamilkar Barka 44
Hammuda Pascha 52
Hanafiten 74
Hanbaliten 75
Hannibal 44
Haouch 23, 187
Haratin 38
Hartmeyer, Colonel 54
Harun al Raschid 48, 80
Hasan al Mahdi (Imam) 75
Heiliger Krieg 67, 70, 72
Herodot 191
Heuschrecken 38
Höhlenwohnungen 32, **148f.,** 155, 157, 160, **162f.**
Hornviper 34
Husayaniden 52
Husayn ben Ali 52

Ibaditen 16, 18, **20f.,** 76, 81, 115, 156, 157
Ibn Chabbat 170, 185, 188, 189
Ibrahim ibn Aghlab 48
Islam 14, 16, 20, 63ff., 156, 193, 195
Ismail (Imam) 75
Ismailiten 72, 75

Janitscharen 49
Jihad, Abu 58
Juden 14, 16, 19, 55, 67, 114ff.
Justinian (byzant. Kaiser) 45, 116

Kahina (Berberkönigin) 47
Kalligraphie 73, 78
Kamel 25, 37, 41, 172, 176, 191
Kameldorn 34, 174
Karawanen 16, 27, 104, 107, 123, 128, 185, 191ff.
Karawansereien 107
Karl V. 49
Karthager 66, 116, 124, 156, 198
Kharidjiten 16, 20, 21, 47, 48, 72, 76
Kheir ed Din (Barbarossa) 49, 50
Kolonialzeit 53, **54f.,** 72, 129, 144, 192
Koran 63, 67, 68f., 73, 77
Ksour (Sg. Ksar) 32, 138, 147, **148f.,** 151, 155, 158, 160
Kufi-Schrift 77

Laghba-Omer-Fest 115
Landwirtschaft (s. a. Oasenwirtschaft) 12, 24, 25ff., 95
Levantiner 51
Lotophagen 18, **46f.**

Malekiten 16, 19, 72, 74, 81, 109
Malteser 20, 51, 54, 107, 108
Mamelucken 52
Marabout 78f., 158, 167, 180, 193, **195f.**
Märkte 19, 27, **40**
Massinissa 45
May, Karl 31, 183f.
Meeresfauna 16
Menzel 25
Mohammed (Prophet) 20, 47, 67, **68f.,** 73, 74
Moschee 19, 77, **82ff.**
– Freitagsmoschee 19, 83, 107
Mozabiten 21, 76
Mu'awiya 20, 74
Murad II. 52
Murad Kursu (Familie) 52
Muraditen 52

Naceur, Mohammed Pacha 201
Nebukadnezar 116
Nomaden 26, 38, 156, 189
– Adhara 168, 180
– Akkara 129
– Beni Hilal 48, 116, 136
– Beni Zid 143
– Ghrib 168, 181
– Marazig 168, 176
– Ouerg Hamma 144, 160
– Ouled Yacoub 168
– Sabria 168
Nomadenzelt 37
Nomadismus 37, 41, 148, 149
Normannen 48
Nouira, Hedi 60, 62
Numider 45, 202

Oasenwirtschaft 39, **169ff.**
Obstbäume 25, 169
Odysseus **46f.**
Ölbaum 16, 22, 24, 25, **26f.,** 37, 39, 129, 160, 203
Ölmühle 27, 156, 157
Omaijaden 47, 75, 79
Omar (2. Kalif) 73, 74, 75
Oqba ibn Nafi 47
Osmanen 94, 109
Othman (3. Kalif) 20, 74, 75

Palmen s. Dattelpalmen
Palmwein 137
Pedro de Navarra 49
Peutinger, Konrad 12
Peutingersche Tafel 12, 118, 123
Philipp II. (span. König) 49
Phönizier 44, 124, 155, 162
Phosphat 41, 201, 203
Piraten 49, 50f.
Plinius 12, 46f.
PLO 58
Polygamie 64
Protektoratszeit s. Kolonialzeit
Punier 44, 124

Quellen, artesische 39, 169, 185

Ramadan 37, 70, 72
Regenfälle, Regenwasser s. Wasser
Roger II. (Normannenkönig) 48
Rogier de Loria 49, 111
Römer 44, 45, 66, 77, 116, 124, **126ff.,** 155, 156, 171, 185, 193, 198, 202
Rushdie, Salman 73
Rustimiden 48

Rutenginster 34
Ruwayafa ben Thabit 47

Salzsee 30f., 168, 180, 183
Salzstrauch 34
Schafe 41
Schiiten 20, **74ff.**
Schrift s. Kufi-Schrift
Scipio Africanus 44
Shafiiten 74
Sidi Arfa 158
Sidi Boulbaba 142
Sidi-Moussa-Sekte 158
Sizilianer 18
Sklaven 16, 38, 107, 113, 171, 192
Skorpion 34
Souks 83, 104, **106ff.**
Spanier 17, 18, 50
Speicherburgen s. Ksour
Sufi **195f.**
Suleiman (osman. Sultan) 49
Sunniten 14, 16, 18, 19, 20, **74ff.**

Tamariske 33
Töpferei 26, **119ff.**
Tourismus 18, 27, 28, 39, 56, 62, **94f.,** 185
Troglodyten **162f.**
Tuareg 37, 176, 192
Türken 49, 109, 144

Unabhängigkeitsbewegung 56
Uthman (Dey) 51

Viehwirtschaft 37, 39ff.

Wandalen 45, 66, 125, 193
Wasser (s. a. Zisternen) 24, 25, 39, 82, 168, 169, 181, 185, 188, 189
Wohnhöhlen s. Höhlenwohnungen
Wüste 29, 32, 33, 37, 156, 175, 177, 190, 202
Wüstenfahrten 138, 167
Wüstenfuchs 34

Zait ibn Thabit 73
Ziege 34, 41
Ziriden 48
Zisternen 82
Zweiter Weltkrieg 136, 137, 203

Orte

Adjim 19, 40, 95, 114, 123
Aghir 102, **122**
Akkara-Halbinsel 129
Algerien 29, 52, 53, 54, 58, 210
Atlas 29, 30, 117, 148

Bagdad **48**
Belvédère 189
Beni Aissa **165**
Beni Barka **147**
Beni Diss 123
Beni Kheddache 40, 151, 158, 159
Beni Maaguel 19
Beni Metir 165
Bizerte 14, 56
Bled el Hader 189
Bordj Djillidj 109, **114**
Bordj el Kebir 49, 51, 104, 109, **111**
Bordj el Marsa 123
Bordj Kastil 49, **122**
Borma 41

Bou Dafeur **165**
Bou Grara 12, 51, 104, 122, 124, 128, 192

Cap Blanc 44
Cedriane 25
Chebika 45, 138, **198**
Chenini 137, 142, 147, **151ff.**

Dahar, Bergland von 32, 35, 37, 38, 136, 138, 145, 146, 148, **151ff.**, 160, 162
Djebel Abiod **147**
Djebel Aziza 44
Djebel Bou Rameli 29
Djebel Negueb 29, 198
Djebel Orbata 29
Djebel Tebaga 168
Djeffara-Ebene 32, 35, 37, 136
Djelidat 150
Djerba La Fidèle 94
Djerid-Oasen (s. a. Schott el Djerid) 24, 29, **185ff.**
Djorf 123, 145
Douirat (Douiret) **154ff.**
Douz 37, 40, 167, **175ff.**, 223

El Faouar 138, 180f.
El Gabel 150
El Hallouf **158f.**
El Hamma du Bled (Djerid) **198**
El Hamma du Gabès **143f.**, 168
El Hofra 177
El Kantara 12, 49, 50, 94, **121f.**, 129
El May 19, 25, 40, 118
Erg Oriental 30, 156, 158, 168, 180, 181, 193
Erriadh 114, 118
Ezzahra 150

Ferech 158

Gabès 14, 29, 32, 38, 44, 56, 57, 85, **136ff.**, 192, 198, 223
– Golf von Gabès 12, 14
Gafsa 14, 29, 38, 40, 41, 44, 49, 56, 57, 61, 83, 138, **201ff.**
Gergis 129
Gerra 12
Ghadames 168
Ghoumrassen 40, 151, **158**
Gightis 45, 123, **124ff.**, 192
Girba 12, 45
Guellala 19, 26, 40, 85, 95, **118ff.**
Guermessa 151, **156ff.**

Hadej **164f.**
Hammam Lif 58
Hammamet 15
Hara Kebira 55, 109, 117, 118
Hara Seghira 55, 117, 118
Hoggar-Gebirge 192
Houmt Souk 13, 14, 17, 24, 27, 40, 49, 51, 55, 85, 90, 91, 95, **104ff.**, 114, 118, 119, 132

Israel 118

Jerusalem 16, 114, 116

Kairo 48
Kairouan 14, 21, 47, 49, 78, 79, 83, 106, 116
Kap Lalla Hadria 102
Kap Tourgueness **114**
Karthago 44, 45, 198
Kebili 29, 40, 58, **171ff.**, 184, 196
Klib Dokhan 169
Kriz 184
Ksar Daghara 149
Ksar El Aoidid 142, 147
Ksar El Kadim 147

Ksar Elawladoun 147
Ksar Ghilane 138, 154, 156, 158, **183**, 193
Ksar Haddada 149, 151, **158**
Ksar Jouamaa (Djouama) 149, **159**
Ksar Oueld Soltane 150
Ksar Tounkett **147**

La Ghriba **114ff.**
La Skhira 41
Lalla **203**
›Le Paradis‹ 189
Libyen 29, 53, 58, 61, 125, 203, 210f.

Maghreb 58, 155, 192, 195
Mahboubine 19, 114
Mahdia 50
Malta 51
Marabout Sidi Moussa 167
Mareth **144**
Marokko 48, 58, 191, 195
Matmata 40, 138, 146, **161ff.**
–, Bergland von 39, 157, **160ff.**
Mauretanien 58
Medenine 29, 37, 38, 40, 57, 85, **144f.**, 149, 151, 158, 167
Medina 69, 74, 80
Mekka 68, 69, 72, 80, 114
Melassine 116
Menchi-Halbinsel 183
Meninx 12, 45, 112
Metameur **145f.**, 149, 167
Metlaoui 41, 200, 201
Mghit 150
Midès 45, **200**
Midoun 16, 19, 25, 40, 83, 91, 95, **113f.**
Monastir 13, 44, 79, 83
Moulares 201
M'zab 21, 156

Nabeul 85, 119, 120
Nefta 29, 40, 45, 137, 138, 173, **190ff.**, 223
Nefzaoua-Oasen 24, 38, **168ff.**, 177, 185, 190
Nouvelle Matmata 163, 164

Oudref 83
Oued Gabès 137
Oued Khanga 199
Oued Zeuss 94
Oued Zondag 147, 149
Ouled Debbab 154
Ouled Toujane 167

Ras Tourgueness 90
Redeyef 41, 198, 201

Sabria **180**
Sahara 30, 104, 116, 123, 136, 177, 191, 193, 198
Sahel 29
Schott el Djerid 29, **30f.**, 85, 157, 167, 169, 175, 181, **183ff.**, 185
Schott el Fedjadj 29, 30
Schott el Rharsa 198
Sedouikech 40, 119, 121
Séguia **102f.**, 113, 122
Seldja-Schlucht 29, 34, 201
Sfax 14, 83, 136
Sidi Mahrès **90ff.**, 102, 113
Sizilien 48
Soujhel 132
Sousse 13, 15, 83, 136
Syrte, kleine (s. a. Golf von Gabès) 12, 47

Tafraoute 21
Tamellest 150
Tamerza 29, 40, 45, 138, 196, **199f.**

Tamezret **165ff.**
Taoujout **165**
Taourit (Cheikhat) 13, 18
Tarf el Djerf 123
Tataouine 29, 37, 40, 57, **146f.**, 150, 151, 223
Tébessa 198
Techine 167
Touat-Oase 116
Toujane 114, 146, **167**
Tozeur 15, 29, 32, 40, 58, 83, 137, 138, **185ff.**
Trik el Djemal 122
Tripolis 47, 49, 51, 168, 191, 192
Tunis 14, 49, 51, 57, 83, 106, 116, 117
Tyros 44, 124, 162

Wadi El Horchane 39

Zaafrane 37, **180**
Zarsis 12, 13, 40, 41, 90, 94, **129ff.**